AF367469

¡Bienvenido Mr. Berlanga!

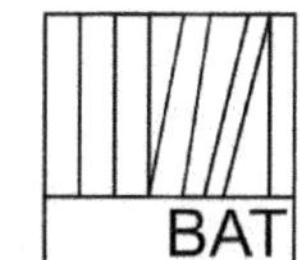

Biblioteca Andreu Teixidor

Carlos Cañeque - Maite Grau

¡Bienvenido Mr. Berlanga!

Esta obra no puede ser reproducida, total o parcialmente, sin la autorización de los propietarios del *copyright* ©

© Carlos Cañeque
© Maite Grau
© Para esta edición Bubok Publishing S.L., 2009

1ª Edición
ISBN: 978-84-9916-170-9
DL: PM 1509-2009
Impreso en España / *Printed in Spain*
Impreso por Bubok

Índice

Álvarez: —Has visto al verdugo? Le estaban pagando... ¿Oye, y cuánto cobrará por esto?

José Luis: —Y yo qué sé! La verdad es que parece una persona normal, si yo me lo encontrara en el café o en el cine no diría que es un verdugo.

Álvarez: —Y a mí que me cae simpático.

Introducción

Es ampliamente compartido el reconocimiento de Luis García Berlanga como uno de los ejes clave del cine español. Tres o cuatro de sus películas suelen aparecer en las listas que —tal vez con demasiada frecuencia— se realizan seleccionando las diez mejores películas de la historia de nuestro cine. Muchos consideramos injusto, además, que obras como *Plácido o El verdugo* sean desconocidas por gran parte de los críticos, historiadores y estudiosos del cine extranjeros y que, por ejemplo, entre las programaciones de los cineclubs universitarios norteamericanos o europeos, el nombre de Berlanga brille a menudo por su ausencia frente a otros directores de mucho menor fuste.

Berlanga, con la excepción de *Novio a la vista y Calabuch,* ha sido el creador de las ideas —a la vez que el coguionista— de todas sus películas. Esto ayuda a entender el hecho de que su obra sea enormemente personal y que el término «berlanguiano» resulte aplicable a un tipo de situación definida que flota entre las aguas de la picaresca, el esperpento y hasta lo kafkiano que podemos hallar, sin demasiado esfuerzo, en la idiosincrasia de este país que Valle Inclán llamaba «el rabo grotesco de Europa». *Berlanguiano* es aquella situación, resultado de una chapuza característicamente ibérica, que pone en funcionamiento un determinado mecanismo formado por agobiantes tentáculos institucionales, sociales o políticos. Por los pasillos de esta chapuza pululan agrupados una serie de vociferantes personajes que empujan, debilitan física y psíquicamente a un pobre individuo cuya creciente neurosis le situará en la categoría estética de lo grotesco, reduciendo su libertad hasta la enajenación o la angustia existencial. Este *leit motiv* argumental, que se reproduce en la mayoría de su películas, permite a Berlanga crear una verdadera tipología sociológica de personajes españoles muy reconocibles por su elaborada caracterización realista cuyo eventual alejamiento de lo cotidiano sólo dependerá de ese punto de inflexión que conduce a lo insólito. Desde una perspectiva puramente formal, esta concepción compacta del coro de actores que reduce ostensiblemente el papel de los protagonistas, posibilita un uso peculiar del *plano secuencia,* cuya maestría alcanza, en *Plácido,* sus cotas más importantes. Esa forma de acercarse a un realismo sin cortes, hacía decir a Berlanga ya hace muchos años: «Entre un plano y un contraplano siempre hay algo que se pierde, algo que no está, que ha desaparecido». Frente a la clásica concepción de Hollywood que alterna primeros planos para remarcar las emociones de los actores mirando a los ojos del espectador, Berlanga consigue hacerles hablar en grupo sin que nadie escuche a nadie, subrayando la incomunicación, la insolidaridad y el egoísmo colectivo, nunca tan evidente como cuando en ese mosaico de proximidades físicas no se aleja a los personajes de su soledad. Ello comporta una forma singular de entender la dirección: como resultante de un trabajo policéntrico, en el que cobran importancia los espacios y los actores secundarios. Paralelamente, los diálogos se entrecruzan y superponen en un aparente caos que, sin embargo, está siempre controlado desde la dirección.

Todas las películas de Berlanga concluyen con el fracaso de los protagonistas, con el contraste entre sus sueños y la realidad, con el salto frustrante de lo pretendido a lo conseguido. Se trata de una temática muy reconocible para los españoles si recordamos nuestra mejor literatura del Siglo de Oro (Cervantes, Quevedo, la picaresca): la transformación de grandes ilusiones y proyectos en estrepitosas decepciones, irónicamente ejemplificadas en el gran fracaso histórico del Imperio español.

En general, el concepto de lo irónico parece reproducir un contraste de diferentes realidades o sistemas de valores. Es irónico, por ejemplo, que Don Quijote agreda a viajeros pacíficos de La Mancha cuando su verdadera intención es liberarles del sometimiento o la violencia de otros. Es irónico que Lázaro de Tormes aprenda los mayores vicios imaginables desde su relación con cinco clérigos —responsables también de su inversión de valores— a cuya custodia fue confiado el pobre muchacho. De forma análoga, es también irónico que toda la historia de un pueblo consista en el recibimiento de unos americanos que pasan de largo; que una campaña en favor de la caridad refleje la hipocresía y la insolidaridad —incluyendo el fallecimiento de un mendigo— o que un hombre, seducido por una mujer, acabe matando en contra de su voluntad para obtener un piso con vistas a la Sierra...

En este viaje dialogado con Berlanga, hemos dejado con frecuencia de hablar de sus películas para hacerlo de cine en general o incluso de otros temas que poco tienen que ver con el cine. Pretendíamos así romper con el planteamiento de pregunta-respuesta típico de las entrevistas, para entablar una conversación que avanzase sin apuntes o estructuras predeterminadas que pudieran impulsar a Berlanga a contestar con respuestas encorsetadas y aprendidas con el tiempo. Esta estrategia de proponer más caos dentro del ya fluido caos berlanguiano supone que la entrevista no siga un orden cronológico preciso y que las proporciones y espacios dedicados a los distintos temas puedan resultar algo caprichosos e injustificables: algunas películas como *¡Bienvenido, Mr. Marshall!*, *Plácido* y *El verdugo* se comentan hasta la saciedad, mientras que algunas otras apenas aparecen. En este sentido, también nos hemos dejado llevar por los impulsos del entrevistado según la comodidad o el interés que en él mismo despertaban las películas o los temas.

En la segunda parte, aquella en la que los entrevistados hablan sobre el cine de Berlanga ——eventualmente, también sobre otros temas que no dejan de tener interés—, hemos seleccionado a sus colaboradores principales así como a algunos directores y guionistas que tuvieran una visión clara de su obra y de su estilo personal. Como es lógico, un criterio selectivo obliga a justificar algunas inclusiones y a lamentar la ausencia de otras colaboraciones que deberían estar aquí. Entre las últimas, tal vez haya que pedir disculpas por no haber incluido a ningún actor ni miembro del equipo técnico. La única razón que podría justificar estas ausencias es que creímos que el ángulo cinematográfico de guionistas (Rafael Azcona, Pedro Beltrán, Jean Claude Carrière), de productores (Alfredo Matas y Ricardo Muñoz Suay), de guionistas-directores (Juan Antonio Bardem, Fernando Trueba, Pedro Almodóvar) y de historiadores del cine (José Enrique Monterde, Román Gubern) proporcionaba una visión más global que la del, por otra parte, excelente equipo de actores y técnicos que de forma reincidente han trabajado en la filmografía berlanguiana. Como nos dice Fernando Trueba: «El secreto de la dirección de actores en Berlanga reside en la buena y apropiada elección del actor para un papel determinado, cosa que está prácticamente asegurada cuando se escribe el personaje pensando en él». Puede sorprender la inclusión de Pedro Almodóvar y de Fernando Trueba en un libro sobre Berlanga. Lo hicimos porque el propio Berlanga se refería a ellos con cierta frecuencia y, también, porque ellos mismos mostraron un cariño y un interés enorme por hablar del autor de *El verdugo*. La brevísima entrevista con Jean Claude Carrière, a quien pillamos en un viaje relámpago a Barcelona, tiene sentido aquí como testimonio de un guionista que ha colaborado con Luis Buñuel, un director, por quien Berlanga siente, al igual que por Federico Fellini, un interés especial.

La entrevista más prolongada debería haber sido, sin lugar a dudas, la de Rafael Azcona: guionista fundamental en la obra de Berlanga sobre todo cuando, ya hace muchos años, ésta decidió, con *Plácido*, tomar el sendero tortuoso y siniestro del humor negro... Desgraciadamente, su participación es una de las más breves debido a la conocida alergia que este escritor siente por los actos públicos (él mismo ha declarado que no asistirá ni a su propio entierro) y por las entrevistas que no pasen por ese nuevo aliado de su intimidad que es el fax...

Por último, en el capítulo de los agradecimientos es necesario mencionar a algunas personas y amigos. En primer lugar, tenemos que agradecer a todos los entrevistados que nos hayan recibido o contestado por escrito con amabilidad y paciencia a pesar de estar metidos en un rodaje o en preparación de otro. El propio Berlanga nos ha recibido con una gripe no fingida en un hotel de Barcelona y con una afonía inaudible en su apacible casa de Madrid. También hay que agradecer a Elena Lauroba todas las oportunas sugerencias después de leer el original, y a José Enrique Monterde -en su doble condición de entrevistado y asesor de entrevistas- sus rigurosas informaciones sobre el cine español, que tan bien conoce y ha analizado.

Carlos Cañeque,
Maite Grau
Barcelona, junio de 1993

Primera parte
Con Berlanga

1

—*Si te parece, podemos comenzar hablando de tu primera película en solitario, de* ¡Bienvenido, Mr. Marshall! *¿Cómo se fragua el guión que escribiste con Bardem?*

—En un principio queríamos escribir un drama que tuviera lugar en un pueblo, pero los propios productores nos sugirieron hacer algo en clave de comedia. Entonces se nos ocurrió un argumento a partir de las luchas entre los representantes del vino y de la Coca-Cola, con toda la participación popular que ello acarrearía en un pueblo español. Cambiamos muchas veces el argumento hasta que al final, después de ver varias veces *La kermesse heroica* de Feyder, nos decidimos por esa parodia sobre la visita de los americanos.

—*La película comienza con una larga presentación en «voz en off».*

—Por cierto, me han dicho en la Filmoteca que en *Bienvenido* hay un rollo cambiado de unos diez minutos y que lleva así más de treinta años. Tengo que comprobarlo porque sería increíble que todo este tiempo se hubiera estado viendo mal por descuido mío... Sí, efectivamente, era la moda de las «voces en off». A mí, en general, no me gustan nada a pesar de que fue uno de los éxitos de la película.

—*Esa «voz en off» equivale a «érase una vez».*

—Claro, ¡Bienvenido, Mr. Marshall! es un cuento, una fábula. Los americanos son como los reyes magos y el plan Marshall equivale a los regalos que hacen soñar a los niños. Es la única película que he hecho con la estructura de una fábula.

—Calabuch *tambien* es *una fábula, ¿no?*

—Pero mucho menos. Además, *Calabuch* es mi única película que no ha partido de una idea original mía.

—*¿En que medida colabora Miguel Mihura en el guión de* ¡Bienvenido, Mr. Marshall!?

—Ya sabéis que en el festival de Valladolid ha habido un debate en el que se ha intentado revalorizar la participación de Mihura en el guión a base de restar importancia a la supuesta exclusividad de Bardem y mía. Eso me parece absurdo. Nunca hemos negado la participación de Mihura. Queda claro en los títulos.

—*¿Qué escribe Mihura?*

—Algunos diálogos de un par de escenas que no sé si seré capaz de recordar.

—*En una de las primeras secuencias escuchamos las palabras «imperio austrohúngaro», que se repetirán en el resto de tus películas.*

—En esta ocasión es la única vez, con *Novio a la vista,* que salían sin forzar. Luego las haré aparecer siempre como palabras talismán en todos los guiones. En *Novio a la vista,* que es mi segunda película, vi que se repetía «Imperio austrohúngaro» en la voz de uno de los personajes y pensé ¿cómo es posible que en mi segunda película vuelva a aparecer ese curioso territorio histórico? Entonces decidí que estaría en todas mis películas.

—*Vemos la iglesia, el ayuntamiento, el interior de la escuela y la voz continúa mientras vemos cómo descargan los rollos de la película «que se*

*proyectará el sábado y me parece que es del Oeste». Se presenta el cine
como una institución paralela a la iglesia o el ayuntamiento.*

—Hay gente que dice, comó Manolo Hidalgo y Diego
Galán, que meto mucho el cine dentro del cine y yo digo que
meto el cine como puedo meter el taxi o la farola, sin una
conciencia definida o trascendente.

—Uno de los primeros personajes que se presentan es el de la maestra. ¿Cómo es el personaje de Elvira Quintillá?

—Es el personaje más lírico de la película, aunque luego,
en un sueño que estaba en el guión y que no rodamos, ella
tenía relaciones sexuales con unos jugadores de fútbol americano que la violaban, lo que hubiera roto un poco con la imagen tópica de maestra provinciana y reprimida que tiene.

—Te parecen tópicos los personajes de Bienvenido?

—Sí, totalmente; el hidalgo, el alcalde, la maestra, los campesinos, el médico liberal ochocentista. Es un pueblo tópico
y falso. Todos los personajes responden a los estereotipos
prejuiciados que puede tener un hombre urbano. Yo he vivido en algún pueblo, pero los habitantes no tenían nada que
ver con los que describo. Desde luego, y a pesar de que se ha
dicho lo contrario, yo no soy un conocedor del mundo rural
como pueda serlo, por ejemplo, Miguel Delibes.

—¿En qué pueblo se rueda la película?

—En Guadalix de la Sierra. Es un pueblo que no tenía
iglesia. La iglesia que se ve en la película es un decorado de
cartón piedra que tuvimos que hacer, al igual que la Fuente, a
pesar de los costes que ello suponía para la producción.

*—Nos parece impresionante la riqueza de personajes secundarios
que hay en* Bienvenido.

—Sí, era una delicia trabajar con aquellos actores de entonces, que procedían casi lodos del teatro. Hoy en día ya no se encuentran buenos actores secundarios. Quizá por eso me resulte hoy especialmente difícil hacer películas como las de mi primera época.

—Bienvenido *es una película muy bien estructurada, muy coherente, a pesar de haberla escrito a medias entre Bardem y tú, dos personas (tres con Mihura) notablemente diferentes.*

—Yo pienso que las películas pueden ser compactas con dos o con siete guionistas. La mejor época de la comedia italiana se da cuando los guiones han pasado por muchas manos. Si el argumento es lo suficientemente sólido, la participación de nuevos guionistas suele enriquecer el guión, Y no necesariamente dispersarlo.

—*¿Cumple Bardem en* Bienvenido *la función que atribuirás posteriormente a Rafael Azcona de centrar tu dispersión natural hacia un argumento claramente estructurado o lineal?*

—Seguramente, porque a mí me parece que en la película no hay escenas gratuitas en donde la historia no avance. Por otro lado, Bardem es mucho más esteta que yo, y si en su imaginación se enamoraba de un plano, lo indicaba con precisión en el guión sin reparar que ello podía hacer más lenta la narración. Eso siempre me ha parecido, sobre todo si se lleva al extremo de Bergman o Visconti, algo incompatible con la forma que yo tengo de hacer cine.

—*¿Cómo os repartíais el trabajo con Bardem?*

—Tanto en *Esa pareja feliz* como en *Bienvenido* nos repartíamos las escenas y las escribíamos por separado, o sea, que no escribíamos en la misma máquina.

—*¿Serías capaz de recordar y diferenciar secuencias tuyas y de Bardem?*

—En *Esa pareja feliz* sí, pero en *Bienvenido* me resultaría muy difícil. Hombre, recuerdo que las «voces en off» son siempre de Bardem, pero en los diálogos ya me resultaría mucho más complicado.

—*El delegado que llega al pueblo para ver al alcalde e informarle de la llegada de los americanos tiene el típico aire fascistón.*

—En realidad este personaje hubiera sido un gobernador, pero no nos atrevimos a ponerlo por miedo a la censura, entre otras razones porque, para colmo, el actor se llamaba Franco de apellido. Aparece con el ambiguo cargo de «delegado».

—*En* Bienvenido, *muchas escenas están unidas con una pregunta que se responde en la siguiente secuencia o con una alusión que tiene continuidad. Por ejemplo, alguien dice «¿quiénes son los americanos?» de ese plano pasamos a otro de la maestra que esté explicando a sus alumnos las características geográficas de Estados Unidos.*

—Sí, yo no sé si esto lo utilizamos creyendo que lo inventábamos Bardem y yo o lo cogimos de una moda de la época. En *Esa pareja feliz* es todavía más clara esa forma de unir las diferentes escenas a través del diálogo. Es algo que nos gustaba mucho. Creíamos que así se agilizaba el ritmo y que mostrábamos un cierto ingenio similar al de las rimas en poesía. Nos parecía que los cortes eran menos bruscos que, de alguna forma, los personajes podían hablar de una escena a otra saltando las barreras espaciotemporales.

—*El delegado se confunde, como si fuera el estribillo de algunas escenas, al llamar al pueblo «Villar del Campo» en lugar de «Villar del Río».*

—Me parece que ese *gag* es mío. Como mi padre había sido político, era muy típico en los discursos confundirse al mencionar el nombre del pueblo. Esto implica una desconsideración y una jerarquía que el delegado no puede ocultar.

—*Frente al delegado, el alcalde aparece como temeroso de algo.*

—Está asustado porque cree que a lo que viene el delegado es a investigar el estraperlo. Es una visita insólita tanto para él como para el pueblo.

—*Pero por un momento cree que le viene a anunciar un nuevo plan que conectará a Villar del Río con el ferrocarril.*

—Sí, porque el delegado le dice que trae una buena noticia, y para un pueblo como Villar del Rio, que suponemos totalmente incomunicado, el ferrocarril es una especie de sueño.

—*Cuando el alcalde entiende que hay que quedar muy bien con los americanos, sugiere ofrecerles una limonada o una sangría. Pero el delegado le advierte que no se trata de eso, sino de llenar el pueblo de guirnaldas, de niños con banderas, de fuegos artificiales y de fiestas. Ante la llegada de los americanos, es el delegado el primero que tiene la idea de cambiar y artificializar la imagen del pueblo.*

—Eso es cierto; los que verdaderamente incitan a la España de charanga y pandereta y al andalucismo son sobre todo el delegado y el personaje de Manolo Morán, que, como representante de la artista, tiene ya un cierto nivel de profesionalidad en los espectáculos de feria. Pero esto no quiere decir que el pueblo no participe en la fiesta de forma creativa... El delegado viene a decir que se disfracen para celebrar la generosidad del plan Marshall, para mostrar su alegría, pero, y ahí está el posible juego agridulce, el pueblo entiende y asume que en realidad lo hacen para ocultar la realidad de su miseria.

—*Tenemos entendido que los números musicales de Lolita Sevilla fueron impuestos por la producción.*

—Sí, yo fui contratado para hacer una película folclórica en la que una artista tenía que cantar un número determinado de canciones.

—*¿Crees que esto daña a la película?*

—Honestamente yo creo que no. Creo que conseguimos meterla con bastante ingenio de forma que se integrara en el tono festivo que tiene la película. Por otra parte, es muy falsa, como os decía antes, ya que es muy difícil que una cantante vaya a actuar aisladamente a un pueblo tan pequeño.

—*¿Cómo es el personaje del cura?*

—Es un cura conservador que ataca a los americanos porque cree que todos son ateos. Es el típico cura provinciano chapado a la antigua.

—*Pero no tiene nada que ver con el cura de* La escopeta nacional.

—No, éste es un cura entrañable. El que inventamos para *La escopeta* con Azcona era un energúmeno, un cura que decía tacos y que gritaba cosas como aquello de «lo que yo he unido en la Tierra no lo separa ni Dios en el cielo». Hombre, si se nos hubiera ocurrido meter el cura de *La escopeta* en *Bienvenido,* yo creo que nos fusilan... Pensad que dirijo *Bienvenido* en pleno franquismo.

—*Cuando las fuerzas políticas del pueblo se reúnen, algunos están a favor de los americanos y otros en contra.*

—El cura y el hidalgo, como representantes de la España tradicional *y* retrógrada, son los más contrarios a hacer un recibimiento especial a sus inminentes visitantes.

—*En su papel de médico, Félix Fernández, por el contrario, se muestra partidario de organizar una fuente con luces de colores.*

—Ése quiere ser el típico personaje progresista de la Ilustración. Tiene una fe ingenua y excesiva en la razón y en el poder tecnológico. Con sus quijotadas seudocientíficas, domina y desprecia a todos los demás.

—*Políticamente, la película no muestra conflictos importantes.*

—No, tal vez solamente en el caso del hidalgo, que en algún momento muestra un enfrentamiento total contra el resto de las fuerzas vivas.

—*A diferencia de* Plácido, *en donde aparecen claras diferencias sociales, los personajes de Villar del Río parecen convivir sin excesivos roces de clase.*

—La diferencia es que esto es una fábula y *Plácido* no. En las fábulas ya se sabe que todos acaban comiendo perdices.

—*¿Cómo es el alcalde?*

—Es un cacique cazurrón, sin ninguna formación cultural. A pesar de ello, sin embargo, con sus molinos y sus apaños ha conseguido ser el hombre más rico del pueblo. Quizá, con la interpretación de Isbert, aumenta su lado gracioso y entrañable. Es un ejemplo claro del actor que participa en la creación del personaje. Isbert, dicho sea de paso, es el mejor actor que yo he conocido en mi vida.

—*En* Bienvenido *existen algunos detalles algo desconcertantes, como por ejemplo cuando tiran insecticida para matar las moscas en plena reunión del ayuntamiento.*

—Éste es un buen ejemplo del *gag* que se me ocurre en el mismo rodaje. Dicen que improviso mucho en los rodajes *y* que meto con frecuencia detalles que no estaban en los guiones. Pero yo creo que no es, ni mucho menos, tanto como dicen. En este caso recuerdo que había moscas molestándonos a todos pensé que podía tener gracia que aparecieran en la reunión del ayuntamiento. Creo que estos detalles que la realidad inmediata aporta son fundamentales para una buena película. Es muy difícil que se le ocurran a uno encerrado en un despacho cuando está escribiendo el guión. Por eso Azcona y yo, cuando trabajamos, preferirnos hacerlo en un lugar público, en un bar o en una cafetería. Mirando y escuchando a los demás se nos ocurren la mayoría de las ideas.

—*¿Cómo es el personaje del representante de la cantante, el personaje de Manolo Morán?*

—Es un manipulador. Domina el mundo del espectáculo provinciano y se aprovecha de que este acontecimiento le coge allí. Se convierte en el empresario y organizador de los preparativos. Él es el que dice cómo se tiene que recibir a los americanos y acaba incluso dando el discurso al alimón con el alcalde. También es él el que diseña la transformación del pueblo, que es un pueblo de la sierra de Guadalajara, en un pueblo andaluz siguiendo el tópico que interesa a los turistas. Es el representante de Lolita Sevilla, la folclórica, por lo que está acostumbrado a pulular por los pueblos y a hacer todo tipo de trabajos. En definitiva, es un pícaro.

—*Como organizador de una campaña popular, tiene algo que ver con el Quintanilla de* Plácido, *¿no?*

—Sí, pero el Quintanilla de *Plácido* vive en el pueblo y está conectado con todos los personajes: tiene novia, es hijo del «de las serrerías», etc.

—Además, Quintanilla también se encarga de traer a las artistas, que, de alguna forma, vienen también a cambiar la imagen de la pequeña ciudad de Plácido.

—Yo veo al personaje de Morán mucho más manipulador y profesional del espectáculo que el de López Vázquez en *Plácido*. De todas formas estoy de acuerdo que existe un cierto paralelismo.

—Cuando al alcalde le dan una carta oficial que anuncia la inminente llegada de los americanos, escuchamos una trompeta militar...

—Sí, yo pensé que podía ser como un parte de guerra. Un alcalde que recibe primero un anuncio cordial en persona y luego un frío parte de guerra me resultaba irónico. También, cuando el alcalde está discurseando en el balcón, comienza diciendo: «Reunidos aquí, todo el personal a mi mando». Es la idea del alcalde militarizado, los típicos detalles que pensé que se cargarían en la censura. Curiosamente, lo único que querían eliminar en la censura —esta película no tuvo apenas problemas de censura— fue precisamente en el discurso del alcalde cuando decía algo así como «vosotros, que sois inteligentes y despejados» y con las palabras «inteligentes» y «despejados» aparecen dos planos mostrando unos rostros de palurdos absolutos. Eso les pareció muy fuerte y me dijeron que tenía que ir fuera. También existe la leyenda de que el sueño de la maestra violada por los jugadores de fútbol americano lo censuraron, pero en realidad no lo llegamos a rodar por razones económicas y, posiblemente, también porque pensamos que lo censurarían.

—El disfraz del pueblo para recibir a los americanos llega hasta los edificios y las casas; se levantan decorados con patios típicamente andaluces y una de las calles se llama "calle del salero".

—Incluso los mismos habitantes aprenden a bailar sevillanas y a torear. La propia maestra se convierte en una maestra de andalucismo.

—*El reloj de la iglesia, que lleva tiempo parado, debe despertar. Manolo Morán dice: «Los americanos tienen que ver un reloj en marcha».*

—Y lo resuelven con un tipo en el interior que lo pondrá a su hora a mano cuando pasen los americanos.

—*Para reproducir la típica cabeza de toro que cuelga en la pared de algunos bares, lo hacen con un toro vivo cuyo cuerpo se esconde tras un decorado a modo de pared.*

—Éste es el *gag* que más me gusta de toda la película. Quieren hacer andalucismo donde no se mata a los toros y tienen que simular un toro muerto cuando está vivo. No son capaces de matar un toro ni por los americanos...

—*El reportaje sobre el plan Marshall que aparece en el cine del pueblo, ¿es real o rodado por ti?*

—Es real y, además, hay una anécdota muy buena. Uno de los que aparece con unas gafas entregando simbólicamente un premio a los italianos era el embajador americano en España, quien, al pasar casualmente delante de un cine de la Gran Vía y ver en letras grandes «Bienvenido, Mr. Marshall!», se quejó pensando que era una campaña que se había montado en España para que nos dieran dinero. Creo que le dijo a Franco: «Bueno, ustedes siempre se adelantan a todo poniendo letreros inmensos de cosas que todavía no están decididas».

—*Cuando ya están a la espera de la inminente llegada, aparecen unos trabajadores con un tractor. El pueblo les toma por los americanos.*

—Sí, es muy inverosímil, aunque podría defender, sin mucha convicción, que mi intento era mostrar la enorme ingenuidad que produce el aislamiento de un pueblo español. Ven a unos trabajadores engalanados y con banderitas en un tractor como si fueran unos extraterrestres en una nave espacial. Su ignorancia les permite creerse que los americanos pueden llegar en camello, en tractor o en paracaídas porque no tienen una idea preconcebida de cómo son.

—Los sueños del cura, del hidalgo y del alcalde se refieren a géneros cinematográficos.

—Sí, están pensados como parodias; del cine español del tipo *Alba de América* en el caso del hidalgo, del cine negro en el del cura y del *western* en el del alcalde.

—El alcalde sueña con todos los personajes del pueblo.

—Sí, Morán hace de bandolero, la profesora de camarera y Lolita Sevilla, convertida en cabaretera, empieza cantando una canción americana que luego transforma en una tonadilla.

—El sueño del alcalde termina con la clásica pelea del western.

—Intentamos hacer tan verosímil esa pelea que hubo heridos. Fue la escena más cara de toda la película porque destrozamos el decorado varias veces. Sin embargo, no da esa sensación en absoluto porque cuando se dan una hostia no hacen ruido. Esto me pasó por desconocer los trucos de sonido y el trabajo en la banda sonora, que es clave en estos casos... ¡Era mi primera película...!

—En otro de los sueños, los Reyes Magos (americanos) le lanzan a un campesino un tractor.

—Ésta es la escena en que me lié a tortas con el director de fotografía. Las imágenes del lanzamiento desde el avión son de archivo, pero para el plano del suelo, yo quería que el tractor, al ponerse en marcha, hiciera inflar el paracaídas. Pero Manolo Berenguer, el operador, se enfadó mucho conmigo porque debía pensar, como casi todos los del equipo: «Este niñato de Berlanga, este niñato recién salido de la escuela de cine, nos está haciendo perder toda una mañana en la locura de querer inflar un paracaídas con la reducida velocidad de un tractor». El caso es que sopló un poco de viento y, milagrosamente, como se puede comprobar en la película, el paracaídas se infló. Luego hemos sido muy amigos, además, creo que es un gran operador. Afortunadamente ha sido la única vez en toda mi vida que he acabado tan violentamente una discusión en un rodaje.

—*Al final, los americanos pasan de largo.*

—Sí, es el despertar del sueño, la gran moraleja de la película, que no hay que creer ni en el maná ni en los Reyes Magos sino en el esfuerzo en el trabajo. Supongo que es un final marxista, que posiblemente diseñó Bardem más que yo. Por cierto, fijaos que los coches que pasan son siempre el mismo. Se nos había terminado el presupuesto para alquilar coches y no conseguimos otro que el del operador, precisamente el hombre con quien yo había tenido el conflicto. Da la sensación de que pasan varios coches pero siempre es el mismo en distintos planos.

—*Al final, incluso el pícaro de Manolo Morán se redime y ofrece un anillo de oro que le regalaron en Boston.*

—Aunque hay que suponer que ni es de oro ni se lo dieron en Boston.

—*Algunos periodistas americanos criticaron, tras el pase de la película en el festival de Cannes, un cierto antiamericanismo.*

—Sobre todo por esa bandera americana que aparece al final flotando en el agua de una alcantarilla. El actor Edward G. Robinson, que era miembro del jurado, también consideró que eso era un insulto contra la bandera de Estados Unidos y que había que quitarlo. Pero todo ello no tiene sentido —aunque Bardem como coguionista diga lo contrario— ya que al lado de la bandera americana flota una española y, al menos mi intención nunca fue ir en contra de nada ni de nadie. No es una película antiamericana en absoluto. Los americanos y su plan Marshall son el pretexto que sustituye, porque hubiera sido demasiado inverosímil, a los Reyes Magos o al ratoncito Pérez.

—¿Cuáles son los antecedentes de Plácido? *¿Cómo se fragua la película?*

—Lo mejor es comenzar hablando de mi primer encuentro con Rafael Azcona, que es muy anterior a *El pisito*. Fue cuando Llovet, Mizrahi y Kelber me contrataron. Uno de ellos me dijo que había leído una novela muy buena y en la que se podía pensar para llevar al cine. La novela era *El pisito* y su autor, Rafael Azcona. Cuando leí la novela me quedé fascinado y les dije que, por mi parte, estaría encantado de dirigirla. Pero cuando fui a ver a Azcona me dijo que la película la iba a dirigir Marco Ferreri y que yo había llegado tarde. Varios días después, me puse a leer todo lo que había escrito Azcona y encontré su novela *Los muertos no se tocan, nene*. La leí y me gustó mucho. Era la historia de un velatorio. Pero a los productores les pareció poco comercial y, de nuevo me quedé con las ganas. Más tarde, Azcona me dio un cuento que se titulaba *El paralítico*. Ese relato se convirtió en su día en El *cochecito* de Ferreri pero a mí, en aquel momento, no me acabó de convencer, no le vi suficiente «chicha» para un largometraje. ¡Qué grave error! Luego, cuando lo pensé con más calma, me di cuenta de que allí podría plantearse una película pero, de nuevo, perdí el tren; ya me la había quitado otra vez

Ferreri. En cualquier caso, ¡qué más da!; *El pisito* y *El cochecito* están muy bien dirigidas por Ferreri, son dos películas que me gustan muchísimo.

—Parece como si en esa época estuvieras un poco a la espera de ideas de Azcona.

—Puede ser, pero *Plácido* y todas las películas que he dirigido a partir de *Placido* surgen de ideas mías. Es evidente que en la película se nota la influencia de Azcona, pero sus huellas no están precisamente en lo que la gente cree, es decir, en el anciano muerto y en el humor negro, sino en un sentido estructural de la historia que yo no tenía... Por cierto, el otro día me acordaba de *Plácido* pensando en el tráfico de influencias... y en Juan Guerra.

—¿Ah sí? ¿Qué tiene que ver con Plácido?

—Bueno, nada, pero me acordaba de lo de las cestas de Navidad, que en realidad son un invento para poder luego pedir favores a la gente que tiene poder. Y es que en *Plácido* hay un personaje que devuelve la cesta para no caer en estos mecanismos y dice: «Aquí, un digno». Es precisamente la cesta que luego se queda la familia de Plácido. Las cestas de Navidad siempre han sido parte de la corrupción. Lo que pasa es que hoy, con la cesta, que es el pretexto que enlaza con la tradición, se añaden regalos de mucho valor que algunos políticos o grandes ejecutivos se ven obligados a devolver. El día de Navidad es, además de un día familiar, el día social por excelencia. Mi intención en *Plácido* era, en gran medida, reflejar ese disparate y esperpento social que se legitima hipócritamente desde lo moral y que se concreta en la película en la falsa caridad.

—Seguramente, a las personas que tienen cierto poder; les deben enviar miles de cestas que no se podrán comer. ¿Qué crees que harán con ellas? ¿Regalarlas otra vez a las chicas de servicio, al chófer, a la secretaria?

—Precisamente hay una anécdota increíble que no nos atrevimos a meter en *Plácido*. Resulta que a Carmencita Franco y al marqués de Villaverde les regalaron una cesta que ellos volvieron a regalar a una criada y, dentro de ella, junto a un chorizo o en el interior de una caja de bombones, había un collar de diamantes valiosísimo. Claro, los que hicieron el regalo, después de que el destinatario no les diera las gracias de forma especial, tuvieron que aclarar el asunto y la criada, que debió de quedarse completamente sorprendida, tuvo que devolver el collar sin entender nada.

—Eso hubiera sido divertido incluirlo en la película, un plano de la criada comiéndose un chorizo y escupiendo los diamantes por el suelo... Pero volvamos a Plácido. *¿Cómo nace en ti la idea de la película?*

— Pues porque yo veo en Valencia una campaña de Navidad en favor de la caridad. La organizaba una entidad institucional recuerdo perfectamente que la idea de la película surge cuando reflexioné sobre el título de la campaña, que era "Siente un pobre a su mesa". Cuando yo veía los coches por las calles de Valencia anunciando con altavoces la campaña, ya me sentía en un rodaje. Era muy espectacular. En la radio lanzaban cuñas que decían algo así como: «Toda familia pudiente y cristiana debe acercarse, en esta noche de Dios, a los pobrecitos que pasan hambre y tienen frío». Aquella situación me pareció tan potente que desde el principio estuve convencido de que en sí misma ya componía el marco perfecto para un guión con posibilidades. Fue como un regalo de Navidad. Yo creo que nunca, en toda mi carrera, me ha proporcionado el azar una idea tan clara y rica. Funcionaba por sí sola. Lo que yo vi aquella noche en Valencia ya era una película, eran escenas explosivamente cinematográficas.

—¿Y *cómo vas incorporando los personajes?*

—Bueno, esto ya es algo mucho más trabajoso, que hicimos con Colina, con Font y con Azcona, pero el arranque tenía que producirse con el motivo de inducir, en una ciudad de provincias en donde casi nunca pasa nada, a la movilización y concienciación que obliga a todos a llevar a un pobre a su hogar, con las consecuencias que esto acarrea en cada caso.

—*En el fondo, una de las fuentes de comedia clásica que tiene la película está en la irrupción de un extraño en el contexto íntimo de la familia.*

—Claro, era una intromisión insólita porque, en realidad, el pobre, además de ser ajeno a la familia a la que era enviado, era ajeno a su clase social y esto producía una situación imprevisible para él y para los otros. Casi todas las familias de *Plácido* sienten un cierto miedo frente al pobre, frente a sus modales y posibles reacciones.

—*Pero más que en el encuentro entre las familias y el pobre, la película se centra en la propia organización de la campaña, en el propio aparato que se monta...*

—En el propio aparato que consigue irradiar una participación social generalizada. Es entonces cuando aparece la idea de las artistas, que vienen de Madrid para potenciar la campaña.

—*Lo curioso es que cada una de estas ideas, como la de las artistas, la campaña o la subasta, cuadra perfectamente con esa forma de rodar tuya con muchos actores a la vez.*

—Precisamente por eso yo creo que *Plácido* es mi película más redonda, porque los distintos elementos encajan con el tipo de cine que yo quiero hacer. Tengo muchos amigos que me dicen siempre que debería hacer otra película como *Plácido,* intentando buscar incluso un tema parecido que me permitiera mover a muchos actores en un esquema coral. De hecha, he llegado a pensar en alguna idea en concreto basada en noticias que he leído en el periódico, como la de una campaña que se organizaría en el Prat de Llobregat para salvar a los gitanos, en la que querrían regalar a cada gitano una barca habitable, y en la que se organizaría, para solidarizarse con ellos, una «regata gitana» paralela a las olimpiadas de Barcelona. Esta idea, que sería una especie de *Plácido II,* muestra hasta qué punto me he esforzado en continuar lo que sería mi cine más personal. También he tenido muchas ideas relacionadas con una campaña, como la que podría haberse fraguado en torno al montaje de Disneylandia en España o en torno a lo de Vandellós. Pero luego no hemos conseguido hacer una historia sólida en ninguno de estos casos, es más difícil de lo que parece.

—*La idea del pobre que se muere, ¿estaba en la primera versión de* Plácido *que le contaste a Azcona?*

—No. En la primera historia yo creo que no estaba.

—*¿Fue una aportación de Azcona?*

—No, no, eso está basado en un episodio familiar mío. En el casamiento en *artículo mortis* de un tío mío. Mi madre quería que se casase un hermano suyo llamado Baldomero con una anciana para que así cobrasen la pensión de viudedad.

—*Lo decíamos porque existe la tendencia a pensar que Azcona introduce en su primera colaboración, que es* Plácido, *el humor negro en tu cine, y en ninguna de tus películas anteriores a* Plácido *aparece la idea de la muerte.*

—No estoy seguro de que esto sea enteramente cierto. Creo que es más bien un accidente, una casualidad el que aparezca la idea de la muerte por primera vez en *Plácido* porque a mí siempre me ha interesado muchísimo el humor negro y lo considero algo fundamental en mi propio sentido del humor. Recuerdo incluso alguna historieta o proyecto de guión que escribí cuando era muy joven y en donde aparecía claramente el humor negro. Tampoco quiero ponerme la medalla del humor negro, lo que pasa es que creo sinceramente que Azcona no tiene tanto interés como se cree en meterlo en mis películas. Hay gente que piensa que está obsesionado y no es verdad. De hecho, él tiene un cierto rechazo a escribir secuencias relacionadas con los hospitales y los enfermos y no ha querido continuar algunas proposiciones que yo le he sugerido en este sentido. Con Pedro Beltrán, el guionista de *El extraño viaje*, también intenté hacer un guión algo negro que se llamaba *El desguace*, pero no cuajó, no me acababa de convencer, seguramente porque los dos compartimos la misma tendencia hacia la dispersión.

—*Lo que pasa también es que en Azcona, la muerte o el humor negro habían sido prácticamente una constante en sus escritos, ¿no?*

—No, no es cierto. Él había hecho *Pobre, paralítico y muerto*, tres cuentos en un mismo libro que, efectivamente, tienen que ver con todo eso, pero también escribe *El repelente niño Vicente, Los europeos* y muchas otras cosas.

—*Pero* El pisito y El cochecito *sí que son humor negro.*

—Sí, ésas sí, no voy a discutir, el humor negro es muy azconiano, pero lo que quiero decir, en cualquier caso, es que también era algo muy mío, es una coincidencia.

—*Parece que coincidís en lo del humor negro y, también, en otra cosa clave.*

—¿Ah sí, en cuál?

—*En la coralidad, porque a nosotros nos parece tan coral* ¡Bienvenido, Mr. Marshall! *como su novela* Los muertos no se tocan, nene.

—Exactamente. Yo creo que lo que ocurre entre Azcona y yo con *Plácido* es el encuentro de dos personas que estando influenciadas por tradiciones parecidas, se reconocen el uno en el otro y desarrollan dimensiones en las que se encuentran cómodos. Los dos tendemos a entender una obra con un cierto nivel de coralidad y los dos vemos en lo siniestro del humor negro una dimensión estética fundamental.

—*Otra coincidencia entre Azcona y tú en* Plácido *es la persistencia de la institución familiar.*

—Es verdad, es algo muy de los dos. Al pensar en *Plácido* recuerdo que metí alguna idea de mi familia. El día de Nochebuena venía siempre a cenar con nosotros el encargado de nuestra finca en Valencia. Toda la vida me ha quedado la frase de este hombre cuando pusieron en la mesa langostinos y ostras, que él no había visto nunca. Dijo: «Sapos no, sapos no, a mí no me gustan los sapos». Eso aparece en *Plácido*. Sí, la familia es una entidad que nos permite ironizar y dar cuerpo a casi todos nuestros guiones.

—*Hay una escena en* Plácido *que se desarrolla en un teatro.*

—Sí , está realizada en el casino de Manresa, que es donde rodamos la película.

—*Es la escena en la que se subastan las artistas para cenar. Es el momento de la película en que se reúne más gente y en el que se escenifica más ante un público.*

—Es cuando un personaje puja por la artista más cotizada «por quedar bien» pensando que alguien subirá la oferta y luego tiene que invertir su paga extraordinaria. A mí me pasó lo mismo en una subasta de cuadros. Tuve que invertir un pastón en un cuadro que no me interesaba especialmente por jugar a inversor judío.

—*En ese escenario se subastan las artistas y se asignan aleatoriamente los pobres, los cuales pueden proceder del asilo o de la calle.*

—Sí, recuerdo que una señora le pregunta a otra: «¿Nos ha tocado pobre del asilo o de la calle?».

—*Se convierte al pobre en una bolsa de Navidad o en una especie de lotería negativa, ¿no?*

—Bueno, en este sentido, el *gag* más fuerte lo teníamos en el guión que hicimos con Colina. A mí me gustaba mucho y creo que a Azcona también, pero se suprimió porque Alfredo Matas, el productor, consideró que encarecería demasiado el presupuesto. La idea era organizar un ajedrez humano en la plaza de toros. En ese ajedrez, los pobres serían las grotescas fichas disfrazadas de caballo, de peón, de rey, de alfil; imaginaos, con el frío, allí parados hasta que los ricos les hicieran mover de un cuadrito a otro.

—*¿Cómo surge el personaje de Plácido?*

—Había que buscar a alguien que le diera una estructura e hilación a todo el montaje de la campaña. Frente a la coralidad, un individuo tenía que impulsar el eje de la historia. No recuerdo, sinceramente, si este personaje sale del trabajo con Colina o con Azcona. Lo que sí me parece recordar es que había una idea que a mí me gustaba mucho para hacer una película. Era la angustia que se tenía antes en España, ahora ya no existe tanto, a la hora de tener que pagar una letra y no tener dinero. Había incluso una terminología semilírica aterrorizadora que decía algo así como «el día primero de febrero, a la salida del sol, le embargarán todas sus pertenencias». Esto pudo impulsar al personaje de Plácido.

—*Imaginémonos por un momento que vivimos* en *el pueblo de* Plácido y *que conocemos los tejemanejes de la historia que se produce en la película. Por una parte está la familia de los Galán...*

—Nosotros buscamos un núcleo que representara los distintos estamentos sociales. De un lado, efectivamente, están los Galán, que son una familia pequeño burguesa frente a la que se contrapone la de Plácido, que es la de los que viven con muchos problemas económicos. Los Galán tienen una hija que es la novia de López Vázquez en el papel de Quintanilla.

—*¿La familia de Quintanilla y la de los Galán son del mismo estatus social?*

— Sí, sí, López Vázquez siempre dice: «Soy Quintanilla, el hijo de las serrerías» todo el mundo lo conoce porque la serrería es como una pequeña industria.

—*Por eso la señora Galán está encantada con su futuro yerno.*

—Sí, la señora Galán es la presidenta de la campaña «Siente un pobre a su mesa», es la que más representa el papel de rica y buena, el papel hipócrita de la falsa caridad. Está muy contenta de ser la protagonista, de hablar por la radio, ¿recordáis?... Luego están los artistas que vienen en tren y que rompen con esos estamentos sedimentados...

—*Sí, pero los artistas, socialmente, no tienen ninguna importancia, son ajenos a la idiosincrasia del pueblo.*

—Los artistas son la pirotecnia que acompaña y refuerza los estamentos sociales. La pequeña burguesía se siente invadida por ese grupo de artistas inclasificables socialmente frente a los que tiene que situarse y reafirmarse. Por ello, la campaña, que ha sido organizada por gente como Quintanilla y los Galán, reafirma los escalafones jerárquicos y, así, la solución para estos invasores, que son los artistas, pasa por comprarlos, es decir, subastarlos...

—*Las actrices, las chicas, parecen seres vacíos de cerebro...*

—Es cierto, hay un retrato muy tópico de la más guapa cuando le preguntan cuál ha sido su última película y responde como una idiota diciendo que, en realidad, hizo de extra. Esto refleja algo que ocurría en Madrid con falsas artistas que levantaba la prensa del corazón de más bajo nivel. Muchas veces eran prostitutas venidas a actrices secundarias que no conocía ni Dios, eran lo que se llama *«starlets»*. Sin embargo, algunas de ellas han conseguido triunfar en el mundo del cine... No digo nombres...

—*El desprecio por las artistas es muy claro por parte de la señora Galán. Primero, cuando en la estación dice que una de las chicas, la más «starlet» de todas, «Debe de ser una pelandusca» y luego, cuando su hija coquetea con el guapo actor de cine, tanto ella como Quintanilla ,montan en cólera.*

—Es una característica muy provinciana esa asociación de Hollywood con Babilonia...

—*También sale un niño artista que parece parodiar a Joselito.*

—Sí, se pretende un censo paródico de la cinematografía española de esa época.

—*La relación entre el pobre que se muere y la Concheta escandaliza a los organizadores de la campaña. Por eso los quieren casar, para que el pobre pueda salvarse y morir limpio de pecado.*

—La Concheta no se avergüenza del escándalo, sólo parece importarle el turrón. Cuando está llorando por la muerte de Pascual, sigue comiendo el turrón que le dan. Tened en cuenta que, entre los mendigos, existen con mucha frecuencia relaciones fuera del matrimonio. El matrimonio no es una institución importante en la verdadera miseria. En último término, en la miseria, las instituciones convencionales sucumben frente a las relaciones puramente naturales «preciviles». A la Concheta le importa un pito el matrimonio, por eso no la avergüenza que todos sepan que no ha estado casada.

—*Ese es el último estrato social, el de los pobres ancianos que se asignan para cenar.*

—Aunque yo no veo a los pobres ancianos como una clase social. Al menos dentro de la película no participan en nada, son objetos, meras comparsas; son, en todo caso, tan ajenos a la estructura social como los artistas que llegan en el tren. Su vida normal transcurre en el asilo o en las calles. La integración que tienen esa noche es tan artificial como la de los perros y los gatos. Es como si se organizase una campaña para que la gente cenase con los perros y los gatos de la calle. Su existencia social transcurriría sólo durante esa noche.

—*Es curioso que hayas puesto ese ejemplo de los perros porque, en la película, hay un dentista que también sienta a cenar; junto al pobre, a su perro...*

—Es verdad, es verdad.

—*En general, a pesar de que los pobres se saben comportar, con la excepción del que se emborracha y del que se muere, en casi todas las familias son una carga que tienen que llevar toda la noche.*

—Sí, por ejemplo en el caso de la Concheta, que es una pobre enviada a cenar con unos amantes a quienes fastidia el plan. Por cierto, en la escena de esos amantes, que es la escena de un rico de Madrid que tiene una querida de provincias, es en el único lugar en que he metido una broma personal relacionada con el fetichismo, cuando él le pregunta a ella si se ha puesto las ligas negras que le compró. La otra broma que meto en *Plácido* es cuando llegan las artistas a la estación y se ve a un tío meando en el lavabo del tren. Son bromas que casi nadie ve porque hay que fijarse mucho. En algunos casos me fastidia que no se note y en otros no. Por ejemplo, cuando quieren casar al moribundo Pascual, al pobre que se muere, con la mujer con que ha vivido toda su vida, ¿se nota que la señora Galán le mueve la cabeza para que afirme?

—*Es posible que no se note suficientemente...*

—No, no se nota, la mayoría de la gente no lo nota *y* ahí sí que me fastidia muchísimo porque es algo fundamental en la historia.

—*Y este tipo de detalles, ¿no los podrías remarcar con primeros planos?*

—Eso hubiese aclarado la acción pero hubiera roto con mi estructura narrativa, con mi coralidad. Es el problema que tiene el plano secuencia y la coralidad, que son un mosaico en el que pueden ocurrir cosas sin que queden claras. Es como un cuadro donde hay un solo personaje como *La Gioconda* o un cuadro de una batalla donde hay cuarenta caballos y cincuenta personajes. Si cambiases un detalle en *La Gioconda* todo el mundo se daría cuenta, mientras que si se cambiase un detalle, que no desentonase en el color o en la forma, del cuadro con muchos personajes sólo se enterarían los expertos.

—*Hemos cronometrado algunos planos secuencia de* Plácido *y, sobre todo en los interiores, llegan a durar entre un minuto y medio y dos.*

—Puede ser, pero en cuanto a la duración, yo tengo planos mucho más largos, de ocho minutos.

—*¿En qué película?*

—En *Patrimonio nacional,* por ejemplo, cuando bajan la escalera y se meten en un coche para ir a los toros. Ese plano creo que es mi récord en duración ya que dura ocho minutos.

—*¿Cómo determina este tipo de planificación los guiones que hacéis Azcona y tú?*

—En nada, cuando Azcona está escribiendo unos diálogos no tiene ni puñetera idea, ni se le pasa por la cabeza, como voy a planificarlo yo; si voy a hacer un plano contraplano o un plano secuencia. Lo que sí puedo decirte es que a él le gusta mucho este tipo de planificación. Yo creo que si él dirigiese, que no lo hará nunca aunque lo haría cojonudamente, utilizaría también el plano secuencia... Pero..., os quería decir algo... ¿de qué estábamos hablando?

—*De* Plácido.

—Ah, no, ya sé. Os quería contar una idea que se me ocurrió anoche, cuando estaba en la cama sin poder dormir. Se me ocurrió una idea que a lo mejor se podría llevar al cine. A ver qué os parece.

—*Cuenta, cuenta.*

—Podría ser una película en la que hubiera unos investigadores cinéfilos que deciden estudiar mi cine y recorren lugares que son a la vez reconstrucciones de mis películas o de mis personajes.

—*Quieres decir, por ejemplo, que conoceríamos al personaje de Plácido o al verdugo o...*

—Sí, podría ser una historia en la que apareciesen todos los personajes de mis películas con el tiempo transcurrido. Por ejemplo, aparecería un señor que sería uno de los niños de *Novia a la vista.*

—*Manteniendo los mismos actores.*

—Sí, respetando los actores que han interpretado cada personaje.

—*Pero, por ejemplo Isberi, ya ha muerto y nadie se creería a otro alcalde o a otro verdugo que no fuera Isbert...*

—Isbert podría aparecer en una foto, como un verdugo que ya se murió. Emma Penella y Nino Manfredi, que hacen de hija y de yerno en *El verdugo,* podrían conservar su relación con ese señor de la foto, que les habría aportado un montón de problemas sociales al estigmatizarlos frente a los demás...

—*Y que a su vez podrían ser amigos de un personaje que se llama Plácido y que sería interpretado por* Casen, *si no hubiese muerto también hace poco...*

—Ésa es la idea. Y por ejemplo, Emma Penella podría ser una asistenta que trabaja en casa de los Leguineche. De esta forma, los actores darían una segunda vida, una continuación, a muchos personajes que vuelven a aparecer con su envejecimiento natural. El tiempo habría pasado tanto para los personajes como para los actores.

—*Excepto en* La vaquilla, *en donde la relación personaje-actor no correspondería al tiempo transcurrido, ya que es una película sobre la Guerra Civil rodada recientemente.*

En *La vaquilla* tendría menos sentido, aunque siempre podría aparecer un viejo que contase una batallita de la Guerra Civil con una vaquilla, y ese viejo podría estar en un asilo con Emma Penella y podría aparecer también Elvira Quintanilla contando que una vez, cuando era joven, en su pueblo montaron una campaña para cenar con los pobres...

—*¿Y qué papel podría hacer, por ejemplo, López Vázquez?*

—Pues, por ejemplo, de su personaje en *Plácido,* de un Quintanilla que, por ejemplo, ha continuado con un negocio relacionado con la serrería de su padre.

—Pero López Vázquez *también tendría que hacer del hijo Leguineche de* La escopeta nacional.

—No importa, se podría caracterizar y hacer los dos papeles.

—*Es una idea muy buena. Tienes que llamar ahora mismo a Azcona y llevarla adelante.*

—¿De verdad os gusta?

—*Sí, de verdad.*

—*¿Recuerdas el primer plano de* El verdugo? *¿Cómo empieza la película?*

—Me parece que empieza con unas manos *y* un tazón de un tío que está desayunando, ¿no?

—*Ese funcionario es Perico Beltrán, ¿verdad?*

—Sí, es Perico.

—*Es un funcionario que se enfada porque le dejan, casi al lado de su tazón, el maletín que contiene los hierros del garrote vil. Hierros que, además, hacen ruidos..*

—Sí, es una sensación muy de tripa que ya nos relaciona con todo lo que tiene la película de siniestro y visceral, ¿no?

—*Luego aparece la caja del muerto que acaban de ejecutar. Visualizamos la caja de muerto, escuchamos los hierros del maletín que no deja comer a gusto al funcionario, para colmo, a lo lejos podemos oír un cante hondo de un posible reo gitano que se lamenta. Esa primera secuencia es posiblemente la que contiene más sensaciones. Todo parece bombardear nuestros sentidos.*

—Sí, es una forma de presentar el tema. Por cierto, ¿sabéis quién canta ese lamento gitano al que os referís? Es Agustín González, el actor. Canta verdaderamente bien, le gusta mucho el flamenco. Y, probablemente tampoco sabéis que rodamos esa secuencia en el *hall* de unos estudios de cine, con lo que podéis decir que, freudianamente, nosotros tenemos la sensación de que los estudios de cine son una cárcel en donde se nos acaba ejecutando... La verdad es que como yo sabia que no nos iban a dejar rodar en una cárcel, lo mejor y más inmediato era rodar allí.

—En esa secuencia aparece también la rutinización y hasta la burocratización de la muerte. La primera vez que vemos a Isbert, el verdugo, lo vemos ir a firmar, justo después de haber ejecutado a un hombre.

—Sí, existe la indiferencia que produce la rutina, pero también existe la curiosidad. Uno de los dos personajes de la funeraria que vienen a buscar al ejecutado quiere saber quién es el verdugo, si puede ser una persona normal y cuánto cobra por cada ejecución. *Dice exactamente: «Cuánto cobrará por esto, a mí me parece una persona normal, si yo me lo encontrase en un cine no me parecería un verdugo».* No sólo es una persona normal; desde la primera secuencia quisimos dibujar a un verdugo entrañable. Es un verdugo que, a la vez, es víctima de la hipocresía social.

—Después de esa primera secuencia salen al exterior e invitan al verdugo a que vaya con ellos con el camión de la funeraria.

—En realidad, es Álvarez quien invita al verdugo cuando dice a Manfredi: «Por qué no le decimos que venga con nosotros y así nos lo cuenta todo?».

—*Es cierto, desde el principio vemos una curiosidad morbosa de Álvarez por conocer al verdugo, que contrasta con la progresiva angustia que hacia él sentirá Manfredi a lo largo de toda la película.*

—Contrasta porque Álvarez es posiblemente el personaje más morboso de toda la película. Es el único, con Isbert, que muestra claramente una actitud positiva y de convivencia ante la profesión de verdugo. En todos los demás existe indiferencia o rechazo. Es el verdadero polo opuesto a Manfredi, cuya angustia es también única entre los demás personajes.

—*En la escena en el camión con Manfredi conduciendo, Isbert a su lado y Álvarez detrás, el verdugo dice algo así como «Somos unos incomprendidos, antes, los reos eran más valientes, la raza degenera» y entonces cuenta la anécdota de un condenado que le regaló un reloj: «El tío me dio un reloj y me dijo: 'Maestro tenga aquí un recuerdo y perdone por haberle molestado a estas horas'».*

—Se sugiere que antes la gente moría con más valor y que ahora se resisten hasta perder la dignidad. Es algo que conecta con la mitología del ejército y del héroe. La verdadera prueba que delata al cobarde en el mundo militar es la que le enfrenta con la muerte. La idea de que el hombre debe morir sin escenificaciones, en silencio, con dignidad, se relaciona con el concepto del mundo moderno como un mundo más cobarde. Los valores que sugiere el verdugo son, al menos en esa escena, valores típicamente militares.

—*¿Cómo nace la idea de* El verdugo?

—*El verdugo* es la única de mis películas que nace de una imagen. Un amigo abogado me contó en Valencia la ejecución de una mujer, una envenenadora. Fue la última ejecución de una mujer en España. Me dijo lo mal que lo habían pasado porque al verdugo le había dado un ataque de nervios y no quería llevar a cabo la ejecución; estuvo toda la noche dando gritos, intentó dimitir, se negaba a ejecutar a la condenada. Tuvieron que inyectarle grandes dosis de calmantes puesto que mostraba tanta resistencia como la condenada y, finalmente, tanto el verdugo como el reo fueron conducidos a rastras para que cumplieran su cometido. Cuando me contaron esa historia me imaginé rápidamente una inmensa sala blanca absolutamente vacía donde se veían dos grupos atravesándola, uno que arrastraba al reo y otro al verdugo. En esa imagen tan fuerte ya estaba contenida la película. Esta imagen me da la idea de que no solamente los reos podían «degenerar», como dice Isbert en la película, sino que el propio verdugo se derrumbaría a la hora de tener que matar. Dos grupos arrastrando a dos personas que van a ser el ejecutor y la víctima, ésa es la imagen clave de la película.

—*El personaje de Isbert es algo paradójico. Por un lado, asume una función social que le parece necesaria y que es la aplicación última de la justicia, con todo el respaldo legitimador que esto conlleva, mientras que por otro, es rechazado en casi todas las situaciones.*

—Bueno, es un poco la idea de la sociedad civil contra el Estado. La sociedad ha creado hipócritamente la figura del ejecutor de la justicia petrificándola en un cargo administrativo. Las consecuencias morales que esto comporta no pueden ser ni meditadas ni digeridas por ningún ser humano, lo que hace que el personaje de Isbert sea tan respetado como odiado por los demás. Por todo ello, creo que el hecho de que sea un verdugo entrañable y cariñoso enriquece y le da fuerza tanto a esa contradicción como al personaje.

—*En la escena en que Manfredi está por primera vez en la casa del verdugo, aparece el garrote-vil al sacarlo Isbert del maletín. ¿Es un garrote real?*

—No, ése es un garrote inventado por nosotros. Hicimos una primera gestión con el Ministerio de Justicia pero no conseguimos ninguno real. La verdad es que tampoco teníamos especial interés porque fuera auténtico, el problema es que tampoco podíamos imitarlo sin tener un modelo. Hombre, lo hicimos por puro sentido común; tenía que haber algo redondo que pudiera rodear el cuello, unas tuercas y unas palomillas que apretar, etc. A lo mejor es muy diferente a los reales, no lo sé porque no he visto nunca ninguno.

—¿Es también inventada la idea de que el verdugo aparezca con un maletín para llevar el garrote a su casa? Es una forma de personalizar el objeto, se convierte en una herramienta de trabajo con la que convive Isbert en la película.

—A diferencia de Martín Patino, en su película sobre los verdugos titulada *Queridísimos verdugos,* nosotros no hicimos investigaciones. El maletín era algo creíble que nos inventamos para el guión. No creo que los verdugos se lleven los hierros a su casa...

—¿No llegasteis a hablar con ningún verdugo?

—Creo que no, aunque no estoy completamente seguro. Martín Patino me enseñó el único documental de una ejecución real que se ha filmado en España, pero eso fue muy posterior al rodaje de *El verdugo*. Era un funcionario de prisiones que tenía una camarita de cine y, desde la puerta de ejecución, filmó sin que nadie se diera cuenta. Es curioso que las ejecuciones cada vez son más privadas. Antes eran en las plazas, para ejemplo de la población, luego pasaron a los patios de la cárcel y ahora, en Estados Unidos, se hacen en un cuarto muy pequeño y sin apenas testigos.

—*Hablando de Estados Unidos, en la misma escena que comentábamos, Isbert explica lo inhumano que es morir en la silla eléctrica de los americanos o mediante «La guillotina de los franceses, para luego ser enterrado a trozos».*

—Para el personaje de Isbert, la forma de ejecución más humana es el garrote porque pertenece a su tradición cultural. Es una forma más de integrarse y de identificarse con su cuerpo funcionarial, mostrando un patriotismo que le hace criticar las demás formas olvidándose que el contenido es el mismo... Incluso dice aquello de que un académico le dedicó un libro por ser un ejecutor ejemplar.

—*Es irónico pensar que ese académico se llama Corcuera, igual que nuestro ministro socialista del interior, y que es precisamente el único ministro sin estudios universitarios que hemos tenido desde la muerte de Franco.*

—Es verdad, y es más curioso todavía porque estuve cenando con él precisamente anteayer y me dijo que le gustó mucho mi película sobre el garrote...

—*¡Qué increíble! Y, ¿no te dijo nada de la coincidencia con su apellido?*

—No, se lo comentaré la próxima vez que lo vea..., estuvo hablando de la obsesión que hay en España por tener pistolas, obsesión que él no comparte, por supuesto.

—*En la misma escena en que se conocen Manfredi y la hija del verdugo, Isbert dice al presentarla: «Es muy limpia».*

—El verdugo quiere programar el casamiento de su hija. Cree que refiriéndose a esa cualidad higiénica contrarresta el aislamiento y la marginación a la que es sometida por culpa de su profesión de verdugo. Aprovecha la primera ocasión en que se acerca alguien a su hija para publicitaria. Pero en ese concepto de la limpieza está también la idea de la virginidad.

Es muy limpia también significa «está limpia de pecado». De otro lado puede implicar también que es una buena ama de casa, que es una persona que lo tiene todo muy ordenado y limpio, asumiendo perfectamente el papel de la mujer tradicional. En el mundo moderno un padre promocionaría, por encima de la limpieza o la castidad, otros valores como la inteligencia o la belleza. Promocionar la limpieza es promocionar a una buena ama de casa.

—Justo después, Manfredi pregunta a Emma Penella, mirando una foto que está colgada en la pared, si se trata del retrato de su prometido. Isbert se antepone a la contestación de su hija y dice que es el reo ejemplar que le dio el reloj antes de que le ejecutara.

—Entonces es cuando Manfredi se fija en que hay colgados en la pared muchos más retratos y piensa en la posibilidad de que sean todos los reos "heroicos" que colecciona el verdugo, a lo que él le responde y tranquiliza diciendo que son familiares.

—En la escena siguiente vemos a Manfredi en la casa de su hermano y su cuñada. Su hermano —López Vázquez— es un sastre militar y eclesiástico.

—Sí, ésa es una obsesión que compartíamos Rafael y yo, la tendencia a introducir referencias a los poderes militar y eclesiástico. La verdad es que en aquellos momentos eran los poderes que más nos presionaban a la hora de imaginarnos una historia o unos personajes. Ahí hay un *gag* visual que me gusta; es cuando López Vázquez hace que Manfredi se pruebe una sotana y éste hace el gesto de la bendición para ver si le tira de las sisas.

—Un momento después aparece López Vázquez midiendo la cabeza de su hijo y...

—Sí, es una broma que se me ocurrió por casualidad en el rodaje cuando López Vázquez, aburrido entre parón y parón, entre cambio de luces o de cámara, empezó a jugar midiéndole la cabeza al niño que aparece en la familia. Entonces me pareció que eso podía ser una obsesión y, de forma muy espontánea, pensé que a esta imagen de un padre midiendo con la cinta métrica la cabeza de su hijo, sólo hacía falta añadir aquella frase que le dice su mujer: «Que es normal, que lo de mi padre no es hereditano».

—Manfredi vive con la familia de su hermano en un piso pequeño, donde sólo hay un baño y en donde el matrimonio, para hacer el amor, tiene que adjudicarle el niño para que duerma cón él.

—Están todos muy incómodos por la falta de espacio. Esta presión del espacio vital en la familia es algo que se repite mucho en Azcona y en mf, no sé si por influencia del neorrealismo. Un espacio vital reducido —que en Azcona ya se había dado en *El pisito* y *El cochecito*— es un escenario ideal para el tipo de película que queríamos hacer entonces. El espacio, además, se reduce a medida que se van introduciendo muchos actores en el plano. La opresión del espacio la he sentido especialmente en algunos de mis rodajes, en donde el calor, la repetición de la escena y el movimiento de actores y técnicos en un espacio reducido puede llevarnos a todos al enloquecimiento. En algún momento del rodaje de *El verdugo*, por ejemplo, yo también me debí sentir muy agobiado con el espacio vital. ¿Sabéis que Ricardo Muñoz Suay me expulsó un día del rodaje?

—Ah sí, ¿cuándo?

—Estábamos rodando aquella pelea de un tío que había mirado a la mujer del otro, cuando Manfredi dice lo de «Se empieza por una riña y se terminan cometiendo delitos de sangre».

—*¿Y qué hiciste para que se enfadara tanto el ayudante de dirección?*

—No me debía parecer bien cómo funcionaba la secuencia, tal vez por alguna tontería. No sé, la verdad es que soy muy pesado y a los ayudantes de dirección les vuelvo locos.

—*Muñoz Suay nos dijo que tu metodología como director es la negación; que muchas veces no sabes concretamente lo que quieres aunque sí sabes perfectamente lo que no quieres. Nos puso el ejemplo de que si quisieras unas vacas no especificarías cómo las quieres y si te las trajeran dirías: «No me gustan, traedme otras».*

—Sí, Ricardo pone siempre ese ejemplo y aunque nunca he rodado con vacas, se corresponde bastante con la realidad Quizá sea bueno para un director como yo el no imaginarse demasiado precisamente los objetos o las situaciones. Preconcebir demasiado reduce la libertad, mientras que no definir nada de lo que quieres conduce a que el día del rodaje andes «buscando vacas de colores». Es un dilema difícil de resolver y que puede mejorar o dañar mucho una película.

—*Siguiendo con lo del espacio físico, la siguiente escena nos sitúa a la familia del verdugo en una escapada dominguera en las afueras de Madrid. La pareja protagonista baila y coquetea entre sí con la música de un transistor que pertenece a otra pareja ya mayor.*

—Es que realmente es muy curioso cómo los domingos, en el campo, se manifiesta el egoísmo y la idea de la propiedad. En un contexto comunitario y colectivo como el del campo o la playa, aparecen las típicas frases de «Aquí estaba yo», lo que quiere decir: «Señor, ése es mi árbol» o «mi sombra». En el campo o en la playa se intenta reproducir el hogar con los transistores, las neveritas, las mesitas de plástico, etcétera, pero al mismo tiempo se plantea un espacio físico que es, en cierta medida, la inercia de la economía capitalista. En el lenguaje pícaro del «listillo» equivale a «Señor, yo he venido antes que usted, su territorio empieza allí». Por eso, el carácter anarquista del español no es compatible con el comunismo. Por eso les jode a la pareja propietaria del transistor que una parejita como la de Manfredi y Penella se pongan a bailar con «su música». La posesión de una pequeña propiedad es el *leit motiv* de toda la película: un hombre lucha con la burocracia para tener un pisito con vistas a la sierra, es decir, un espacio más agradable y más amplio. En el campo y en la playa la propiedad y el espacio físico no están regulados por leyes burocráticas; un policía o un juez no podrían detener a nadie por estar ocupando la sombra de un árbol previamente ocupada por otro. Por ello el conflicto, el orgullo y el latinismo afloran de una forma especial en esos contextos.

—Cuando están bailando con la música del transistor, él le pregunta a ella: ¿Dónde te gustaría morir?».

—Es una obsesión de muchas personas que yo conozco; la idea de morir en un lugar determinado. De la misma forma que el nacimiento determina una identidad para toda la vida, la muerte en una geografía distinta se ha convertido, en el personaje de Manfredi, en una especie de sueño romántico que quiere compartir con ella en la primera ocasión en la que se abrazan... Yo creo que la obsesión por la muerte es algo que pertenece a mi generación más que a la vuestra; los sacerdotes, la presencia de la guerra, el terror de la dictadura. Dicen que en México, esta presencia de la muerte es todavía mayor ya que han diseñado caramelos con forma de calaveras en donde aparece en la frente un nombre como Carlos, Enrique o Juan. Y ese «caramelo-calavera» se regala a la familia del muerto para que se zampen su osamenta craneal en forma de dulce. ¡Esto supera lo español!

—La escena siguiente nos lleva al aeropuerto. Una familia recibe en el avión a un difunto en un ataúd que resulta, por equivocación, no ser el esperado.

—Es una escena que me gusta porque reproduce la idea de la burocratización de la muerte desde otro ángulo al que se plantea en la película. Este es un difunto equivocado de la misma forma que Manfredi es un verdugo equivocado. Algo tan personal como la muerte se convierte en anónimo cuando se relaciona con la burocracia... La Iglesia católica es, en este sentido, la gran administración de la muerte. El humor negro consiste en la convivencia rutinaria con lo tanático, y nadie convive con la muerte con más rutina que un profesional de la muerte, sea sacerdote, enterrador o verdugo.

—Desde el aeropuerto, Manfredi llama por teléfono a Penella, la hija del verdugo, para saber si está sola y así poder intentar con ella su primera relación sexual. Esta primera relación le acarreará consecuencias terribles, ya que su padre les pesca. A partir de entonces, con la presión del hijo, de la boda y del piso, irá conociendo distintos estadios de pérdida de libertad.

—Bueno, es muy importante para mí que quede claro que la película no sólo es un alegato contra la pena de muerte, que lo es, sino que también quiere explicar las trampas invisibles que nos tiende la sociedad para reducir nuestra libertad. En algunas ocasiones, una decisión puede condicionar el resto de nuestra vida. En este caso, el protagonista, por hacer el amor en esta escena que, estoy de acuerdo con vosotros que cambia el rumbo de la historia, se ve metido en una serie de líos que no puede controlar; tiene que tener un hijo, se tiene que casar y hasta tiene que matar en contra de su voluntad. La sociedad le va metiendo en un proceso de fagocitación que reduce su margen de libertad; paga con toda su vida el error de haber hecho el amor en la casa de su futuro suegro.

-Justo antes de ser pescados in fraganti *por Isbert, la pareja comenta la foto de un antiguo novio ciclista de ella.*

—Este tipo de idea de tener un novio ciclista pertenece a la mitología de las chicas de servicio que teníamos en aquella época en casa. Concretamente había una que pensaba que teniendo un novio ciclista llegaría a salir en los periódicos y a convertirse en la mujer de un personaje famoso. Luego el novio la dejó y fue un drama porque todo el día estaba llorando... Por cierto, a mí me gusta mucho el ciclismo.

—*¿Es ella en algún modo consciente de que con esa concesión amorosa terminará cazando a Manfredi?*

—Sí, de hecho, recuerdo que había pensado alguna vez en perfilar el personaje de ella como un personaje mucho más maquiavélico y manipulador, que llegaba a quedarse embarazada de forma consciente. En aquella época, hoy ya no ocurre lo mismo porque existe el aborto, una mujer que consiguiera quedarse embarazada tenía un ochenta por ciento de probabilidades de llevar al altar al señor en cuestión. Lo que sucede es que esa opción la hubiera hecho culpable y a mí no me gusta culpar tan claramente a nadie. En mis películas nadie es culpable. Sólo el grupo, insisto, y de una forma inconsciente, es el gran colectivo devorador.

—*Después de esta escena pasamos a una imagen de los músicos de la funeraria tocando música de jazz.*

—Es un intento de lo que yo llamo un *gag* de contrapunto. Se sugiere que esos músicos, acostumbrados a las marchas fúnebres, ensayan para tocar por la noche en un cabaret y así completar su jornal.

—Y *luego viene la boda y los famosos* gags *visuales. Esas escenas de la boda son maravillosas; la falta de presupuesto de los protagonistas supone una reducción de las alfombras, las flores y las luces pensadas para la boda anterior lo que dificulta la lectura del evangelio al sacerdote y le hace desplazarse hacia un cirio lateral.*

—Ya sabéis que me estáis hablando de mi boda.

—*¿De tu boda?*

—Sí, hombre, yo pensaba que ya os lo había contado. Esa es mi boda, o mejor, así fue exactamente mi boda. El único *gag* que yo añadí fue el del cura acercándose a la vela. Todo lo demás: las alfombras, las flores, la reducción de luces, etcétera, lo tomé de mi propia boda. La verdad es que cuando yo me casé, que no me quería casar por la iglesia, no fue nadie, no invitamos a ningún amigo ni a nadie. Por eso pedí el tipo de boda más barata y más rápida. El cura estaba cabreado conmigo y se esforzó en hacerlo todo desagradable y burocratizado. Casi no me dirigió la palabra, y el sermoncete lo redujo a algo ridículo y resolutivo. No pude evitar meter todo eso en la película.

—*Dentro de la sacristía, un niño recibe un cachete por estarse comiendo los recortes sobrantes de las hostias y el cantante hace gárgaras para reducir su afonía.*

—Sí, y también está lo que le dice Manfredi a Isbert sobre su traje, cuando le recrimina el haberse puesto el mismo traje para la boda que para ejecutar.

—*Pasemos a la escena de la visita del piso. Es el piso con vistas a la sierra con el que sueña Isbert...*

—Y también es la segunda trampa que se le tiende a Manfredi. Primero fue la constitución de la familia y luego hay que alojar a esa familia; la idea de que se sienta propietario no sólo de la familia sino también de un territorio. Volvemos al espacio físico. El problema es que en el paquete va también el suegro, que se convierte, en esta nueva etapa de confort, en el intruso que Manfredi era con su hermano y su cuñada. La última trampa que Isbert le tiende a su yerno, con su mejor intención, es la de proporcionarle un trabajo de funcionario para que siempre pueda mantener en ese piso a su hija y a su nieto.

—Ella, cuando se convierte en una necesidad burocrática para la obtención del piso el que Manfredi se haga verdugo, comenzará a utilizar el argumento del hijo: «Por mí no lo hagas, hazlo por el niño».

—Cuando van a firmar en el edificio del senado, Manfredi ya ha entrado en una angustia permanente que no terminará hasta la escena en que, antes de ejecutar, vomitará toda su historia al director de la prisión.

—En la feria del libro, en el momento que van a buscar la recomendación de Corcuera, dos jóvenes se acercan a la caseta y preguntan si tienen libros de Bergman o de Antonioni.

—Siempre me daba mucha vergüenza reconocerlo porque en según qué círculos intelectuales podía costar caro, pero a mi Bergman siempre me pareció inaguantable. Tanto por la cantidad de símbolos que utilizaba, por ejemplo en *El séptimo sello* con lo de la vida y la muerte, como por la lentitud y por los silencios constantes que hay en su cine. A mí siempre me pareció pretenciosa esa tendencia de Bergman y Antonioni a obligar al espectador a retener un plano en silencio. Es justo el tipo de cine opuesto al que yo hago, ¿no?

—*¿Y Antonioni?*

—Me pasa un poco lo mismo, aunque en el caso de Antonioni, varía ligeramente; lo hace más próximo el que sea italiano y el haberlo conocido personalmente. Cuando salimos de la escuela de cine, teníamos que decir que sus películas eran maravillosas, pero yo siempre pensaba que aquél no era el cine que yo podía o deseaba hacer. Hay algunos aspectos de *Blow Up* o de *La aventura* que me gustan mucho, pero en general, con Antonioni, como con Bergman y con Bresson, que es el tercero de la lista y que inventa eso de la «microfotografía del sentimiento», me he aburrido siempre mucho.

—*Parece ser que os han comprado el argumento de* El verdugo *a Azcona y a ti.*

—Sí, tengo que comer con él un día de éstos porque hemos vendido el argumento en Los Ángeles, cosa, por cierto, que no entiendo porque no imagino cómo pueden hacer una película sobre un motivo que en América no existe, o por lo menos no existe en la forma como lo planteamos nosotros. Existe la pena de muerte, pero no existen verdugos oficiales o funcionarizados que busquen su plaza como un medio de supervivencia. Al menos me lo parece, no sé. Vosotros que habéis vivido allí...

—*Hombre, salvando las distancias, parece que se podría hacer una historia similar. Tal vez, efectivamente, no esté tan personalizado en una profesión casi artesanal... Pero alguien tiene que apretar el botón, ¿no?*

—Sí, pero parece que los verdugos americanos son mucho más anónimos y los reemplazan constantemente.

—*¿Y cómo ha surgido esta propuesta de Hollywood?*

—Bueno, no creáis que es tan fabulosa como las que le hacen a Almodóvar. No, lo nuestro es mucho más discreto y mucho más incierto, aunque me han llegado rumores de que podría estar interesada la Fox ante el éxito de adaptación de algunas películas francesas como la de *Tres solteros y un biberón* o la que había hecho en Francia Lino Ventura y que luego hizo en América Jack Lemmon, ¿cómo se llama?

—*L'Emmerdeur (El embrollón).*

—*¿De qué trataba?*

—De un tío que va a asesinar a uno desde una habitación de hotel y el vecino de habitación le incordia continuamente, no le deja preparar el asesinato.

—*Es la última que hizo Billy Wilder se llama* Aquí un amigo.

—*¿Aquí un amigo* se llama?, yo no he visto la versión americana, yo vi la francesa, en la que también trabajaba el cantante Jacques Brel.

—*El problema de imaginarnos una adaptación americana de una película como* El verdugo *está en que lo relacionamos demasiado con una picaresca muy latina y no podemos extraer solamente el argumento. Es como cortar con...*

—Claro, yo a nuestro verdugo me lo imagino con el maletín y los hierros y lo veo dentro de una lucha en la que entra la picaresca y la supervivencia... El verdugo americano lo tendríamos que imaginar con un coche enorme, en una casa con jardín, etc.

2

—*Si te parece podemos hablar ahora de tus primeros años como director, ¿Tienes una idea clara de cuándo nace tu vocación de director de cine?*

—Sí, nació cuando estaba viendo la película *Don Quijote* de Pabst. Salí del cine como iluminado. Otras películas que me impresionaron fueron las de Indio Fernández. Su narrativa paisajista y el ambiente rural me gustaron mucho. Eso era precisamente lo que yo quería hacer cuando empecé en esto del cine, cosa que se refleja bastante en los ambientes de *¡Bienvenido, Mr. Marshall!* En principio, el guión que escribimos Bardem y yo para hacer lo que sería *Bienvenido* era un drama rural situado en el año veintiuno, muy influido por *María Candelaria* y otras películas parecidas.

—*Cuando entras en la Escuela de cine, ¿tenían tus compañeros una cultura cinematográfica? ¿Erais Bardem y tú las vedettes de la escuela?*

—Creo que sí, que Bardem, Florentino Soria y yo, que nos juntamos rápidamente, éramos lo que teníamos la cultura cinematográfica más sólida, los que habíamos visto más películas y los que habíamos comprado y leído todo lo que se podía encontrar sobre cine en España. Los demás se metían en la escuela para ver qué era eso, pero no tenían una vocación muy definida.

—*¿Coincidíais Bardem y tú en los gustos cinematográficos?*

—Sí, coincidíamos bastante. *Esa pareja feliz,* película que codirigimos al alimón, nace de influencias compartidas como el sainete español o la obra de Jacques *(Se escapó la suerte)*. En aquella época todos teníamos gustos más o menos parecidos. En realidad seguíamos los mitos reconocidos por los libros y la crítica como los Capra, René Clair, Ford, el cine negro, los soviéticos, en fin, los clásicos. También admirábamos a los documentalistas ingleses como Flaherty. En ese momento todavía no teníamos valor para decir: «Pues a mí tal película me parece un rollo», aunque con alguno de los soviéticos sí que nos atrevíamos. Recuerdo una anécdota que sucedió durante la guerra; en una de estas proyecciones para soldados nos pusieron una película soviética aburridísima y en mitad de la proyección, un miliciano se levantó de su silla indignado y dijo a gritos: «Esto es un rollo y además es revolucionario». Cuando empieza a haber debate y cierta escisión es con la llegada del neorrealismo italiano. Unos nos quedamos con la influencia italiana y otros con la influencia americana.

—¿Se conocían los directores italianos en España? ¿Eran populares?

—Sí, sí, sobre todo en la posguerra viene mucho cine italiano llamado de «teléfono blanco». Películas, por ejemplo, como las de Camerini. El neorrealismo más puro, más dramático, como el que aparece en *Ladrón de bicicletas,* tiene una audiencia reducida. Luego, a partir de los años cincuenta, se produce el boom del neorrealismo rosa y la consagración de las estrellas italianas como Loren, Lollobrigida, etc.

—¿Cuál era el cine español que respetabais entonces?

—Nos gustaba mucho Florián Rey y los cortos de García Maroto, que rompen con lo que se había hecho hasta entonces y, a su vez, representan la irrupción de M. Mihura en el cine como dialoguista. También respetábamos a Benito Perojo y nos gustó mucho *Don Quintín el amargao,* película que firmaba Sáenz de Heredia y en la que intervino Buñuel como jefe de producción. Existía también una escuela de documentalistas en la que destacaban Velo y Mantilla. Velo, aunque era de izquierdas, realizó un documental franquista llamado *Romancero Marroquí* que a todos nos gustaba mucho.[1]

—¿Qué recuerdos tienes de la guerra?

—Para mí la guerra, como dice Radiguet en *El diablo en el cuerpo*, fueron unas largas vacaciones. En esa época conocí muy bien el mundo de la noche, los cabarets, las putas. Los hombres jóvenes estaban en el frente y nosotros, con catorce y quince años, los sustituimos.

—¿Qué posiciones has adoptado políticamente a lo largo de tu vida?

—Yo no he estado afiliado a nada; bueno, al sindicato de estudiantes porque era obligatorio. En mis primeros años de director, yo estaba vinculado a la productora Uninci con la que realicé *¡Bienvenido, Mr. Marshall!* La productora me pagó parte de mi trabajo con acciones de la empresa y en vez de vender las acciones y ganar bastante dinero, como hicieron otros, me persuadieron para que me quedara con ellos a fin de realizar nuevos proyectos. Luego Uninci se fue transformando cuando entraron a formar parte los miembros de la *intelligentsia* y de la izquierda española.

—¿Quiénes eran?

—Gente de la Escuela de cine. Muchos de ellos pertenecían al partido comunista, Bardem, Paco Rabal, los hermanos Moreno, Semprún, Fernando Rey, Fernando Fernán Gómez.

—A ti lo del comunismo no te convenció.

—No, a pesar de que durante mucho tiempo intentaron convencerme de que entrara en el partido; me daban leccio-

---

[1] Documental no acabado por Velo, obligado a exliarse antes de haberlo terminado.

nes con pizarra. Bardem, por ejemplo, me llevaba a su casa y allí me catequizaba, me hacía gráficos en la pizarra sobre la dialéctica, la lucha de clases, etc. Fundamentalmente las clases me las daba Bardem y un hombre extraordinario, uno de los hombres que recuerdo con una personalidad más atractiva, era un ingeniero canario llamado Cirilo Benítez; falleció en un atentado. Este hombre tenía una gran tenacidad, quería convencerme a toda costa hasta que Bardem le persuadió de que conmigo no había nada que hacer y ya me liberaron de las lecciones.

—*No consiguieron tentarte.*

—No, en absoluto, en último caso estuve más cerca de los anarquistas, pero esto fue en Valencia antes incluso de ir a la Escuela de cine. Uno de estos amigos era Pepe Martínez, el que luego fue el creador de *Ruedo ibérico*. Yo tenía muchos amigos de la CNT, que en esos momentos había quedado muy desmantelada. Mi padre era diputado por el Frente Popular y nos contaba cosas de las Cortes. Él me transmitió una admiración por Indalecio Prieto y por Primo de Rivera. Aunque gran parte de mis amigos eran falangistas, mi tripa era más bien anarquista.

—*¿Cómo se te ocurrió alistarte en la División Azul?*

—Yo me alisté en la División Azul por varias razones. Mi padre estaba condenado a muerte por haber estado comprometido con el bando republicano. En una reunión familiar, decidimos que alguno de los hermanos se alistaría en la división para intentar conmutar la sentencia de mi padre y me tocó a mí la china. También pensaba que esa heroicidad, en el sentido más cinematográfico de la palabra, me allanaría el terreno para conquistar chicas; pensaba que a mi regreso podría contarles tantas experiencias que se quedarían impactadas.

—Todas tus películas, con la excepción de Calabuch, *han surgido de ideas y de argumentos tuyos. ¿Cómo se te ocurren las ideas? ¿Cómo pasas de una idea a un argumento?*

—Se me ocurren de distintas formas. A veces me surgen en la cama o en cualquier lugar inesperado, otras veces se me ocurren forzadamente; si me han pedido una película, empiezo a pensar qué historia podría ser interesante para hacerla, pero esto, que es forzar la creatividad, en pocas ocasiones resulta. Desde que trabajo con Azcona, las ideas casi siempre nacen de las conversaciones que mantenemos tranquilamente en un bar o en un café. Últimamente me contratan para hacer una película sin saber todavía la idea, lo cual es para rendir homenaje a los productores.

—¿Cómo trabajas con Azcona?

—Cuando nos contratan, Rafael y yo nos reunimos y empezamos a charlar como dos viejos amigos; comentamos alguna película o algún libro, las noticias, etcétera, pero sin que nos dé la sensación de que estamos reunidos para que surja una idea. Nos hemos acostumbrado, tal vez demasiado, a creer que el tiempo no juega en contra nuestra. Esto nos lleva a perdernos muchos días por las ramas, pero no nos importa porque casi siempre, los grandes avances han surgido en aquellos momentos en que nos habíamos olvidado por completo de que teníamos algo que ver con el cine.

—Se dice que, normalmente, os reunís en sitios públicos.

—Sí, siempre. A ninguno de los dos le gusta el trabajo en un lugar que sea santuario de la tranquilidad, no me gusta la sensación de que estoy en un gabinete de trabajo porque entonces me encuentro incómodo. Además, en nuestros guiones, aquel tipo bajito del abrigo y el puro que está tomando un café en la barra, puede eventualmente hacer algo o decir algo que incorporamos o transformamos y que nunca jamás se nos hubiera ocurrido encerrados en la casa de Rafael o en la mía. Algunas veces, vamos a los cafés poniendo más atención en lo que pasa a nuestro alrededor que en nuestro propio diálogo. Esto ha llegado a convertir el espacio de nuestros encuentros en un teatro en el que todos son actores que representan para nosotros dos...

—*¿Siempre os habeis entendido con la misma intensidad a lo largo de los años?*

—Al principio fue una especie de noviazgo apasionado; creíamos en el tándem, andábamos entusiasmados y disfrutábamos como locos trabajando. Después del noviazgo vino nuestra consolidación como pareja y seguimos trabajando de una forma satisfactoria, creo que para los dos. Lo que pasa es que la convivencia matrimonial desgasta y, algunas veces, nos notamos algo cansados, como una vieja máquina de tren. La verdad es que desde los últimos tres o cuatro guiones, el trabajo ya no es tan gozoso como antes.

—*De ese noviazgo apasionado surgen* Plácido, *en 1961 y* El verdugo, *en 1963, tus dos primeras películas con Azcona y, para muchos, las mejores de toda tu filmografía.*

—Sí, creo que nuestro encuentro fue una mezcla explosiva. Los dos nos sentíamos complementarios. Pero lo que hace realmente Azcona es desmoronar mi barroquismo y convencerme de que las historias deben ser químicamente puras, me convence de que lo más importante es lo que estás contando; que la historia debe ir siempre adelante y no se puede hacer ninguna secuencia donde el argumento no avance. En mis primeras películas, de repente, me divertía una escena que no tenía nada que ver con el tema y la rodaba sin pensar. Antes era más disperso y Rafael me hizo desnudar las tramas. Con Rafael voy a una velocidad vertiginosa, no me deja detener para comentar nada, para recuperar la zona de descanso que para mí era la acción paralela gratuita.

—*¿Cómo recuerdas tu relación con los guionistas anteriores a la etapa Azcona?*

—Con Colina me llevaba personalmente muy bien. Tenía el inconveniente de que se inclinaba mucho hacia el ternurismo, era un hombre muy conservador, falangista, pero no recuerdo haber tenido problemas serios. Con Bardem, la relación debió ser más conflictiva. En la Escuela de cine éramos amigos pero también discutíamos. Recuerdo que una vez casi nos pegamos cuando hicimos juntos un corto experimental que se llamaba *Paseo por una guerra antigua*. Tenían que pasar metafóricamente unos aviones por encima de unos hombres que miraban el cielo y Bardem decía que el efecto se podía conseguir filmando unas nubes y acelerándolas. Yo me negué porque estaba convencido de que aquello nunca podría parecer aviones. Por esa estupidez técnica casi nos matamos, pero como veis, los conflictos no solían llegar hasta lo ideológico, se quedaban en lo técnico... De todas formas, pensad que yo siempre he escrito los guiones con profesionales, y que, en definitiva, los guionistas profesionales ceden siempre cuando trabajan con el director de la película. Sin embargo, Azcona, a quien considero el mejor narrador de historias que he conocido en mi vida, sugiere ideas que yo casi siempre termino aceptando.

—*Cuando trabajas con Azcona, ¿quién se sienta a escribir en la máquina?*

—Bueno, él somete la estructura del guión a lo que yo le digo. Él pide que las ideas siempre salgan de mí. Discutimos el desarrollo de la historia, llegamos incluso a imaginar con cierta claridad todas las escenas y perfilamos algunos diálogos, pero el que al final escribe el guión y los diálogos en su totalidad es Rafael Azcona.

—*¿Tienes tendencia a cambiar lo que Azcona te trae escrito?*

—No, es muy difícil que yo rechace alguna de sus secuencias, cuando me las trae por escrito, a lo mejor hago alguna pequeña modificación, pero incluso esto es raro. Cuando Rafael se sienta a escribir, lo que a veces tarda en ocurrir, tiene muy claro que lo que va a hacer es lo que queremos los dos.

—*¿Siempre has trabajado así con todos los guionistas anteriores a Azcona?*

—No, por ejemplo, con Bardem, cada uno escribía un número de secuencias distintas. Cuando teníamos clara la estructura del guión, nos repartíamos el trabajo y, por cierto, es curioso, porque nadie ha diferenciado, en películas como *¡Bienvenido, Mr. Marshall!*, las escenas escritas por Bardem y las mías. Con Colina, él me traía los diálogos escritos, pero yo los corregía mucho más que con Azcona. La verdad es que la identificación y la confianza que he tenido siempre con Rafael ha sido muy importante, además, creo que como dialoguista es insuperable.

—*¿Aparece y colabora Azcona en tus rodajes?*

—No, no, cuando Azcona termina su trabajo no vuelve a tener contacto conmigo hasta el próximo guión. Sólo ha venido a ayudarme en algunos casos en los que hemos tenido problemas de producción o de cambio de algún personaje.

—*De las tres fases de la película: escritura, rodaje y montaje, ¿cuál prefieres?*

—En cada fase pueden existir momentos casi orgásmicos y momentos en que llego a desesperarme. Lo que tiende a ser más duro y lento es el guión. Creo que es donde está realmente la creación, especialmente al principio, cuando se llega a configurar una historia que funciona por sí sola. Ese arranque es muy especial. Te vas a la cama como Dios, creyendo que has descubierto una mina y si, al día siguiente (que suele ser cuando ya no te parece tal descubrimiento), te sigue entusiasmando, entonces se trata de concretar y darle cuerpo. Es en este proceso cuando vienen momentos en los que se duda y en los que se ven incoherencias difíciles de resolver, lo que puede ser algo angustiante. Por supuesto, con el rodaje disfruto mucho, puede llegar a ser una fiesta siempre que en el equipo se cree un ambiente relajado y optimista. Un *gag* o una escena que te parece realmente convincente se rueda con el mismo placer que seducimos a una mujer.

—Cuando piensas en una escena del guión, ¿imaginas o visualizas ya los planos, los movimientos de cámara, etc.?

—Con un mínimo nivel de precisión, la verdad es que yo no soy capaz de visualizar los planos que voy a hacer hasta que llega el momento de hacerlos, precisamente porque me gusta la espontaneidad y, como os decía antes, incluso en ese momento tengo bastantes dudas. Las dos veces que he visualizado previamente un plano ha sido en *El verdugo*, la gran sala blanca con los dos grupos, y en *¡Bienvenido, Mr. Marshall!*, cuando Isbert habla desde el ayuntamiento, la cámara baja y se ve un plano lleno de sombreros andaluces; ése es un homenaje a Pudovkin que ya estaba indicado en el guión.

—¿Modificas los guiones en los rodajes?

—Desde que Azcona me entrega el guión terminado hasta que se estrena la película hay bastantes cambios entre el rodaje, el montaje y el doblaje. Yo soy muy flexible a cualquier sugerencia que me parezca interesante y, frecuentemente, si un actor me dice que prefiere decir una cosa en lugar de otra, lo acepto. De hecho, a mí me molesta que se tengan que aprender los diálogos al pie de la letra. Siempre empiezo diciéndoles a los actores que se sientan libres con el texto. El texto no es sagrado, afortunadamente, por ello siempre tiene que estar abierto a nuevas expresiones, bromas o *gags* espontáneos e improvisados.

—*Pero algunos actores se agarrarán más al texto que otros.*

—Sí, por ejemplo, en *La escopeta nacional* me di cuenta que Sazatornil necesita que se respete mucho el guión. Para Saza, el otro actor le tiene que decir exactamente lo que pone en el guión porque sino se despista y se pierde, lo que no implica que sea un mal actor, porque a mí me ha gustado siempre mucho.

—*¿Te cuesta dejar un guión por terminado?*

—No, siempre hay un momento en que ves claro que hay que lanzarse al ruedo. Esto no quiere decir que no me entren dudas, sobre todo en los finales. Los finales son siempre lo más difícil de dejar.

—*El final de* El verdugo *nos parece de los más logrados de tu carrera.*

—Me han dicho esto otras veces, pero a mí me molesta un poco el plano final cuando aparecen unos jóvenes juerguistas en un velero contrastando con el verdugo que llega de su terrible faena. Ese plano es horrible, en cambio no perjudica a la película.

—*En* Tamaño natural *parece que llegaron a existir cuatro o cinco finales, como el de Piccoli convirtiéndose en chulo de la muñeca.*

—Es verdad, pero al final optamos por lo de tirarse en coche y con la muñeca al Sena. El protagonista muere hundido con el coche y la muñeca sale a flote como un ser doblemente indestructible; en primer lugar por ser mujer y en segundo por no ser de carne y hueso, por ser una muñeca...

—*Por cierto, ¿cómo hicisteis eso? ¿Se lanza el coche sin conductor?*

—No, hay un conductor y, como la muñeca tardó en salir a flote, todos sufrimos mucho pensando que el especialista, que salió mucho después, se había ahogado. Luego nos contó que tuvo realmente problemas en salir del coche, porque el fondo del Sena está muy enfangado y le costó abrir la puerta. Por un momento pensé que la metáfora del final de la película podría llegar a convertirse en una tragedia.

—*Después de que la muñeca ha salido a flote, la cámara enfoca a un hombre sobre el puente que parece atraído por ella. Con ese plano termina la película.*

—Ese hombre es Piccoli. Me alegro de que no se note mucho que es Piccoli, porque de haberse notado, hubiera sido un final muy pedante. La idea era que un hombre, incluso parecido a Piccoli, vuelve a caer en la misma historia, rescata a la muñeca del río y entra en el mismo proceso que le llevará hasta la muerte.

—*Muchos de tus finales son metafóricos a pesar de que pareces rechazar los símbolos en el cine.*

—El símbolo en cine tiene siempre el riesgo de ser pedante y pretencioso. Es muy difícil que un símbolo soporte el paso del tiempo. Si se simboliza algo, no se debe notar de una forma explícita. Por ejemplo, me arrepiento totalmente del final de *Vivan los novios*. No me gusta nada esa araña que aparece, es pedantizar el final. Parece que la conclusión de toda la historia tenga que pasar por esa imagen tan tópica del insecto. Además fue un desastre, no quedó ni mucho menos como yo quería. Tenía previstos cuatro días para rodar la escena final y quería una figuración especial para poder ensayar la forma en que se iba a formar ese bicho. Me hicieron una canallada; de repente me dijeron que tenía media mañana para rodar la escena, sin figuración especial ni nada, además, ese día hizo un viento horrible en Sitges y el helicóptero no tenía estabilizador, de forma que la cámara vibraba y el piloto se la jugaba en cada toma. Así es que la secuencia que yo había imaginado como algo grandioso, uno de los mejores finales que se me habían ocurrido, quedó muy floja. De todas formas, ese final lo había planeado no como una metáfora sino como el intento de hacer un plano magistral que dejase huella entre los profesionales. La escena, tal como estaba planeada, empezaba con un primer plano de López Vázquez; la cámara se iba elevando sin cortar el plano, y conforme subía, aparecía el cortejo fúnebre. En un principio vemos una mancha negra que poco a poco se va convirtiendo en un bicho, araña o insecto. Pero yo quería hacerlo de forma que no pareciera un dibujo de los que se hacen en las paradas militares o los que hacen las *starlets* de *Escuela de sirenas* sino que se formara con más naturalidad. Me pareció sugerente que ese bicho en el que se transforma el cortejo fúnebre fuera la representación de la sociedad que había fagocitado y devorado al protagonista.

—*La película también parece enfrentar a los extranjeros con los españoles.*

—Sí, porque puede entenderse como la convivencia entre la España tradicional y la España que se creía falsamente europea y que quería demostrar, de una forma oficiosa y oficial, que era una España más tolerante y más abierta. Yo pretendía decir que ninguna de las dos era válida, que todo era mentira, que esa tolerancia y esa integración en Europa eran una trampa, una falla de Valencia... Como el golpe de estado de Tejero. La imagen que produce Tejero es muy fallera y esperpéntica. Yo siempre he comparado las imágenes del golpe con las imágenes del intento de asesinato de Reagan. Siempre me ha parecido que en ellas se reflejan las diferencias entre el cine español y el cine americano. En lo de Tejero parece que se concreta la chapuza del cine español, con el típico plano único mantenido durante mucho. tiempo en el que la presencia de la cámara apenas se nota, en donde canta el escaso presupuesto porque los mismos extras, los diputados en sus escaños, aparecen, desaparecen y vuelven a aparecer para dar la sensación de que son más. Luego lo de los exteriores en Valencia, en donde nos pasaron infinitas veces los mismos planos con las mismas calles y los mismos tanques. En cambio; en el reportaje televisivo del atentado de Reagan, todo es una maravilla porque hacen un montaje con muchos planos, con travellings y movimientos de cámara, con tornas desde el suelo en donde se ve la sangre de aquel que pegaron un balazo en la cabeza. Incluso, los policías parecían apartarse para que pasaran las cámaras por en medio. Cinematográficamente, lo del atentado de Reagan es una maravilla. El de Tejero, una chapuza.

—*Es cierto, si comparamos imágenes, lo de Tejero resulta completamente anacrónico, mientras que lo de Reagan produce una potente sensación de modernidad.*

—Parece el caballo de Pavía frente al mundo electrónico y audiovisual.

—*En algunas de tus películas como* El verdugo, Plácido *o* La escopeta nacional *aparece el tema burocrático como una constante. El poder político y administrativo es un mecanismo que algunos de los protagonistas quieren sortear con mayor o menor astucia y éxito.*

—En torno a los cargos administrativos veo un marco muy interesante para crear personajes. La administración, que se presupone honesta, transparente y al servicio de los ciudadanos, es en realidad en donde se puede escenificar la picaresca y la corrupción más feroz. Por ejemplo, en contraposición a lo que decíamos del espacio físico en las playas y en el campo —cuando hablábamos de *El verdugo*— en donde no hay leyes escritas y en donde se discute la propiedad de «la sombra de un árbol», en la burocracia todo está supuestamente regulado por leyes explícitas que los personajes en los que yo suelo pensar tienen que saber eludir mediante influencias o argucias. El alcalde de *Bienvenido,* el funcionario en *El verdugo,* el notario de *Plácido* o el ministro de *La escopeta nacional* son personajes por los que se canaliza una organización frente a la que se puede desarrollar la picaresca —que es una especie de corrupción *light*—, el sarcasmo y la ironía. Frente a ese pulpo opresivo de la administración, siempre surge en mis películas el personaje que asegura poder solucionarlo todo, que conoce los mecanismos para vencer la burocracia. Ese personaje, que tanto a Azcona como a mí siempre nos gustaría que fuese el cuñado de alguien...

—*Ah sí, ¿por qué?*

—Pues porque es un personaje que mama o bebe de esa entidad constituida que es la familia. No sé por qué la figura del cuñado se me presenta como una especie de intermediario entre la familia y las instituciones públicas. Tal vez porque sin ser realmente miembro natural de ésta, su perspectiva es más fría y alejada. Pero no es tanto en películas mías sino en guiones de Azcona en donde se repite la figura del cuñado, por ejemplo en una que hace de cuñado Agustín González y que intenta arreglar un matrimonio... Ah, bueno, y luego está aquella película americana en la que está espléndidamente tratado lo del cuñado y que a mí me inutilizó para hacer algo directamente sobre la figura del cuñado, una película de Billy Wilder con Walter Matthau y Jack Lemmon en la que Lemmon hace de comentarista deportivo, ¿cómo se llama? Como veis, me vuelve a fallar la memoria...

—En bandeja de plata.

—Exacto, *En bandeja de plata.*

—*Otras ideas parecen componer una constante en tu cine; por ejemplo, la idea del comerciante que quiere colocar un producto en el mercado (la electrónica en* Esa pareja feliz, *la olla Cocinet en* Plácido, *los interfonos en* La escopeta nacional, *el turrón en* Moros y cristianos)*, por otra parte, esa idea de un grupo de gente esperando a alguien que no llega (los americanos en* ¡Bienvenido, Mr. Marshall!, *las artistas en* Plácido, *el rey en* Nacional III, *la infanta en* Moros y cristianos)*.

—Sí, la idea del pequeño burgués que quiere lanzar un producto en un ámbito reducido y que monta una campaña en la que cree y hace creer a todos es algo que siempre me ha interesado mucho. Además, es un personaje que imagino muy mediterráneo, con todo el calor y la picaresca que implica esta cultura. Por otra parte, la idea de una campaña «chapucera», la idea del individuo intentando movilizar a un grupo de gente, está conectada con lo que decís del grupo que espera a alguien que no aparece, porque ese alguien, o bien es parte del producto, o es el producto mismo que nunca llega, que siempre fracasa. En las películas de Capra, los americanos de *Bienvenido* hubieran terminado convirtiendo en un héroe al alcalde de Villar del Río, pero, insisto una vez más, mis películas terminan siempre con un fracaso, son la crónica de un fracaso. Siempre existe un proyecto de futuro, la creencia de que se va a perseguir algo que finalmente no se consigue. Desde mi primera película —*Esa pareja feliz*— donde él cree que se abrirá camino estudiando electrónica y, ella, participando en todo tipo de sorteos y loterías, hasta *Moros y cristianos,* donde una familia de turroneros cree que a través de la publicidad y el márketing logrará levantar la empresa.

—*Aunque todas tus películas terminan con el fracaso de los protagonistas, en algunas, como* Bienvenido *o* Calabuch, *abunda el ternurismo y el optimismo.*

—Yo soy un hombre calificado de tierno por algunas personas. Otras opinan todo lo contrario, pero no me gusta, por pudor, que en mi obra aparezca el ternurismo. Hay algunos momentos en *Calabuch* que siento haberlos rodado por lo excesivamente tiernos y blandos que resultan, aunque estén escritos por Flaiano, un extraordinario guionista al que quería muchísimo y que se hubiera convertido en un gran amigo mío si hubiese vivido en España. Todos estos diálogos entre el viejo —Edmund Gwenn— y la maestra —Valentina Cortese—, son preciosos, escritos con gran gusto, pero le dan a la película un tono crepuscular y lírico que no me convence al volver a verla.

—Calabuch *y* Novio a la vista *son tus dos únicas películas que no están basadas en ideas tuyas.*

—*Novio a la vista* nace de un guión de Edgar Neville. Benito Perojo nos contrató a Bardem y a mí para que hiciésemos una adaptación de la zarzuela *Bohemios,* pero no le gustó el guión que escribimos. Yo le pregunté que si tenía algún otro guión comprado y me dio cinco o seis entre los que figuraba uno de Edgar Neville que se llamaba *Quince años*. La acción transcurría en la sierra de Madrid y no en la playa, como aparece en la película, aunque la historia era básicamente la misma: un grupo de niños que se rebelan contra los padres y se fugan. Aunque se trate de mis películas más ingenuas, los finales no son felices, sino más bien muy pesimistas. En *Novio a la vista*, la historia de amor entre los dos adolescentes se trunca y, en *Calabuch*, el sabio atómico es recuperado por las fuerzas armadas para que siga sus investigaciones. Siempre se hunden todos los proyectos y esperanzas, ésa es una constante en todas mis películas, incluso en las que pueden ser algo tiernas...

—*Se ha comparado tu cine con el de Capra, sobre todo en lo que se refiere a la coralidad.. ¿Qué piensas de ello?*

—Bueno, mi cine es mucho menos moralista e ideológico que el de Capra, en donde el olor a New Deal llega a apestar; además, sus películas tienen siempre un final feliz, los personajes consiguen sus objetivos, encuentran soluciones y, en mi cine, eso no pasa. Pero tenéis razón en que se parece en lo coral. Creo que en definitiva, para Capra es muy importante todo lo que tiene que ver con la solidaridad, mientras que en mi cine, en cambio, acurre lo contrario, por ejemplo, en *Plácido*, lo que se manifiesta más rotundamente es la insolidaridad. Capra hubiera terminado *Plácido* con el casamiento entre un pobre y un rico o con alguna pequeña heroicidad del protagonista.

—*Sí, pero tanto en* Calabuch. *como en* Novio a la vista, *como en* ¡Bienvenido, Mr. Marshall!, *existe una solidaridad muy clara, ¿no?, en* Bienvenido, *los habitantes de Villar del Río, a pesar de la decepción del «sueño americano», se deciden a financiar los gastos de la campaña.*

—El guión de *¡Bienvenido, Mr. Marshall!* lo escribo con Bardem, y en Bardem sí que tiene sentido hablar de una tendencia natural hacia lo solidario, porque Bardem siempre ha creído en el marxismo y esto hacía que encontrase soluciones para todo.

—*Hemos leído que* La Boutique *es una de tus películas que te gusta menos.*

—No, no, yo creo que es uno de mis mejores guiones, pero no pude llevarlo a cabo como quería. Tuvimos muchos problemas de realización.

—*La historia estaba escrita para Laly Soldevila y José Luis López Vázquez.*

—Sí, ése fue otro de los problemas. Me obligaron a cambiar el *casting* y a hacer la película con dos guapos. Sonia Bruno no es una actriz de comedia y Rodolfo Beban me horripila.

—*¿Crees que hubiera resultado López Vázquez en el papel del protagonista, en el papel de un playboy?*

—Sí, perfectamente. De todas formas tuvimos que adecuar la historia a los nuevos actores, incluso me acompañó Rafael Azcona a Buenos Aires, que fue donde se rodó la película. Por ejemplo, en la idea de la cirugía estética, al personaje que hubiera interpretado Laly Soldevila pensábamos hacerle una operación importante que transformase completamente su aspecto, en cambio a Sonia, una chica tan guapa, resultaba difícil operarla de algo y hubo que pensar en lo de la operación de los senos. En general, con López Vázquez y Laly Soldevila, la cosa hubiera sido mucho más cómica.

—El extraño viaje *se ha convertido en una de las películas míticas del cine español y está basada en una idea tuya, ¿qué opinas de esta película que dirigió F. Fernán Gómez?*

—Tiene *gags* geniales. Bueno, creo que Fernando Fernán Gómez tiene los mejores *gags* de la historia del cine español. Si se hiciese una antología de *gags* deberían incluir algunos míos, pero el mejor es aquel de *La vida alrededor:* un tartamudo cuenta un accidente y, mientras habla, la imagen se mueve tartamudeando también. En *El extraño viaje* también hay uno sensacional, cuando bailan y no se oye ninguna música porque están bailando con auriculares que sólo escuchan ellos.

—El extraño viaje *tiene dos partes, una en la que se cuenta un misterio; aparece una mujer madura y los cretinos de sus hermanos dominados por ella y, paralelamente, se narra una historia de amor entre un músico y una modista. En la segunda parte, estas dos historias, que habían transcurrido sin aparente relación, se entrecruzan y el misterio se resuelve.*

—La historia original era más cerrada, no aparecía el romance entre el músico y la modista, se limitaba a narrar un crimen inspirado en un hecho real, «El crimen de Mazarrón». En la playa de Mazarrón en Murcia aparecieron los cadáveres de dos hermanos y junto a ellos unas copas con restos de veneno. Luego, en un pueblo de Navarra, apareció el cadáver de un tercer hermano. El crimen no llegó a resolverse. Entonces me inventé la historia de una mujer que dominaba a su hermano y a su hermana. Estos, hartos ya de su dominación y en combinación con un tercero, la asesinan y huyen con el dinero que se había obtenido con la venta de unas tierras. Mientras esperan una barca en la playa para salir del país, el cómplice les envenena.

—*¿Por qué no rodaste tú esa historia?*

—La idea surgió cuando comentábamos el crimen en una de las tertulias del café Gijón. Yo dije que sabía lo que había pasado y conté la historia. Uno de los presentes, no me acuerdo quién, me pidió que le escribiera una sinopsis y así lo hice. Al cabo de dos años Fernán Gómez y Pedro Beltrán me dijeron que había un productor interesado en hacer la película con Fernán Gómez como director y me preguntaron si quería participar en el guión, pero entonces estaba con otro proyecto, así que decidieron llevar a cabo la película respetando en los créditos la paternidad de la idea.

—*Hace unos días nos hablabas de que habías pensado en la posibilidad de hacer un guión sobre tu vida o sobre la vida de un director de cine que piensa en su obra a lo largo de los años..*

—Sí, y ha sido una de tantas ideas que ha provocado esa hartura de Rafael Azcona conmigo porque dice que no me decido ni concreto nada. La verdad es que me cuesta mucho desarrollar esa idea, primero porque mi memoria está empezando a debilitarse, cosa que no me permite reconstruir ningún período de mi vida y mucho menos un accidente particular de ella. Además, los relatos secuenciales del cine exigen los detalles visuales y yo recuerdo cosas de mi infancia o de mi juventud porque sé positivamente que aquello me pasó a mí. Pero he olvidado las estructuras particulares y eso me parece fundamental a la hora de escribir un guión. Sin embargo, el desarrollo de la idea no acaba de atraerme. Tal vez sea por esa obsesión o miedo mío que me hace permanecer en el anonimato o porque veo los acontecimientos de mi vida como demasiado anodinos o faltos de elementos que pudieran provocar una narración con interés, no sé.

—¿Y qué le ha parecido a Rafael Azcona este proyecto autobiográfico?

—A él le hace mucha ilusión, le hubiese gustado trabajar en él, pero es que no sé por dónde empezar. Nos sentamos y me dice: «Qué, ¿se te ha ocurrido algo?, ¿por dónde empezamos?» y yo le digo: «Pues no sé», y ahí nos quedamos.

—La idea, cronológicamente, transcurriría a lo largo de toda tu vida.

—No, no, vagamente, lo que yo quería era, a través de mis vivencias, de mis recuerdos, contar la España que yo he vivido. Claro, muchas cosas podrían recrearse o transformarse hasta convertirse en otras que nada tendrían que ver con lo que yo conservo en la memoria. Otras podrían ser coyunturales, como el día en que yo nací, un día en el que ocurrieron una serie de desastres nacionales.

—Ah, entonces sería una combinación entre lo personal y lo histórico.

—Sí, pero me queda la duda de si yo tendría que aparecer como narrador y decir: «Bueno, el día que yo nací, mi padre, que era diputado del partido de García Prieto, se enteraba de un acontecimiento histórico como el asesinato de Dato».

—En ese caso, tú deberías aparecer como narrador, sería muy importante que tu propia voz contase esas conexiones entre tu biografía y la historia de España, ¿no?...

—Pero si no la haré, está claro que esa película no la haré, es casi mejor no hablar de una película que nunca haré. De hecho, esta idea de «agenda Berlanga» ya la hemos transformado en otra historia que consistiría en contar la vida de una persona, que no necesariamente tendría que ser yo, a través de pequeñas escenas relacionadas con las grandes ceremonias y los ritos de su vida: la primera comunión, la jura de la bandera, el día de su boda, hasta la última que sería la ceremonia de la extremaunción, claro...

—¿En qué medida te ha interesado el surrealismo?

—Siempre me he sentido muy atraído por el surrealismo. Me hubiese gustado incorporar una dimensión surrealista en mis películas, además, Pedro Almodóvar ha demostrado, por ejemplo, en *¿Qué he hecho yo para merecer esto?*, que una aproximación al surrealismo no es incompatible con la cotidianeidad, que es lo que a mí me interesa no perder nunca de vista. Quiero decir que el tipo de surrealismo más conceptual, el que pretende hacer una reflexión intelectual, me interesa menos. En lo cotidiano se pueden incorporar elementos surrealistas porque en lo cotidiano se producen rupturas con la realidad; situaciones extremas y disfunciones que rompen con la normativa social y que pueden incluso reproducir imágenes o personajes que uno relaciona más bien con el mundo de lo onírico.

—En un sentido riguroso, los puristas sólo aceptan como películas surrealistas Un perro andaluz *y* La edad de oro *de Buñuel. Pero de una forma un poco más heterodoxa, en* Tamaño natural, *uno espera que aparezca alguna huella surrealista, que la muñeca empiece a seguir el juego del protagonista, que participe en las labores de la casa, que nos sorprenda habiendo regado las plantas o habiendo cocinado la cena, ¿no?...*

—Pero es que yo en algo así no me encontraría cómodo...

—¿Por qué? ¿Porque es un territorio que pertenece exclusivamente a Buñuel? Parece como si Buñuel hubiera monopolizado y definido el surrealismo cinematográfico y que nadie quisiera entrar áhí porque se sentiría haciendo algo que ya hizo Buñuel.

—Es verdad que Buñuel ha monopolizado prácticamente todo el surrealismo cinematográfico al romper con la lógica convencional y crear una iconografía propia. Probablemente, sin la obra de Buñuel, el surrealismo hubiera sido en cine algo más colectivo. De alguna forma, Buñuel crea una ortodoxia, unas reglas o «antirreglas» que todo el mundo teme imitar.

—Sí, *pero por ejemplo, en* El ángel exterminador, *sólo hay un elemento que rompe con la lógica, que consiste en la imposibilidad que tienen los invitados de la fiesta de salir a la calle. Con esa salvedad, la película transcurre en un lenguaje cinematográficamente convencional y cotidiano.*

—El miedo que yo tengo a introducir el surrealismo en mis películas está, más que en la posibilidad de entrar en el terreno de Buñuel, en que yo no sería capaz de contar mis historias con una ruptura tan fuerte con la realidad. El problema es que, o lo metes de esa manera tan particular y haces un cadáver exquisito de los surrealistas, es decir, que lo que venga después de una secuencia proceda de un impulso o lectura automática, o las justificaciones son muy difíciles y resultan poco verosímiles.

—*¿Particularmente difíciles en el lenguaje de la comedia?*

—Claro, porque si uno está haciendo comedia y rompe las barreras de lo mínimamente lógico se carga a su vez los cimientos básicos de este género, que son los cimientos de la verosimilitud. Si uno hace esto en el mundo de la comedia, corre el peligro de caer en la farsa o en la astracanada. En la comedia, lo verosímil es fundamental porque el espectador se ríe de situaciones que le podrían ocurrir a él. Yo suelo poner el ejemplo de la goma; mis películas son como una goma que se puede ir estirando y estirando siempre que no se rompa esa conexión con la realidad y lo verosímil.

—*Muchos críticos consideran a Buñuel el más «español» de los directores.*

—No estoy de acuerdo, porque Buñuel nace artísticamente en París, dentro del surrealismo y, salvo *Tierra sin pan* y quizá *Tristana*, todo lo demás está acotado dentro de unos marcos más o menos surrealistas y no dentro de lo que podríamos llamar «iberismo». No, yo no diría que Buñuel sea realmente español. Aunque muchas de sus películas estén basadas en tradiciones españolas como pueden ser las novelas de Galdós, el mundo que crea no es en absoluto ibérico. Creo que el iberismo cinematográfico o lo que podríamos llamar un cine que conecta con tradiciones puramente españolas como el sainete y la picaresca está mucho más en un cine como el mío. Espero que esto no sea excesivamente pretencioso por mi parte...

—¿Qué películas de Buñuel te gustan más?

—Sin ninguna duda me gustan mucho más las películas del período mexicano. Concretamente, las que más me gustan son: *Él* y *La vida criminal de Archibaldo de la Cruz (Ensayo de un crimen)*. Son películas que Buñuel consideraba alimentarias o de segundo orden pero que a mí me parecen sus películas clave.

—Pero Él *es de las películas de Buñuel menos surrealistas, ni siquiera en el sentido más heterodoxo podría ser considerada una película surrealista.*

—¿Cómo que no?

—En ningún momento se rompe con la lógica. Es la historia de un hombre que vive pensando que le van a quitar a su mujer pero es una historia casi costumbrista. De la etapa mexicana son mucho más surrealistas Simón del desierto *o* El ángel exterminador*, ¿no?*

—Sí, pero el personaje tiene toda una dimensión paranoica que me parece próxima al surrealismo, por lo menos yo la recuerdo así; todas aquellas escenas del tren y del campanario, o cuando alucina a la gente que está en la misa riéndose de él. Por cierto, son escenas que me gustan muchísimo, son fabulosas.

—*¿No te parece que en algunas películas como* Los olvidados *Buñuel se acerca más al neorrealismo?*

—Sí, claro, *Los olvidados* y algunas escenas de *Nazarín*, por ejemplo, reproducen, salvando las distancias, un ambiente cercano al neorrealismo. Lo que ocurre es que el surrealismo, incluso en estos casos, está detrás al escarbar un poco. Esto le da mucha coherencia a su obra.

—*¿Qué te parece su período francés?*

—El período francés me gusta mucho menos. *Belle de Jour*, por ejemplo, es de las películas que menos me gusta de su carrera. Es una película en la que Buñuel intenta sofisticarse y le queda un poco postizo. Prefiero *El discreto encanto de la burguesía*.

—*¿Qué relación personal tuviste con Buñuel?*

—Durante una época, cuando venía a España, nos veíamos bastante, salíamos con un grupo de amigos y nos íbamos por ahí a cenar y a tomar copas, pero luego se distanció mucho de mí; Buñuel era un hombre muy pudoroso...

—*¿Muy pudoroso?*

—Totalmente, y toda esta faceta mía grosera, obscena, valenciana no le gustaba nada, le molestaba, y lo que pudiera quedar reflejado en mis películas de esta faceta aún le gustaba menos.

—*¿Qué sucedió para que os distanciaseis?*

—A Buñuel le dedicaron un documental en Francia y, como parte del documental, vinieron a España para recoger opiniones sobre su cine. Me hicieron una entrevista y en la última pregunta me dijo el entrevistador que tenía que contestar de forma inmediata, sin pensar mucho y con una sola palabra. La pregunta era: «¿Qué es Buñuel?» y yo contesté: «Un pornógrafo». Esto, lógicamente, le irritó muchísimo, porque Buñuel era cualquier cosa menos un pornógrafo. No sé por qué me salió esa contestación ya que, precisamente, el erotismo que aparece en sus películas está absolutamente velado. Por otra parte, Buñuel consideraba que había mucha diferencia entre erotismo y pornografía, con lo que no estoy de acuerdo.

—*¿Qué otro episodio existe en vuestro distanciamiento?*

—La segunda vez no es que se enfadara conmigo, simplemente salió indignado de una de mis películas, de *Tamaño natural,* precisamente una de las que yo considero más pudorosas. El productor de la película me contó que Buñuel salió asqueado del cine —no sé incluso si llegó a verla entera— diciendo que era una película desagradable, pornográfica, que se sentía *choqué,* como dicen los franceses, y que le parecía una película repugnante en el sentido moral, no en el técnico. Desde entonces dejamos de tener contacto, pero no porque yo me sintiera ofendido.

—*Todo eso describe a un personaje muy puritano, ¿no?*

—Sí, Buñuel era muy puritano y muy pudoroso, era puritano de tripa.

—*¿Crees que el anticlericalismo, tan presente en su cine, era una forma de puritanismo?*

—Sí, precisamente esta obsesión por la Iglesia era porque el tema le afectaba profundamente. Buñuel siempre contaba que algún día dirigiría una película que se titularía *Olimpíada Vaticana,* donde se narrarían unas competiciones eclesiásticas: qué cura diría la misa más rápidamente, quién elevaría, el copón con más devoción, etc. Esta ironía anticlerical era en Buñuel una obsesión que, paradójicamente, revela una religiosidad muy profunda. Nosotros siempre le decíamos que iba a morir santamente, rodeado de toda la parafernalia celestial.

—¿Qué religiosidad has vivido tú? ¿Has sido un hombre religioso en algún sentido?

—Mi agnosticismo, hasta ahora, nunca me ha provocado ninguna reflexión, sencillamente abandoné el tema de la religión al dejar el colegio de jesuitas. La religión no me traumatizó como parece que le sucedió a Buñuel, que estaba realmente traumatizado. Únicamente en mi adolescencia me preocupó el tema de la eternidad; pasé una mala época, me despertaba por las noches angustiado pensando en el cosmos, en la infinitud del universo; pero, en sí mismo, el problema de la eternidad no es específicamente religioso...

—¿Cómo era personalmente Buñuel?

—Era muy simpático, algo cazurro, era un hombre con una gran intuición. Vivió apasionadamente la amistad con Dalí y con los que ingresaron en el surrealismo llevándole a él de la mano. De todas formas, yo creo que hay un error en la historia del cine cuando se atribuye la paternidad de *Un perro andaluz* y de *La edad de oro* a Buñuel, pues son dos películas que reflejan mucho más el mundo de Dalí. Cuando veo esas películas veo muchísimo más a Dalí que a Buñuel.

—Tu relación con Italia ha sido larga e intensa y tu cine es ahí más conocido y respetado que en otros países.

—Sí, Italia es el único país donde alguien mínimamente relacionado con el mundo del cine mencionaría a Berlanga como un director español conocido. Incluso fue bien de taquilla *Tamaño natural,* no sé si por mi nombre o por el jaleo que organizaron las feministas. De todas formas creo que hasta el fenómeno Almodóvar, los españoles no somos conocidos. Desde España creemos que el cine de Bardem, Saura y algunos otros es conocido, pero la realidad es que se nos conoce sólo en círculos muy reducidos.

—¿A qué atribuyes este buen entendimiento con Italia?

—Entre los directores españoles, yo soy de los que más ha colaborado con profesionales italianos, no a nivel de producciones porque en España, durante una época se hicieron muchos *espagueti-westerns* y comedias en coproducción con Italia; pero hablando de un cine de más talla intelectual, yo he sido el que más ha trabajado con técnicos, actores y guionistas italianos. En Italia siempre me he sentido como en casa. En ningún país extranjero he conectado tan rápidamente con el sentido del humor y la forma de ver la vida y el cine.

—¿Con quién has colaborado?

—Estuve dos o tres años escribiendo guiones, que no se llegaron a realizar, con Zavattini, el gran guionista del neorrealismo. También he colaborado con Flaiano —guionista que ha trabajado mucho con Fellini— en *Calabuch* y en *El verdugo.* También con Piero Tellini. Además, he sido amigo personal de casi todos los directores italianos, Fellini,. Antonioni, Lattuada, De Santis... A Vittorio De Sica lo conocí sobre todo cuando la crítica parisina organizó un homenaje conjunto por el éxito que habíamos tenido en el festival de Cannes donde se premió *¡Bienvenido, Mr. Marshall!*

—¿Cuál es el director italiano que más te gusta?

—Fellini. Fellini es el único que me ha llegado a emocionar a fondo, a tope. Consigue transmitir una extraña nostalgia mezclada con ironía. Por ejemplo, en *Amarcord,* supera todo el cine político italiano con una escena costumbrista, aquella en que el padre llega a su casa corriendo con una descomposición brutal y oliendo a mierda porque los fascistas le han obligado a tomar aceite de ricino. Esa humillación a la que es sometido el personaje, con un tratamiento en tono de sainete, me parece mucho más demoledora y me introduce en una dimensión más dramática y angustiosa que películas enteras como *No hay paz bajo los olivos* o las películas de Rossellini, Rossi, etc... Esa simple escena me da una lección más rotunda y convincente que las películas específicamente políticas. Creo que Fellini quedará como el gran genio del cine moderno. Ha revolucionado el cine creando una forma muy personal de entender los guiones y los personajes. Mezcla de una forma única lo poético y lo irónico, creando una nueva dimensión estética con el aspecto físico de los actores y con esos escenarios tan fabulosamente decadentes que sabe construir. No sólo es intuitivo e inteligente, es genial.

—¿Crees que existe alguna similitud entre tu cine y el de Fellini?

—No sé, después de decir todo esto, tendría que ser modesto y decir que no. Pero tal vez compartimos un cierto latinismo mediterráneo. Algunas historias suyas las he visto casi como si fueran mías. Por ejemplo, la única envidia que le tengo es que lograse hacer *I vitelloni (Los inútiles).* El primer guión que escribí en Valencia antes de ir a Madrid a estudiar en la Escuela de cine se llamaba *Cajón desastre.* Era una historia que narraba las peripecias de un grupo de señoritos ociosos de Valencia en la posguerra, cuando los padres ya habían perdido la autoridad que no recuperarían nunca. Esa vida ociosa en la playa, que era la que yo hacía, el deseo de ir a Madrid, como el personaje de *Vitelloni* que quiere ir a Roma, hacen que su película me parezca especialmente próxima.

—*¿Has visto dirigir a Fellini alguna vez?*

—No, aunque una vez estuve a punto de hacer de actor en una de sus películas. Siempre que me veía decía que tenía la cabeza de un senador romano y cuando iba a rodar *Satiricón*, un amigo común me comentó que Fellini estaba desesperado porque no encontraba a nadie para el papel de Trimaución y que yo daba el físico perfecto. Me llamó y, por supuesto, me negué; ya sabéis que soy incapaz de actuar.

—*¿Veías a menudo a Fellini?*

—Sí, bastante, siempre que venía a Madrid nos íbamos de tascas, venía con Piero Gherardi y con Giulietta, su mujer. A Fellini le encantaba el tapeo madrileño. Recuerdo cómo se enamoraron Gherardi y Fellini de la decoración de azulejo pequeñito que tienen algunas tascas de Madrid, les volvía locos. Llegaron a pensar en meter esa decoración en una de sus próximas películas.

—*Uno de los rasgos particulares de Fellini es, como decías, su característica elección de actores.*

—Sí, con frecuencia son personajes fabulosos y extraños, gente de la calle. Aunque yo mantengo la teoría de que en España es mucho más alta la existencia de físicos raros; los españoles somos mucho más feos que los italianos Yo siempre le decía que él tenía enormes ventajas sobre mí: en primer lugar, porque al ser un hombre famoso podía imponer a sus productores los actores que se le antojasen y, en segundo lugar, él había logrado que toda Italia se movilizase localizando personajes estrafalarios para sus películas; me han contado que tiene una especie de agencia nacional montada, y cuando hay alguien con una nariz extraordinaria o una barbilla puntiaguda, llama a Cinecittà o a la productora y envía sus fotos pensando: «¿Podré aparecer en una película de Fellini?». Yo siempre he intentado meter a gente no profesional para los personajes secundarios, aunque con muchas limitaciones porque yo soy quien tiene que buscarlos, quien tiene que acabar dando la cara y soy muy tímido, no sé cómo abordar a alguien estrafalario sin que se ofenda. Algunas veces he estado a punto de decirle algo a algún tipo extrañísimo en un bar o en la calle, pero cuando he estado cerca, siempre me he echado para atrás pensando: «A ver si este tío me da una hostia».

—Isbert tenía un físico muy felliniano.

—Sí, Isbert era un fenómeno en todos los sentidos, hubiera triunfado con cualquier director del gran cine italiano.

—Otro de los rasgos característicos de Fellini es la obsesión por la gran escenografía, que hace del mundo una especie de inmenso circo.

—Sí, lo que más me gusta es que son decorados tan exagerados que en ningún momento pretenden pasar por algo real. Por ejemplo, el trasatlántico que aparece en *Amarcord* está hecho con la intención de que se vea que es una escenografía. Eso me gusta mucho. También me parecen fabulosos los decorados de *El Casanova;* la pirotecnia de los cinco primeros minutos en Venecia, el mar de plástico y la luna blanca cuando Casanova tiene la cita con una monja, y el final, con las escenas desbordantes de los gigantescos órganos de la iglesia. Almodóvar lo ha hecho, mucho más discretamente, en *Mujeres...,* el decorado de la terraza con la Gran Vía al fondo no pretende pasar por real. Lo que precisamente no me gusta son los decorados o las transparencias que intentan ser reales y se quedan cortos. Por ejemplo, Hitchcock utiliza mucho las transparencias y a veces «cantan» muchísimo.

—*¿Cómo es que siendo tú tan fallero no has utilizado apenas los decorados grotescos de las fallas? Una falla es casi un decorado.*

—Sí, a mí me gustaría mucho hacer grandes escenografías pero eso resulta muy caro. El decorado más caro de mi filmografía está en *El verdugo;* la gran sala blanca de la cárcel donde aparecen dos grupos, uno arrastra al condenado y el otro al verdugo. El decorado era muy simple, unas enormes paredes blancas, pero no os podéis imaginar las broncas que tuve con el productor. Me decía: «Mira que eres tozudo, para un solo plano, empeñarte en construir esto».

3

—*Tienes fama de erotómano consumado.*

—Mi doble vida está más promocionada que la de los demás españoles porque voy por ahí diciendo que soy erotómano y, además, dirijo una colección de libros eróticos. Sin embargo, casi todo se queda en la mera fantasía, prácticamente todo está a kilómetros luz de la realidad. Por las circunstancias en las cuales me he acercado públicamente al erotismo, me he visto obligado a cobijar todo el erotismo en general. En la colección de novela que dirijo, en «La sonrisa vertical» por ejemplo, hay temas eróticos que a mí no me dicen nada. Me obsesionan varios fantasmas eróticos muy precisos que me hacen descender a los infiernos. Pero me resulta difícil hablar de ellos.

—*Una persona como tú seguro que ha tenido muchas experiencias.*

—No, no os creáis que he tenido tantas historias, muy pocas en realidad.

—*Alguna de amor y sexo fuerte.*

—Bueno, sí, sí, con algunas cosas extrañas.

—*Y putas, ¿has sido putero?*

—No, no he sido nada putero, en todo caso he sido un putero forzado, aunque en una ocasión me enamoré de una puta locamente, con la misma pasión de un adolescente que salta la tapia del colegio para ver a la colegiala de sus sueños.

—*Te pasó como a Jack Lemmon en* Irma la dulce.

—Sí, pero sin llegar al límite de un amigo mío, que fingió ahogarse para poder fugarse con una puta de la que se había enamorado. Ocurrió justamente cuando iba a rodar *Novio a la vista*. Fue horrible porque estábamos rodando en la playa a ochenta kilómetros de donde se le dio por ahogado y yo trabajaba con la angustia de ver aparecer su cadáver flotando en nuestra playa. Llegó a ser como una obsesión. Estaba con el equipo de rodaje y de repente, mirando el mar decía: «Mirad, mirad, es él».

—*¿Te parece que el sexo que se practica en la prostitución es distinto por el hecho de pagar?*

—Sí, además, mi primera experiencia con la prostitución fue un poco traumática.

—*¿Fue tu primera experiencia sexual?*

—Sí, yo era muy tímido y muy masturbatorio, amante de los placeres solitarios. Cuando tenía dieciocho años vine a Barcelona con unos amigos a ver un partido de fútbol y como no encontramos hotel nos alojamos en un meublé. El caso es que con estos amigos nos emborrachamos y el grupo se disgregó. Terminé tirado en el suelo de una placita cercana al puerto, donde tenía el restaurante Jaime Camino. Una puta que era coja —para hacer más tierna la historia— me recogió y me llevó a una pensión de la Plaza Real. Recuerdo que cuando me recuperé de la cuestión etílica, empezaron a darme calambres en las piernas.

—*¿Cuando estabais follando?*

—Sí, sí, le decía; «Un momento para, para», entonces yo me levantaba y empezaba a dar vueltas por la habitación hasta que se me pasaba el calambre.

—*¿Estos calambres se producían a. raíz de alguna posición especial?*

—No, qué va!, debía de ser por el alcohol.

—*¿Qué sucedió después?*

—Llegó la hora de pagar y me di cuenta de que no llevaba la cartera, entonces reaccioné violentamente contra ella y la llamé de todo.

—*¿Pensabas que ella te había robado la cartera?*

—Sí, claro, pero al día siguiente, cuando reencontré a mis amigos, me dijeron que estaba tan borracho que me habían cogido la cartera para que no la perdiera. Conté esta historia en uno de los programas eróticos que hacía por radio y al cabo de pocos días recibí una carta de una señora explicando que ella era la puta de mi historia. Le mandé un hermoso ramo de flores con mis disculpas por el numerito que le monté.

—*¿Fue ésta tu única mala experiencia con la prostitución?*

—No, tengo otro pequeño trauma. Sucedió en Valencia, una de las primeras veces que estaba con una puta, era una andaluza y tenía la habitación llena de estampitas, cirios, imágenes, etc. Le hice una broma, algo así como «Tus virgencitas nos van a ver follando, ¡qué morbo!». Entonces la mujer reaccionó con gran violencia, me agredió y me echó a patadas de la habitación. Esto me produjo un trauma hacia dos personajes; en primer lugar hacia las putas, que para mí se convirtieron en unos seres totalmente agresivos y, en segundo lugar, hacia las mujeres andaluzas, con las que me encuentro muy inseguro.

—*¿Es verdad que los valencianos son especialmente puteros?*

—No creo, no lo sé. Son puteros, pero no pienso que sean los más puteros. En Amsterdam y Rotterdam también hay muchas putas. Mi gran enamoramiento de una puta fue en Rotterdam.

—¿Ah sí?

—Sí, además, como no hablo ni el holandés ni casi el inglés nuestra relación verbal se reducía a cuatro o cinco frases tipo *«I love you» «You are beautiful»*, que idiotamente pronunciaba en carísimas y repetitivas conferencias telefónicas. Era increíble, de verdad, a veces he pensado hacer una película sobre esa historia.

—Se dice que en la parte de la Albufera y en otras zonas de las huertas de Valencia existe una sensualidad especial que lleva a los excesos de la comida, el sexo y la obscenidad.

—Sí, en estos pueblos de los alrededores de Valencia hay una gran proliferación de la prostitución ya que, con el fútbol, forma parte del domingo... Pero también la ciudad de Valencia es muy obscena y muy poco espiritual. Es el perfume de la obscenidad que flota en Valencia lo que la define. Kennan Tynan, un escritor, define Valencia como una ciudad fea, sucia y maloliente, pero esa misma mierda te retiene, ese olor sucio es también un olor perverso y atractivo.

—¿Crees que la perversión en el sexo tiene más relación con el campo o con la ciudad?

—Es cierto que se relaciona la perversión con la sofisticación de la ciudad, incluso, nos imaginamos más rápidamente al hombre culto haciendo cosas extrañas que al hombre del campo, pero yo creo que es un error, pues los que realmente proponen la verdadera perversión son los agricultores, los ganaderos, los pastores que desde muy pequeñitos son introducidos ritualmente en la zoofilia y saben lo que es follar con una gallina o una vaca. Por eso pienso que, en realidad, la perversión sexual se da en el campo tanto o más que en la ciudad. Esto lo comprobé cuando hice el programa erótico en la radio; las cartas que explicaban las experiencias más fuertes procedían del campo.

—*¿Crees que los hábitos eróticos han cambiado desde tu juventud?*

—Hay una cosa muy curiosa. Las prostitutas españolas de antes de la Guerra Civil no admitían ni que les dieran por culo ni hacer *fellatios*. A raíz de la guerra llegaron muchos italianos y fueron ellos quienes potenciaron ambas cosas. Parece ser que en los prostíbulos italianos existía lo que llamaban «el ángelo», un niño que hacía *fellatios* y al que también «tomaban por culo». Todo esto lo sé a través de una puta que estuvo durante la Guerra Civil en la zona nacional y que se quedó muy sorprendida cuando oía que decían: «¡Que venga el ángelo!, ¡que venga el ángelo!». Mi padre me contaba también, por ejemplo, que en las casas de putas de antes de la guerra, cuando alguien quería que se la mamaran, tenían que llamar a «La Pepita» o a «La Juanita» de turno, que era la única que lo hacía. No, antes, las mamadas y el tomar por culo no eran normales y ahora me imagino que a un joven se la maman antes de darle un beso. Ahora ya forma parte de la cultura moderna, que es la cultura del *fast food*. Hoy, en la Casa de Campo, existen las que se suben al coche, te echan una mamadita y se van. Esto ya lo vi en París, precisamente cuando estaba rodando *Tamaño natural,* el propio chófer me decía pasando por el Bois de Bologne: «No querrá usted que paremos un momento para que suban estas dos», y creo que costaba sólo cincuenta francos.

—Y en cuanto a las relaciones entre parejas, ¿crees que realmente se han producido cambios importantes? Un sociólogo francés, Michel Maffesoli, hizo un estudio sobre la tendencia a intercambiar parejas entre los matrimonios parisinos y sobre las prácticas sadomasoquistas «institucionalizadas». Parece que los resultados eran sorprendentes, como él mismo nos contaba.

—Supongo que se ha ido extendiendo; ahora existen más libros, películas, revistas, más difusión de todo lo perverso. La perversión se ha convertido en una industria. Por ejemplo, las relaciones sadomasoquistas, que antes eran impensables en España, están ahora muy difundidas. Almudena Grandes, la chica que ganó el premio de «La sonrisa vertical», me comentaba el otro día, en una comida con los Tusquets, que estaba sorprendida de la cantidad de gente que la había llamado a raíz de la publicación del libro para interesarse por las relaciones sadomasoquistas, y eso que en la novela apenas se dedican diez páginas a este tipo de relaciones.

—No me digas que has practicado alguna vez esos entretenimientos...

—No, pero me interesa como tendencia o como fantasía. Aunque lo que realmente me gusta, que es muy oriental, es atar a las mujeres, inmovilizar a las mujeres me encanta, supone una sumisión y una entrega total.

—Como en La escopeta nacional *cuando López Vázquez ata a Bárbara Rey a la cama.*

—Sí, ésa fue una pequeña referencia a mi fantasía preferida, una broma privada, aunque sólo salía un segundo.

—Además, con la forma que ata a la cama López Vázquez a Bárbara Rey se sugiere que la va a tomar por culo.

—Sí, esa posición era para tomar por culo.

—*¿A qué tendencia te aproximas más, al sadismo o al masoquismo?*

—En mis tendencias eróticas soy sádico, pero vitalmente soy masoquista, así que si me miserabilizáis y decís en este libro que todas mis películas son una mierda, yo no voy a oponerme en absoluto.

—*¿Y el mundo del travesti? Psicológicamente, debe de ser como estar con una mujer.*

—En Cannes, Mario Soldatti, escritor y director de cine, un hombre muy putero y muy juerguista que nos arrastraba a todos hacia la noche, decía que la relación con travestis era la mejor de todas.

—*¿Qué tipo de cliente crees que va al travesti?*

—Supongo que el homosexual no se interesa por los travestis.

—*¿Son los travestis homosexuales?*

—El travesti que se prostituye, sí debe de ser homosexual, pero luego están los chaperos que, sin ser biológicamente homosexuales, se ofrecen a los señores. Por otra parte hay muchos hombres a los que les gusta vestirse de mujer en la intimidad. En la mayor parte de los casos buscan en sí mismos una figura femenina que no han podido conseguir, se disfrazan para autoseducirse. Molinier, un pintor y escultor francés, se disfrazaba con frecuencia de mujer, era un hombre de costumbres muy masturbatorias, incluso hacía muñecas con su propio semen. En España también hay un ejemplo conocido, Chicho Sánchez Ferlosio.

—*¿Crees que el lesbianismo es tan frecuente como la homosexualidad masculina?*

—Sí, precisamente el otro día estuve como moderador en una mesa redonda sobre lesbianismo y, por lo que allí se dijo, parece que la proliferación del lesbianismo es cada vez mayor.

—*¿Te erotiza ver a dos mujeres follando?*

—Sí, eso sí lo he hecho, ir a un prostíbulo y pedir dos señoritas que me montasen un número lésbico.

—*¿Tienes amigos homosexuales? ¿Te incomodan en algún sentido?*

—Tengo amigos homosexuales, pero no me incomodan porque ninguno de ellos entra en la categoría de «la loca», este tipo de homosexual muy femenino y agresivo sí que me incomoda, especialmente cuando intentan ligar conmigo.

—*¿Te consideras perverso sexualmente?*

—Sí, totalmente, por eso respeto todo tipo de perversiones, porque aunque no las practique, las entiendo. Todos estamos en el mismo barco, todos tenemos los mismos problemas frente a la sociedad.

—*Pero ¿se ha convertido realmente en un problema para ti?*

—No, porque las perversiones se retienen y no se exteriorizan. Dado el tipo de sociedad que tenemos, podría haber tenido problemas muy desagradables, por eso uno se reduce a territorios muy limitados como el personaje de *Tamaño natural.* Por lo demás, a mí me encantaría que las perversiones que me gustan estuviesen aceptadas y que yo pudiese ir por la calle llevando a una señorita atada por el cuello sin ningún problema.

—*Es curioso, pero en tus películas apenas aparece el personaje de la puta. Exceptuando el burdel de* La vaquilla...

—¿No?, ¿estáis seguros de que sólo aparecen putas en esa ocasión?

—Al menos, como personaje con un perfil claro, creemos que no.

—Es increíble, pero este tipo de entrevistas se convierten en una especie de psicoanálisis. Yo siempre hubiera dicho que la puta era un personaje que pertenece a mi mundo cinematográfico o que puede pertenecer, pero parece que el psicoanálisis le hace distinguir a uno estas cosas que de repente sobresalen; yo pensaba que las putas estaban ahí, en mi cine, porque han aparecido en mis sueños y porque tienen una sumisión perversamente atractiva, pero vosotros me decís ahora que no están...

—No, no están... Las referencias perversas tampoco abundan en tus películas.

—Sí, he hecho pequeñísimas alusiones, son bromas privadas que pueden dar la sensación al espectador de que soy un hombre insensibilizado hacia ese mundo e incluso que me burlo de él. Otra de las cosas que me interesa mucho es el fetichismo. El mundo objetual de la mujer me fascina y en cambio es un tema al que sólo he hecho pocas referencias, por ejemplo en *Plácido,* cuando aparecen unos amantes y él le pregunta a ella si se ha puesto una prenda íntima que le regaló.

—El personaje del marqués en La escopeta nacional *también tiene una colección de pelillos de pubis...*

—Sí, es verdad, ése también es un caso de fetichismo muy claro.

—...y en Tamaño natural *también aparecen muchas referencias al erotismo y al fetichismo. La propia muñeca puede entenderse como un fetiche erótico ¿no?*

—No, precisamente *Tamaña natural* es la única de mis películas donde he querido que no apareciese nada directamente erótico, a pesar de que se está bordeando todo el tiempo la panoplia de lo erótico, pues aparecen elementos como los senos de la muñeca, la ropa, el travestismo, etc. Sin embargo, no es una película erótica sino una película sobre la soledad. Piccoli se compra la muñeca porque está solo. Éste es su gran error; se quiere largar del mundo llevándose a su isla la nostalgia que ha abandonado, que es una querida, y se lo lleva a través de la muñeca que finalmente le destruirá. El mundo erótico que aparece en la película es sólo el testimonio circunstancial de la decisión de Piccoli de quedarse solo.

—*La relación de Piccoli con su madre es muy intensa, parece sugerirse un cierto edipismo.*

—Sí, en el proceso de sacralización de la muñeca hay una progresiva identificación del erotismo con la virgen y con la madre.

—*Hay una escena bastante inquietante; después de casarse y de hacer el amor con la muñeca, descubre sorprendido una mancha de sangre en la sábana.*

—La idea es, por supuesto, que la ha desvirgado, pero lo que intenté dejar claro es que todo era una mixtificación que él mismo había organizado para autosorprenderse.

—Tamaño natural *es tu película menos coral, en donde aparecen menos personajes en los encuadres.*

—Durante algunos años se consideró una de mis mejores películas, pero con el tiempo ha quedado un poco descolocada dentro de mi filmografía. En todas mis películas he tratado el tema de las relaciones del hombre con la sociedad. En *Tamaño natural,* por primera vez, se plantean conflictos internos del personaje. Eso imposibilitaba, efectivamente, el tratamiento coral de la mayoría de mis películas. El único toque coral, si recordáis, es cuando la multitud, en una borrachera festiva y en ausencia de Piccoli, profana y viola a la muñeca. La verdad es que la película se sitúa un poco fuera de mis temas recurrentes, que son el individuo y su desgaste frente a la sociedad. *Tamaño natural* es una película que trata de un hombre fuera de la sociedad.

—*En tus películas no aparece el sexo directo, de cama. ¿Por qué?*

—No me gustan las escenas de follar, y eso que a Azcona le encantan y muy a menudo las pone en los guiones. Esas escenas las retiro normalmente, no me siento cómodo, no me aporta nada el sexo explícito, por eso rechacé el proyecto sobre la novela de Almudena Grandes *Las edades de Lulú*, que hizo finalmente Bigas Luna.

—*O sea, que te interesa más el sexo insinuado y reprimido que el visualizado.*

—Sí, me gusta el típico sobón que va tocando el culo a las señoras. Ese sí me gusta, es parte de la comedia popular. Por ejemplo, yo admiro mucho el género español de la revista-espectáculo y creo que es muy traducible al cine.

—Vivan los novios y La Boutique *tampoco son películas excesivamente corales, además la trama refleja un conflicto que tienen los protagonistas entre el erotismo y la muerte. Nosotros creemos que ese conflicto entre el erotismo y la muerte se reproduce en cuatro películas tuyas que realizas sucesivamente. De hecho nos parecen una tetralogía sobre esta relación.*

—¿Ah, sí? Bueno, como tetralogía yo os puedo asegurar que no fueron concebidas, pero ¿a qué cuatro películas os referís?

—*Nos referimos a* El verdugo, La Boutiques, a Vivan los novios y *a* Tamaño natural.

—Pero hombre, son películas muy diferentes...

—*El erotismo del personaje de Manfredi en* El verdugo *—móvil inicial de su relación posterior— va disminuyendo conforme la película va introduciendo en él la angustia de tener que ejecutar. El amor entre Manfredi y Emma Penella es un amor posible gracias a que ambos tienen una relación con la muerte. Ambos saben que nadie quiere salir con ellos por su indirecta relación con la muerte; ella, por ser hija del verdugo y él, por ser un empleado de pompas fúnebres. Su vinculación erótica es paralela a su vinculación funeraria.*

—¿Y en *La Boutique?*

—*El personaje central de* La Boutique *es el del argentino donjuanesco que mantiene una relación adúltera fuera del matrimonio. Pero por otra parte, la suegra, que se da cuenta de las permanentes traiciones de su yerno, se inventa una estrategia para mantenerlo con su hija: le dice que su hija se va a morir porque tiene una enfermedad incurable. De esta forma, él se siente entre esas dos aguas; de un lado tiende hacia lo erótico, hacia su amante, pero de otro, eso le crea una angustia de culpabilidad hacia su mujer, amenazada por la muerte, que le conduce finalmente a la impotencia sexual.*

—Es cierto, es cierto... Y en el caso de *Vivan los novios...*

—*Ocurre lo mismo, el personaje de Leonardo en* Vivan los novios *llega a la misma contradicción entre la muerte y el erotismo. El erotismo lo encarna la pintora inglesa, una chica joven y atractiva con la que quiere ligar traicionando a su novia (historia casi idéntica a la de* La Boutique*). Pero la madre de Leonardo se muere justo antes de la boda. Muerte y erotismo se entrecruzan otra vez ya que Loli, su mujer, le persuade de que oculte la muerte de su madre hasta después de la boda. El trauma que eso supone para él hace que fracase sexualmente en su noche de bodas. Por último, en* Tamaño natural, *la muñeca con la que Piccoli mantiene relaciones eróticas es como un cadáver está muerta, es un ser sin vida, inerte, que además termina matándole a él.*

—Sí, parece muy convincente todo lo que decís, y es muy sorprendente que además hiciera las cuatro películas una detrás de la otra. Sí, en realidad es el mismo personaje que se debate en la misma angustia. Pero, de nuevo, nos encontramos con esta especie de psicoanálisis porque os aseguro que no solamente yo no lo pensé así al hacer estas películas, sino que ni siquiera había pensado nunca en estas relaciones.

—*En* Tamaño natural *vemos el morbo de la mujer objeto, algo que nos recuerda a lo que decía Marilyn Monroe en* Los caballeros las prefieren rubias: *«A los hombres no les gusta que las mujeres sean inteligentes». ¿No es la muñeca una metáfora de la feminidad entendida como idiotez?*

—Sí, en realidad es la mujer objeto perfecta, porque ni habla ni dice nada y está a disposición de que el hombre se la folle, la golpee o la escupa, es el estereotipo de la niña bien que es educada para que un rico la compre. Aunque, por otra parte, hay silencios que pueden ser muy inteligentes... ese es el misterio de Dios...

—*Has dicho alguna vez que te consideras un director inseguro.*

—Sí, mucho. Cuando empecé a rodar mi primera película, *¡Bienvenido, Mr. Marshall!,* lo pasé tan mal que pensé que nunca más volvería a dirigir otra. Luego la película fue un éxito y eso me hizo cambiar de idea. Antes había dirigido *Esa pareja feliz,* pero supongo que al codirigirla con Bardem, no sufrí tanto mis inseguridades como en el caso de *Bienvenido*. Además, cuando yo dirijo *Bienvenido,* en España se consideraba la seguridad como el valor más cotizable en un director de cine. Yo era el eterno indeciso que sigo siendo. Recuerdo que cuando llegaba al lado de la cámara comentaba mis indecisiones en voz alta y decía, bueno, no sé si la cámara debería pasar por aquí o por allí o por aquel otro lado. Al cabo de un rato el equipo me miraba con cierta perplejidad. Luego, cuando ya estaba la cámara situada con las luces, etcétera, me decidía por otra opción y se producía la desesperación general. Yo noté que en el equipo me llamaban Viladomat con un cierto tono de cachondeo y pregunté: «¿Quién es este Viladomat?» y me dijeron que era un director conocido por su inseguridad, por su indecisión y porque nunca sabía dónde poner la cámara.

—*Y en contraste con Viladomat ¿existía un modelo del director seguro y decidido?*

—El número uno en la profesión, el que se admiraba, el que todos los electricistas, los técnicos, los ayudantes de dirección consideraban el gran dios de la cinematografía era

Luis Lucia. Se contaba que en toda su carrera profesional jamás había cambiado la cámara de donde había dicho al principio. Y además, hacía algo increíble, montaba rodando, o sea que decía «corten» en el momento que se estaba levantando de la silla un actor y hacía luego la secuencia encajándolo con el siguiente plano. O sea, casi no rodaba planos de recurso. Era realmente admirable aunque muy arriesgado.

—*Hasta llegar a* Plácido, *que se convierte en la culminación, vas tendiendo cada vez más al plano secuencia; esto también implica un cierto riesgo ya que luego, en la mesa de montaje, tienes pocos planos a los que recurrir.*

—Efectivamente, el plano secuencia implica un alto nivel de riesgo. En el plano secuencia todo está en un mismo plano y entonces no tienes opción de montaje, no tienes salvación si algo ha quedado mal. Últimamente, procuro rodar algo hacia la mitad del plano secuencia, así, por lo menos ya puedes dividirlo en dos.

—*Alfredo Matas ha producido además de* Plácido, *algunas de tus últimas películas. No produce, sin embargo,* Moros *y* cristianos.

—Llegó un momento en que Matas decidió no producir porque la situación se estaba poniendo algo confusa para él. Después de *La vaquilla* produjo un par de películas más y ahí frenó. Esto coincidió con la oferta de los productores de Moros... para dirigir una película en unas condiciones superiores a las que solía tener con Matas. No hubo ninguna ruptura, simplemente se apartó del mundo de la producción.

—*Cuando Matas produce una película, ¿pone dinero?*

—Eso pertenece al secreto del sumario. En las primeras películas que hicimos juntos, Matas trabajaba de productor ejecutivo, organizaba la película.

—*Actualmente, en términos económicos, la figura del productor ha cambiado, se ha estatalizado, ¿no?*

—Sí, a partir de la Ley Miró ha desaparecido prácticamente la figura del productor que pone dinero.

—*¿Participas con algún porcentaje en la producción?*

—Matas me daba siempre el cinco por ciento de los beneficios y los productores de *Moros y cristianos* me dieron el diez por ciento. Es la única forma de ganar dinero aparte del sueldo, que ha ido disminuyendo con el paso del tiempo.

—*¿Te interesa la publicidad?*

—A mí me hubiese gustado rodar publicidad, aunque en los pocos anuncios que he rodado lo he pasado fatal. En la publicidad hay muchísimas imposiciones de producción, la rapidez de rodaje, la cantidad de gente que hay en todo el proceso, desde el cliente hasta la agencia, que constantemente va modificándolo todo. Hay poca improvisación. Sólo en uno de los anuncios de la ONCE pude meter una cosa realmente mía.

—*¿Se olfatea el éxito comercial de una película?*

—Sí, pero con grandes equivocaciones. Yo creo que tengo bastante olfato para detectar películas de éxito. Más con las ajenas que con las mías. Con las de uno mismo, yo creo que se pierde perspectiva, por eso los directores siempre esperamos con miedo la reacción del público. También he descubierto alguna actriz como Brigitte Bardot, que, no es coña, la descubrí yo. Por otra parte, me he equivocado mucho, por ejemplo con *Marcelino pan y vino* o con *Furtivos*. Algunas veces las películas empiezan mal y luego se levantan, como en el caso de *¡Bienvenido, Mr. Marshall!*, que fue muy mal hasta el premio en Cannes.

—*¿Cuáles han sido tus películas de más éxito en taquilla?*

—Pues, en realidad, el gran público me conoce a partir de *La escopeta nacional*. *Patrimonio nacional* se defendió bien y *Nacional III* no funcionó. *La vaquilla* fue muy bien. *Moros y cristianos* ha hecho dinero, aunque teníamos grandes dudas. La reacción del público es a veces muy extraña, por ejemplo, en el estreno de *La vaquilla*, yo estaba totalmente abatido. Llegó Alfredo Matas y los dos coincidimos en que la película iba a hundirse a pesar del esfuerzo realizado. Yo no había visto nunca una reacción tan fría como en el estreno de esa película.

—*Eres considerado un gran director de actores. ¿Cómo diriges a los actores?*

—No tengo ningún método. Yo intento provocar, en principio, la incomunicación total con el actor. Creo que el director que carga mucho la dirección de actores está perjudicando la película. El actor mimado se siente tan seguro que termina multiplicando sus «tics». Al actor hay que sacarlo de la sensación de que es el más importante, la estrella... Mi único mérito para considerarme buen director de actores tendría que ver con la elección del actor. En este sentido, y a pesar de los errores que he cometido, creo que he tenido también bastantes aciertos. Otro de los factores fundamentales es el escribir el personaje pensando en un actor concreto. El mero hecho de pensar, por ejemplo, en López Vázquez o en Agustín González para un personaje ayuda enormemente a concretar su actuación. Eligiendo bien a un actor ya tienes el noventa por ciento de su actuación. Elegir a un actor es también dirigirlo.

—*¿Qué te parece el clásico actor inglés de la vieja escuela que era capaz de interpretar cualquier papel?*

—Son interpretaciones muy estudiadas y cuidadas pero les falta espontaneidad. A mí me gusta el actor de tripa que reacciona instantáneamente, «por revoleras», como dice López Vázquez. No me gusta el actor muy estudiado y, mucho menos, el tener que motivar al actor. A mí me produce gran sorpresa, cuando no sentido del ridículo, ese tipo de director que se lleva al actor a un rincón y le dice, por ejemplo, ahora, para interpretar esta escena tienes que pensar en cuando tu madre murió, debes desgarrarte, pero no en un grito, sino en un dolor interno... Yo creo que todo esto no le sirve de nada al actor y, si lo asimila, construye un personaje sin espontaneidad, completamente artificial.

—¿Ensayáis mucho las escenas antes de rodar?

—Los ensayos están en función del operador, porque por mi parte, yo no haría ningún ensayo. El operador necesita ver los movimientos de los personajes para la iluminación y el encuadre, sobre todo en mis películas, repletas de planos secuencias, es necesario iluminar espacios diferentes. Hay unos ensayos más o menos marcados por mí, pero prefiero que surjan de la situación inicial en que nos encontramos. Por ejemplo, si aquí y ahora, con vosotros, tuviera que iniciar un plano, me serviría tal como estamos situados; normalmente dejo que los actores se distribuyan a su aire por el plató y tal como están empiezo a rodar. Acepto muchas veces la situación inicial que se ha producido.

—¿Qué te parece el actor que con sus tics y su personalidad es capaz de crear un personaje casi único que recrea a lo largo de su vida? Por ejemplo, Isbert, Fernán Gómez o Cary Grant.

—Todos los actores tienen sus tics, pero si el actor tiene la suficiente intuición, esos tics son importantísimos, son una aportación fundamental para la película. Isbert era capaz de meterse en los personajes hasta convertirse en ellos mismos o, lo que es parecido, era capaz de convertir a los personajes en él mismo. Su aspecto físico y su voz, lejos de ser una limitación, le hacían tan particular y característico que resultaba siempre creíble y entrañable y nunca tópico. Era un hombre que reaccionaba de una manera muy instintiva, por lo que las indicaciones del director le sobraban casi siempre.

—López Vázquez en Los jueves, milagro *hace de cura, un papel bastante atípico en su carrera y no muy acertado, por cierto.*

—No, no está muy bien en ese papel, es verdad. López Vázquez es un actor que me gusta muchísimo porque es muy versátil, aunque haciendo de serio no me guste nada. Por ejemplo, en las películas de Saura.

—Se dice que las relaciones con el operador son- las más conflictivas en un rodaje. ¿Qué relaciones has mantenido con los operadores?

—Casi siempre muy buenas. Con quienes he hecho más películas ha sido con Sempere y Carlos Suárez. Pero de todas formas creo que la estética no es lo fundamental en mi cine. Hay dos tipos de director: el que se preocupa del encuadre y el que se preocupa de la historia, y yo pertenezco al segundo grupo. Soy un hombre difícil para los operadores porque saben que mis películas no les van a proporcionar la oportunidad de lucirse, pero por otro lado no les exijo una fotografía muy sofisticada porque en un plano secuencia, que es lo que yo tiendo a hacer, se dan dos vueltas al horizonte del decorado y las luces son siempre ambientales y suelen esconderse en sitios complicados; no hay posibilidad de conseguir muchas virguerías con este tipo de piano. Los operadores prefieren trabajar con directores tipo Erice o Saura, que les permiten una fotografía más cuidada. Lo que yo necesito es que la película se vea bien y que tenga una luminosidad brillante, que es lo que me parece apropiado para las comedias.

—*¿Cómo soportas los parones del rodaje?*

—Los soporto mal, me siento en un rincón *y* a lo mejor ya me quedo allí intentando olvidarme durante un tiempo de la película, me como un bocadillo, hablo de ciclismo o de cualquier otra cosa... Estos tiempos muertos me devuelven a la realidad, me hacen perder la inflamación, el lado mágico que tiene el rodaje. Es un problema que tenemos todos los directores porque muchas veces los parones duran tres o cuatro horas; es algo que desconcentra mucho.

—*Algunos directores hablan de rodajes desagradables a causa de malas relaciones entre miembros del equipo.*

—Bueno, yo no he tenido rodajes muy desagradables, he tenido problemas con personas concretas, pero en el equipo suele reinar una atmósfera distendida. Por otra parte no respondo a la típica imagen de director autoritario, la única autoridad con la que me puedo investir como director de películas es la autoridad moral de la creación. Por lo demás, el equipo se cachondea de mí tranquilamente y la relación suele ser muy cordial. En *La vaquilla,* sin embargo, tuve un problema grave entre dos actores protagonistas que no se entendían; uno de ellos se sentía totalmente avasallado por el otro. También he tenido actores que se han rebelado contra mí, por ejemplo el italiano de *Calabuch.*

—*Con los productores, ¿has tenido algún problema de autoridad en la película?*

—Sí, hemos tenido discusiones y yo he intentado imponerme, aunque casi siempre he salido derrotado. Los productores tienen la sartén por el mango. Pocas veces he logrado decir: «Por pelotas lo hago». Con Matas, curiosamente y para mi desgracia, una de las veces que conseguí imponer una actriz, que él no quería, no funcionó. En otra ocasión en cambio yo tenía la actriz ideal para un papel secundario y el productor se negó, me impuso una actriz que tampoco funcionó, así que estamos empatados. Sobre todo en la elección de actores, los productores se meten demasiado en el reparto y esto es una cosa que debería hacer siempre el director de la película.

—¿Te ha sucedido alguna vez que un productor se cargue tu película con sus imposiciones?

—No, no le puedo echar la culpa a ningún productor, en todo caso una culpa parcial y pequeña por la supresión de alguna escena o la imposición de una actriz. En el caso de *Moros...* sí puedo culpar a los productores por su afán de llegar al festival de Valladolid donde la película recibió críticas muy duras tal como yo había previsto. En Valladolid no les gusta mi cine, yo ya había estado con *Tamaño natural* y la gente salió indignada de la proyección. *Moros...* es una comedia popular sin ningún tinte de festival de cine; yo sabía que ir a Valladolid sería contraproducente para la película, que estuvo a punto de hundirse. Luego se recuperó e incluso ha llegado a recaudar mucho dinero.

—¿De quién estás más cerca en el rodaje? ¿A quién diriges más?

—Creo que debo estar tan cerca del operador como del ayudante de dirección. No creo que el actor merezca una atención especial para hacer el cine que yo hago. Lo que más me gusta es organizar la figuración y los fondos. Yo ruedo casi como un ayudante de dirección ya que me preocupan mucho los ambientes secundarios. En España la figuración no se cuida nada, los ayudantes de dirección lo suelen hacer mal ya que sólo distribuyen a los extras, pero no les inventan algo que hacer, una mínima acción para que no parezcan pasmarotes. Yo he llegado a estar, muchas veces, más pendiente de los extras que de los primeros actores.

—*¿Utilizas vídeo en los rodajes?*

—No me gusta utilizarlo porque en seguida vienen todos los actores a verse y todo el mundo opina, así que cuando me he visto obligado a utilizarlo para alguna secuencia complicada les he prohibido que se acercasen.

—*Ya que tú no utilizas el sonido directo, ¿qué te parece más importante, la interpretación o el doblaje?*

—Yo siempre digo al definir mi trabajo que pienso una película, escribo otra, dirijo otra, monto otra y doblo otra. En cada proceso la película cambia y se enriquece, me gusta mixtificar y modificar la película.

—*¿Te han propuesto dirigir teatro?*

—Sí, pero no he aceptado porque me da miedo. En el teatro tienes que ser únicamente director de actores y no puedes arreglar las cosas con el montaje o con el doblaje.

— *¿Crees que los actores de teatro tienen otra forma de actuar? ¿Funciona el actor de cine en teatro y viceversa?*

—Depende del actor, en algunos casos sí y en otros no. Por ejemplo, Isbert funcionó perfectamente tanto en cine como en teatro, en cambio Rodero, que era un gran actor de teatro, no ha tenido salida en el cine. El actor de teatro, tal vez debido a que tiene que hablar más fuerte o vocalizar más, resulta muy artificial en cine al sobreactuar. Yo no me imagino a Nuria Espert en una de mis películas...

—*¿Crees que se puede adivinar el carácter de un actor través de sus interpretaciones?*

—Es difícil saberlo. Se puede intuir una vulnerabilidad como en el caso de Marilyn Monroe. Aunque yo me he llevado enormes sorpresas al conocer personalmente a actores que sólo había visto en pantalla. Sobre todo, algunos actores de comedia que te imaginas divertidísimos, luego son tremendamente serios. Es el caso, sin ir más lejos, de López Vázquez.

—*¿Cómo te trató la censura durante el franquismo?*

—Mi inconsciencia respecto a la censura ha sido enorme, por eso tengo tantos guiones censurados. A pesar de no haber militado en ningún partido, he sido el director más censurado por el régimen, el que tenía más películas prohibidas. Yo atribuyo esto a mi ingenuidad, pues a la hora de empezar una película nunca me planteaba qué podría molestar políticamente al régimen. Además, fui comprobando que los criterios de la censura eran muy variables; algunas alusiones directas a Franco pasaron completamente desapercibidas, como la del almirante que aparece cantando en un teatro en *Esa pareja feliz*, y, sin embargo, otras escenas eran censuradas ante mi más absoluta sorpresa.

—*Quieres decir escenas no políticas.*

—Sí, sí, lo primero que hacia muchas veces al recibir una carta oficial censurando una escena era soltar una carcajada y luego llevar la carta al Café Gijón para decir: «Mirad, mirad lo que me han censurado». Claro que, en realidad, tampoco eran censuras tan inocentes porque ellos veían en las escenas o películas censuradas una amenaza a las instituciones del franquismo social como pueden ser, por ejemplo, la familia tradicional o la patria. El eslogan del régimen era «Patria, pan y familia» y, en mis películas, la familia es una institución sobre la que se ironiza con mucha frecuencia.

—*A primera vista, uno pensaría que* El verdugo *es tu película más censurable para el régimen.*

—Sí, *El verdugo* tuvo la célebre carta de Sánchez Bella al propio Franco y al ministro de información y turismo que en aquel momento era Fraga diciendo que la película era un ataque a los principios del régimen. Sánchez Bella era el jefe de los servicios de información, en cuyo trabajo, por cierto, se cubrió de gloria. Es el hombre que reunió a la prensa en Roma para decirle, doce horas antes del asesinato de Grimau, que no lo iban a fusilar. También fue quién comunicó, por la habilidad de sus servicios, que Juan XXIII no iba a ser elegido papa.

—*Pero ¿cuál era la versión de Sánchez Bella de* El verdugo?

—Denunció *El verdugo* como una maniobra del Partido comunista, diciendo que en realidad la película la había dirigido Muñoz Suay, que era por entonces un miembro activísimo del Partido, y que yo sólo había actuado de «tonto útil» dirigiendo algo que en realidad había diseñado el Partido; el cual, a través del Partido comunista italiano, pretendía que la película consiguiera el gran premio del Festival de Venecia.

—*En* Novio a la vista *te censuraron algo en la guerra de los niños en la playa.*

—Sí, la guerra que comienzan los niños jugando en la playa a la que luego se añaden sus padres, que son militares, dio pie a las cartas más graciosas que me ha enviado la censura. Creo que es la primera vez en la historia del cine, nacional e internacional, que la censura en vez de suprimir algo, obliga a añadir algo, ya que me obligaron a añadir una escena.

—*Cómo es posible, ¿te obligaron a añadir una escena?*

—Sí, es una escena que resulta surrealista, porque la censura es la gran creadora del surrealismo burocrático; es la escena en la que aparecen los generales, que son los abuelos de los niños, hablando en serio de estrategias militares en la playa de Benicasim. Cuando veo esa escena, me parece tan absolutamente fuera de lo que era la película que me resulta divertida y hasta me gusta.

—*Pero nos estás contando el lado bueno y divertido de la censura; hay que suponer que la censura, en muchas ocasiones, se cargó proyectos tuyos.*

—Sí, la verdad es que la realidad ha sido más trágica de lo que tiendo a contar. A mí me han eliminado cerca de la mitad de mi obra. No directamente pero sí de modo indirecto; quiero decir que en muchos períodos de tiempo de dos o tres años, los productores me ponían en cuarentena y pensaban: «No, con Berlanga no, porque a ver si le encargamos una película y nos la censuran». Luego están las modificaciones u omisiones de mis guiones y películas terminadas.

—*Cuéntanos la alusión directa a Franço en* Esa pareja feliz.

—Salía un tenor cantando un pastiche de *Marina,* que era una zarzuela que le gustaba mucho a Franco. El tenor era gordito y bajito como Franco y lo vestimos con un uniforme de marino que recordase a los que llevaba Franco cuando iba en el *Ator.* Además, el actor que hacía de Franco se llamaba Pepe Franco. Por otra parte, la letra de la canción decía algo así como «Dicen que me voy, dicen que me voy, pero me quedo». Ya sabéis que los viejos republicanos como mi suegro y mi padre —que murió al poco tiempo de salir de la cárcel— desde el primer año de franquismo victorioso esperaban que

Franco desapareciera, incluso se esperaba una intervención de los aliados... En general, creo que la censura tenía un miedo especial con los que hacíamos comedias. Siempre sospechaba que detrás del cachondeo existía o podía existir un segundo cachondeo dirigido sutilmente hacia el poder. Un cura dándole un cachete a un niño, por ejemplo, puede siempre hacer pensar en una segunda lectura. Sobre todo con la Iglesia y con el ejército el humor era imposible. Yo lo sé muy bien porque he dirigido, o, mejor dicho, intentado dirigir, películas como *Los jueves, milagro* o *La vaquilla*. *La vaquilla* no la pude dirigir cuando yo quería y *Los jueves, milagro* no la pude dirigir como yo quería. La Filmoteca ha encontrado dos versiones distintas de *Los jueves, milagro,* y me ha pedido que les diga cuál es la versión no censurada. Esta película tuvo muchos problemas de censura, se cortaron muchas cosas, incluso se rodaron algunas escenas para sustituir a las censuradas. Lo jodido es que no voy a poder ayudar mucho a la Filmoteca porque me estoy quedando sin memoria y no recuerdo...

—*¿Fue una imposición el hecho de que entrara a terminarla el director Jordi Grau?*

—Sí, Fue una imposición de la censura. Grau había nacido cinematográficamente en un cineclub de Barcelona vinculado al Opus Dei llamado Monterols. Yo conocí a Grau en Monterols, en un coloquio. Luego se fue a Italia y no sé si llegó a tener más relación con el Opus que la de ser un hombre de cine que aprovechaba aquello para rodar sus cosas, porque, además, él ha hecho luego películas muy progresistas y nada religiosas. Así que, seguramente, aquello fue algo accidental y que hizo por su enorme afición al cine.

—*¿Era la productora de* Los jueves, milagro *del Opus?*

—Sí, totalmente, y tuve muchos problemas por este motivo. Hubo contactos con varios escritores para modificar el guión, uno de ellos fue Torcuato Luca de Tena. Tengo una carta suya en la que dice que él no modificaba algo ya escrito por otro autor. También me pusieron un cura para ayudarme...

—*Pero ¿qué problemas le veían a la película?*

—Pues supongo que no era lo suficientemente ortodoxa, en la línea que ellos deseaban.

—*Sin embargo, los sectores progresistas la calificaron como una película católica.*

—Sí, si es que lo es. Yo no era católico practicante, pero tampoco era un hombre que tuviese esa fascinación negativa hacia la Iglesia que tanto obsesionaba a Buñuel. Yo he sido un hombre anticlerical por tradición familiar. Mi madre, aunque practicante, no era de una religiosidad exacerbada y mi padre era agnóstico. La idea de la película se me ocurrió cuando una de mis tías, muy beata, arrastró a mi madre y a la mujer de mi hermano, que es muy imaginativa, a ver un milagro que se producía en un pueblo de la provincia de Castellón y que iba adquiriendo una cierta notoriedad. Decían que la Virgen se aparecía todos los jueves y esto ocasionó que comenzasen a ir autobuses y peregrinaciones. Lo increíble es que algunos llegaban a ver cosas. Yo recuerdo que mi cuñada decía: «Ah, pues yo vi una lucecita que apareció y desapareció un momento».

—*Esta iconografía de enfermos que se van a curar es un poco la de Lourdes, ¿no te parece?*

—Sí, yo había pensado también en Lourdes, porque allí ya se ha creado una industria paralela para vender estampitas y figuras.

—*En tus primeras películas, que transcurren en ambientes rurales, siempre aparece un personaje foráneo que transforma la vida rutinaria del pueblo. En el caso de* Los jueves, milagro, *es san Dimas.*

—Bueno, el personaje de san Dimas es posterior, porque la película terminaba, en el primer tratamiento, antes de la aparición de este santo con camisa y corbata. Por eso, como os decía, yo estaba convencido de que la película era defendible ante las autoridades religiosas, y de hecho así lo hice.

—*¿Y cómo terminaba ese primer tratamiento?*

—Pues terminaba como termina la primera parte, es decir, cuando fracasa el segundo milagro y queda el tonto del pueblo viendo cómo comienza a amanecer y todos los demás se van porque el milagro no se produce. El personaje que protagoniza Isbert no se atrevía a volver a aparecer delante de todo el pueblo al pensar que le iban a reconocer. La última imagen era la del tonto del pueblo arrodillado, quedándose solo en la estación, con un tren que aparece a gran velocidad detrás de él.

—*Pero eso también era muy fuerte para los censores, casi más que la solución de san Dimas, un santo guapo con camisa y corbata.*

—No, porque la lectura era que los milagros organizados no funcionan, que sólo se los cree el tonto del pueblo. No había nada irreverente en la película, pero aun así no les gustó. Veían gato encerrado, veían que el final significaba que sólo los imbéciles se creen lo de los milagros.

—*Fue entonces cuando incorporaste la aparición de san Dimas.*

—La historia fue así: a mí me contrata un señor para hacer la película y yo le cuento una primera idea terminando con el fracaso del milagro en la estación del tren. Quedamos de acuerdo pero, al poco tiempo, este hombre vende la productora al Opus Dei. Los nuevos productores me dicen que debía reforzar el contenido religioso y José Luis Colina y yo escribimos el guión incorporando a la historia original la aparición de san Dimas. El santo, que al final de la película desaparece, deja una ficha de la policía en la que se revela su verdadera identidad religiosa. Esta escena no aparece, en la versión no censurada que ha rescatado la Filmoteca, dejando la ambigüedad de si es un pícaro o un santo.

—*En el fondo, lo que se sugiere en el mensaje que deja san Dimas al hacer todo tipo de trucos casi de feria es que la gente empieza a tener fe cuando se produce un milagro, y hasta aquí es perfectamente ortodoxo pues remite a la figura de Jesús que sin los milagros no hubiera tenido éxito. Resulta irónico, ¿no?*

—Sí, además, ahora recuerdo que el eslogan que pensé para vender la película a los distribuidores era que si Dios es el número uno en todo, debía ser también el número uno en el humor... Pero a los censores no les hizo ninguna gracia...

—*Es difícil conocer el sentido del humor de Dios, pero el de san Dimas es muy visible. Cuando le disparan una bala y se la come al vuelo, parece estar anticipándose al* gag *de Indiana Jones con el látigo y la pistola.*

—Sí, ése es un golpe más de mago que de santo. Bueno, la magia y la religión tienen cosas en común...

—*Pensamos que* Los jueves, milagro *es una de tus mejores películas, en cambio no tuvo mucho éxito entonces ni el suficiente reconocimiento después.*

—Yo siempre decía que la primera mitad de *Los jueves, milagro* era mi mejor realización, donde había armonizado mejor el texto con la imagen y donde me había encontrado más cómodo rodando. Ahora, al volver a verla, he confirmado que es una de mis películas con mayor fluidez narrativa. Pero también estoy convencido de que las imposiciones de censura arruinaron el final de la película.

—*La idea esencial de* Los jueves, milagro *es casi la misma de* El gran festival, *un guión que no llegó a materializarse en una película.*

—Cuando volví del Festival de Cannes con *¡Bienvenido, Mr. Marshall!,* escribí un artículo titulado «Pequeño diccionario para uso de festivaleros» donde hacía un retrato del Festival. Ese artículo me dio la idea de hacer una película sobre un festival de cine.

—*Cuéntanos más sobre el argumento.*

—En un pueblo tipo Benidorm, donde el turismo está en decadencia, las fuerzas vivas deciden organizar un festival de cine para promocionar el turismo, pero ese festival de cine fracasa a pesar de que consiguen *traer* a dos o tres estrellas conocidas. El cuerpo de la historia debería haber consistido en las relaciones entre los turistas, las estrellas de cine y, sobre todo, los habitantes del pueblo. Recuerdo, por ejemplo, que Gary Cooper se enamora de una puta. Éste fue un primer tratamiento de la historia. Después contacté con Zavattini y fue él quien incorporó la idea de que el motivo del festival de cine fuera la paz: cada país aportaba una película tratando ese tema pero, a la vez, todos querían el premio, así que el festival de cine por la paz acaba entre conspiraciones y hostias.

—La vaquilla *fue escrita en los años cincuenta, ¿has respetado el guión al realizarla ahora tres décadas después?*

—La idea de *La vaquilla* nace en el año 1949. Recién terminada la Guerra Civil, precisamente en uno de los momentos más trágicos de la represión que yo también sufrí en mi familia, ya se me metió en la tripa el deseo de hacer una comedia sobre la Guerra Civil. Quería hacer una película que desmitificase y desacralizase la Guerra Civil. En esto me anticipé al Partido comunista, que fue el primero en hablar de reconciliación. Yo quería constatar el hecho de que en un momento determinado, entre trincheras, desaparece la ideología y aparece la supervivencia de la picaresca. Recuerdo que hice un viaje con varios cineastas por América Latina para promocionar el cine español, leí el guión en algunas reuniones con exiliados y éstos reaccionaron con la misma indignación que Franco en España.

—*Pero ¿por qué?, si es un guión desideologizado.*

—Precisamente por eso, no entendían cómo se me había ocurrido hacer un guión sobre la Guerra Civil donde ambos bandos quedasen equiparados, donde no había culpables sino víctimas.

—*Hombre, la verdad es que es una versión muy conciliadora de la guerra, como queda claro en la escena en que se están bañando desnudos en un río soldados de los dos bandos.*

—Sí, sí, la escena del baño es fundamental, quizá es incluso demasiado explícita porque uno de los soldados lo remarca diciendo: «Aquí en pelotas ni enemigos ni nada». Sí, *La vaquilla* sugiere que esas grandes divisiones supuestamente ideológicas resultaban completamente artificiales en la mayoría de los conflictos bélicos.

—*La vaquilla, después de muchas peripecias, muere en tierra de nadie.*

—Sí, de nuevo un final emblemático, aunque a mí no me gustan nada las alegorías ni las segundas lecturas, tiene tantos posibles significados que yo ya no sé cuál de ellos adoptar.

—*¿Qué recuerdo tienes de tu paso por la Filmoteca?*

—El primer gobierno de la democracia me llamó para que me incorporase como director de la Filmoteca. En ese momento Florentino Soria era el director y como yo no quería echar a nadie crearon el cargo de presidente de la Filmoteca, que sí acepté. Así entré en un mundo que para mí era desconocido y antipático. Yo desconocía el trabajo en una Filmoteca y por otra parte, me resultaba extraño el hecho de ingresar en la administración. Estuve cuatro años y no creo que vuelva. Sin embargo, sólo entrar en la Filmoteca, encontré con gran sorpresa una tarea que me fascinó: la recuperación de material, la arqueología del cine. Intenté recuperar el máximo número de películas y documentales. Nosotros éramos una sección de alguna dirección general y el caso es que no teníamos ningún presupuesto, la Filmoteca se mantenía con lo que sacaba de taquilla, así que el equipo sólo se preocupaba de la exhibición, y no del mantenimiento ni de la recuperación del material. Yo quise darle la vuelta al asunto y encontré bastante oposición porque la conservación del material y la investigación no eran rentables sino que requerían inversión. Todo el dinero que conseguí sacar a los subsecretarios lo quería para la investigación y recuperación, pero lo emplearon en difusión.

—*¿Por qué dejaste tu trabajo en la Filmoteca?*

—Cuando llegaron los socialistas al poder, Pilar Miró me llamó y me dijo que deseaban que siguiera como presidente de la Filmoteca pero que tenía que fichar cada día a las ocho; evidentemente tenían interés en que yo lo dejara y así lo hice. Por supuesto, a las ocho de la mañana iba a ir otro, mi labor como presidente no estaba en un despacho, mi trabajo consistía en reunirme con políticos que sacasen de su inactividad a la Filmoteca, en constituír organismos autónomos, etc.

—¿Cuál es el cine español reciente que más te interesa?

—Pese a sus altibajos, Pedro Almodóvar es sin duda quien más me interesa. Yo lo respeto mucho desde sus primeros trabajos. Creo que soy uno de los que ha promocionado a Almodóvar desde el principio porque siempre me pareció un director con verdadero talento. Es un animal cinematográfico y lleva en la tripa el cine desde el guión hasta la puesta en escena, la dirección y la música. Ha sabido crear un mundo propio y esto es muy difícil en cine. Estoy convencido de que hará una carrera muy importante.

—¿Cuáles son sus películas que más te interesan?

—A mí me parece que su gran obra es *Pepi, Luci, Bom y otras chicas del montón* porque en ella está toda la frescura y todo ese cine que le sale de la tripa y que es tan personal. También me gusta mucho *¿Qué he hecho yo para merecer esto?* y, por supuesto, *Mujeres al borde de un ataque de nervios,* aunque me parece menos almodovariana que las otras.

—¿Es Almodóvar un buen director de actores?

—Sobre todo de actrices. A mí me sorprende ver la diferencia de resultados entre actores y actrices. No es que los actores estén mal, pero se nota la diferencia.

—Tú eres más director de actores que de actrices.

—Supongo, porque me veo más capaz de pensar en ellos que en ellas, no solamente en la dirección, sino también a la hora de pensar en la historia y en el guión. Almodóvar no transmite un trabajo previo y calculado, por ejemplo, con Banderas, sin embargo, eso es muy claro con todas sus actrices.

—*¿Qué otros jóvenes directores españoles te gustan?*

—De Erice me gustó *El sur* y, menos, *El espíritu de la colmena*. Creo que *El espíritu de la colmena* es una película hermosa pero demasiado críptica. Hay una anécdota de Fernán Gómez con esta película; le ofrecieron el guión, se lo leyó y al día siguiente fue a la productora a hablar con Erice y le dijo: «Para interpretar este personaje, ¿es necesario entender el guión?». Erice dijo que no era absolutamente necesario y entonces Fernán Gómez dijo: «Ah, bueno, en ese caso firmo». *El sur* me parece una película más lúcida. También me gustan las películas de Caries Mira, tienen el tono de comedia cercano al esperpento que me gusta, *Con el culo al aire,* por ejemplo, es una película que yo hubiera firmado. De Fernando Trueba me gusta *Ópera prima* y, vi hace poco *El sueño del mono loco* y me gustó mucho.

—*¿Sí?*

—Sí, sobre todo por los encuadres. Es una película que te mantiene atento a pesar de que la historia es un salto sin red. Es una historia que no entendí muy bien porque las reacciones del protagonista me parecen algo incoherentes. El trabajo de Fernando, sin embargo, es espléndido y demuestra que está en el buen camino para aportar mucho al cine.

—*¿Qué te parece el cine de Saura?*

—Bueno, es un tipo de cine que jamás haría. Pero tiene películas que me gustan como *La caza* o *El jardín de las delicias*. No conecto mucho con las historias que cuenta, no me interesan. Sólo entro en sus películas si me gusta la atmósfera que crea. En conjunto no me atrae, pero es un defecto mío, ya que me gustan unos géneros muy determinados como la comedia o el suspense.

—*Tú fuiste alumno y profesor de la Escuela de cine. ¿Qué piensas de las Escuelas de cine?*

—Sí, yo fui alumno con Bardem y luego llegué a ser profesor aunque, probablemente, el peor profesor que jamás pasó por allí. La Escuela que yo conocí como alumno tenía la ventaja de que desde que ingresabas podías utilizar cámaras y películas y, de esta forma, el contacto con el cine era muy directo.

—*¿Y cómo se financiaba eso?*

—Pues a base de arruinar al Estado, por eso se suprimió.

—*¿Era fácil ingresar en la Escuela?*

—No, las plazas eran limitadas, lo que nos planteaba problemas a los profesores a la hora de seleccionar a los alumnos. Pensábamos, ¿con qué criterio decimos que este joven no está capacitado para estudiar cine?, ¿que no sabe cine? Bueno, precisamente viene aquí para aprenderlo. Sí, la selectividad de la escuela nos ponía en una tesitura muy difícil.

—*¿Es cierto que, como profesor de la Escuela, suspendiste a Alfonso Guerra?*

—Siempre me culpan a mí de eso, cuando en realidad había un tribunal con cinco profesores más.

5

—*Hablemos ahora de esa trilogía de películas tuyas:*

La escopeta nacional, Patrimonio nacional *y* Nacional III. *¿Surge como una trilogía desde el principio, o los tres capítulos de la serie de la familia Leguineche continúan según vais viendo Matas, Azcona y tú el panorama nacional de la transición?*

—No, nunca se planteó como trilogía, fuimos haciendo la segunda y la tercera porque nos divertía mucho pensar que la familia del marqués tendría muchas dificultades fuera de sus feudos y, en ese contraste, veíamos un escenario propicio para la comedia.

—*¿Cómo surge la idea de* La escopeta nacional?

—La idea de *La escopeta* se me ocurre a raíz de un accidente conocidísimo para todos los que asistíamos a las tertulias del Café Gijón durante el franquismo. En una cacería Fraga, recién nombrado ministro, le pegó a la hija de Franco, a Carmencita Franco, un tiro de cuarenta perdigonazos en el trasero. Eso no llegó a salir en los periódicos pero nos enteramos todos y a mí me lo contaron testigos presenciales. Me contaron que Fraga se quedó completamente blanco pensando que aquello le costaría el cargo. Parece que, por el contrario, Franco reaccionó de una manera elegantísima. No sólo no tuvo ninguna reacción violenta sino que incluso estuvo cariñoso con Fraga animándole y diciéndole que aquello no era nada y que le podía haber pasado a cualquiera.

—Pero, ¿cómo se le ocurrió a Fraga apuntar precisamente en ese lugar del cuerpo?

—Bueno, es que en las cacerías parece ser que, en algunos momentos, todo es muy rápido y Fraga, que debía estar nervioso y ser un poco novato cazando, dio una vuelta de ciento ochenta grados apuntando a una perdiz velocísima. Todo esto me lo contó luego el nieto de Franco, que fue mi asesor en *La escopeta nacional*. A partir de esta primera anécdota voy perfilando la historia de un industrial de Barcelona que viene a montar un negocio confiando en las influencias de una serie de intermediarios. La idea inicial era que en uno de los momentos en que el industrial catalán estaba cazando, le pegase un tiro a la hija del jefe del Estado o a la hija de un ministro importante, desbaratando todos sus proyectos industriales con ese acto.

—Y ¿por qué abandonaste esta versión basada en la hija de Franco?

—Bueno, luego, hablando con Azcona pensamos que esto se basaría demasiado en una anécdota histórica y que podría perder actualidad con el tiempo o incluso traernos algún disgusto. Además, siempre se pueden contar las cosas de otra forma.

—Pero la película tiene unos componentes históricos muy coyunturales: la sucesión de ministros, la entrada del Opus Dei, etc.

—Es verdad que se refleja, más que en otras películas mías, un momento de la historia de España; el de la crisis ministerial y la transición de Falange al Opus. La historia reproducía un poco las situaciones que se crean en el teatro de Jardiel Poncela, o sea, un personaje neutral, por ejemplo un fontanero, que se ve metido en un follón colosal. En este caso, el personaje del industrial catalán, que quiere montar un negocio, se ve superado por unos problemas a nivel de Estado que nunca acaba de entender. Al margen del escenario de la cacería, por lo tanto, se fraguan entre bastidores dos historias paralelas que reproducen dos sistemas de valores completamente distintos.

—*Uno de los logros de* La escopeta... *parece residir en una acertadísima elección de actores.*

—Sí, no me arrepiento en ningún caso, Saza y Mónica Randall están muy bien como el industrial catalán y su secretaria, Agustín González también está espléndido haciendo de cura y luego, Luis Escobar, en el papel de marqués, me parece un descubrimiento importante. Sabéis que Luis Escobar no había actuado antes, había sido director de teatro y de cine pero nunca intentó ser actor.

—*¿Y escribisteis el papel pensando en él?*

—Por descontado, lo escribimos pensando en él como actor, aunque el personaje está basado mucho más en un amigo mío aristócrata que tiene una visión feudal de la vida, con un apego a la tierra que casi incluye el derecho de pernada.

—*Pero no tiene nada que ver con un absolutista agresivo a lo García Márquez.*

—No, porque éste es un propietario decadentón que ha heredado también una forma de vivir y que tiene más que ver con el personaje entrañable del marqués de Bradomín de Valle Inclán. Es como un niño caprichoso que quiere que todos los juguetes sigan siendo suyos, como muestra en la escena del huevo de gallina que cree que le han robado cuando aparece por primera vez en la película.

—*O cuando dice: «¿Habéis comido bien?, pues se dice, se dice».*

—Sí, es la idea de la omniposesión, del propietario absoluto al que hay que estar constantemente agradecido nada más que por su mera presencia. Pero yo quería enamorarme del personaje y, como en *El verdugo*, quería que fuese simpático y entrañable y, sobre todo, que no tuviera nada que ver con el que muere ahorcado en un árbol en la película Los *santos inocentes* de Mario Camus.

—El deporte de la caza se suele asociar con la aristocracia, por eso, curiosamente, en Barcelona apenas existe un ambiente burgués que practique este deporte. Es el gran problema del industrial catalán de la película, que no entiende ese mundo social.

—Esta semana viene en la revista *Tribuna* un artículo sobre la caza. Dice que se ha descubierto que Felipe González practica la caza y mata constantemente ciervos y venados. No estaría mal hacer una película de ese morbo secreto del presidente en la que apareciese incluso disfrazado de aristócrata inglés para no ser reconocido.

—Sí, eso estaría muy bien, "los socialistas también cazan".

—Pero normalmente, además, es de suponer que para cazar hay que tener o ser invitado a una finca y esto ya implica un altísimo nivel social. Como jugar al polo; recuerdo una anécdota de un aristócrata amigo mío que se preguntaba: «Yo no comprendo por qué en Madrid no hay mucha más afición por el polo, con lo bonito que es, y total, sólo hacen falta tres o cuatro caballitos, un terreno y unas cuadras».

—Un personaje acertadísimo en La escopeta nacional *es el personaje del cura que interpreta Agustín González. Siempre que vemos la película nos morimos de risa.*

—Bueno, es un personaje un poco tópico que a mí me divierte mucho porque soy valenciano y en Valencia tenemos una gran tradición anticlerical. Curiosamente, todos los curas que yo conocí en mi infancia y adolescencia valenciana eran tipos bestiales que organizaban unas paellas inmensas y querían que todo el mundo comiese hasta reventar. Y luego llegaban al púlpito y se ponían agresivos y decían gritando: «Yo ya estoy hasta las narices de ustedes y si no pagan una estufa para la iglesia yo no vuelvo aquí ni a dar misa ni a confesarles ni a nada».

—*Es un cura que no repara en las formas y se convierte en un tipo amenazante. Esto contrasta con la ética del cristianismo, que dice que hay que controlar- se y que los placeres del mundo deben ser evitados a toda costa. Aunque también, por otra parte, existe el dicho gallego «Follas más que un cura».*

—Sí, porque, popularmente se pensaba que follando con un cura, el pecado era inferior.

—*El cura de la película es preconciliar, abusa de su autoridad institucional como el cardenal Richelieu.*

—Sin embargo, yo prefiero mucho más al cura preconciliar que al cura progresista. A mí lo que me revienta y no he podido saca nunca en mis películas son los curas progres. Azcona piensa que esta posición mía es algo de derechas, pero yo creo que no es una cuestión ideológica sino más bien estética. Un cura sin sotana es lo más siniestro que puede haber.

—*La escopeta nacional se convierte en el primer gran éxito económico de tu carrera.*

—Efectivamente, *La escopeta...* es un éxito arrollador y todo el mundo estaba encantado con el marqués y con la ironía que aparece en la película sobre algunos personajes del franquismo. Sin embargo, he de deciros que en ningún momento tuve presiones de Alfredo Matas para hacer una continuación de *La escopeta...*, sino que salió de Azcona y de mí el empezar a pensar en hacer un nuevo guión sobre una familia española «en la transición a la democracia». Inicialmente, esa familia no iba a ser la de *La escopeta nacional.* Fue sólo al cabo de un tiempo cuando pensé que podían ser los mismos personajes del marqués y demás. Tuvimos que rehacer el guión para que no hubiera contradicciones de parentesco. De manera que, quede muy claro, la idea de saga vino después de haber trabajado en otro guión con personajes diferentes.

—*¿Cómo funciona* Patrimonio nacional *en cuanto a taquilla?*

—Bien, no tan bien como *La escopeta...*, pero bien. Mucho mejor, en cualquier caso, que la tercera película sobre los Leguineche, *Nacional III,* de la que reconozco haber sido el impulsor.

—*Háblanos de cómo ves el género de la comedia en relación a tu obra.*

—Creo que el género de la comedia es el género más característico, dentro del que se han enmarcado algunas de las películas españolas más notables. Lamentablemente ha sido desdeñado por la crítica y por los festivales. Una de sus principales características es la de reflejar la realidad española con mucha más viveza y autenticidad que otro tipo de cine con mayor afán de trascendencia. Me parece interesante pensar que es posible un humor para el que no pasa el tiempo. De este modo, una buena comedia de hace cuarenta años nos sigue gustando igual que en su momento. Lo que el tiempo no perdona es el chiste oportunista, el guiño cómplice de algo, la torpeza argumental. Aunque sí es verdad que la opinión de los críticos da más vueltas que una peonza y lo que hoy está bien mañana estará mal. Yo, por suerte o por desgracia no soy crítico. Mis reacciones se quedan en lo sentimental.

— *¿Te has planteado hacer alguna vez otro tipo de películas no cómicas?*

—Yo quería haber hecho también otro tipo de cine, ya que lo de la comedia empezó a ser una tendencia en mi obra más que por mí mismo, por los productores. Esto no quiere decir que me encuentre incómodo en el humor, supongo que si he optado tan claramente por él, será porque me lo ha pedido el cuerpo.

—*En tu cine hay elementos muy españoles, o por lo menos latinos, que tienen que ver con el esperpento, con la picaresca y en definitiva con toda una tradición.*

—Efectivamente, la comedia americana me ha influido mucho menos que lo que podríamos llamar una tradición española tanto cómica como estética. Supongo que esta influencia es muy inconsciente y, desde luego, no se limita al cine En todo caso, los autores americanos de comedia que más me gustan y a los que me acerco más son los autores judíos como Billy Wilder, Lubitsch o Woody Allen.

— *¿Cuáles son las películas que más te gustan de Billy Wilder?*

—Casi todas me gustan mucho porque están construidas a partir de guiones muy sólidos, pero quizás *En bandeja de plata* y *El apartamento* sean mis preferidas.

— ¿Y Con faldas y a lo loco?

—También me gusta mucho. *Con faldas* y *a lo loco* está basada en una película alemana al igual que *Víctor o Victoria*. Es curioso, el cine alemán, que nos parece el cine anticómico por excelencia, tiene también sus buenas comedias en la UFA.

— *¿Te parece que la comedia americana, con la excepción de algunos directores, ha sido ingenua e inocente?*

—Hombre, esto de las tradiciones debe de ser verdad porque algunas comedias americanas que todo el mundo considera geniales como *La fiera de mi niña,* a mí siempre me han dejado frío y tal vez sea porque no me identifico con ese mundo de la inocencia infantiloide que en definitiva nos terminan presentando.

—*Pero incluso Wilder, algunas veces, llega a presentar personajes un poco ingenuos.*

—No, no, por ejemplo en *Bandeja de plata,* cuando Jack Lemmon sufre el accidente y el cuñado le dice que pueden sacar mucho dinero de eso, es tremendamente cruel y cínico. Ese mundo tiene connotaciones pícaras.

—*Sí, pero* Con faldas y a lo loco *tiene un toque ingenuo casi de musical.*

—Bueno, es verdad que ésa es la menos austriaca y la más americana de sus películas. Además allí está Marilyn haciendo casi de niña de diez años. Sí, es posiblemente la que entra más en las convenciones de Hollywood, por eso también es la película que tiene más éxito. De todas formas, al margen de esas convenciones, tiene cosas bastante fuertes como que se encuentren nada menos que en la matanza de San Valentín, que es el episodio más célebre de la historia del gangsterismo americano, o que se travesticen. No, no es tan inocente como parece.

—*El apartamento nos parece una película genial, pero ¿no es un poco irritante el hecho de que el protagonista no sea capaz de reaccionar frente al engaño de los demás? El protagonista quiere ser maquiavélico porque se prostituye dejando el apartamento a sus superiores, pero su actitud bondadosa le lleva a un estado de cornudez y apaleamiento ilimitado.*

—Sí, pero fijaos que en este sentido se acerca un poco a la temática del constante fracaso que hay en mi cine: un personaje que tiene ante sus manos la posibilidad de algo y que sin embargo no le saca partido a nada.

—*Pero en tu cine, los protagonistas llegan al fracaso tras participar de una picaresca que les hace maquinar muchos más estrategias. Concretamente, el personaje de Jack Lemmon en* El apartamento *o en* Irma la dulce *parece un poco «el payaso de las bofetadas» ¿no?*

—Sí, esto es verdad, en mi cine no sólo no se dejan engañar tan fácilmente sino que quieren engañar a los demás, el industrial catalán va a conseguir un negocio mediante el contacto con un ministro, parte de ahí, su fracaso se produce porque está sólo y porque el azar y los demás terminan aniquilándole. Pero no sé, no lo veo claro porque en *Bésame tonto* y en *Con faldas y a lo loco,* los protagonistas engañan desde el principio.

—*Otra diferencia entre tu cine y el de Wilder es que en algunas películas como* Con faldas y a lo loco *o* Irma la dulce *se pierde un poco la verosimilitud, ¿no? En la escena de* Con faldas... *que están todas en un vagón de tren montando una fiesta en la litera de Jack Lemmon, la que manda, duerme plácidamente hasta que el tren se detiene.*

—Bueno, pero nunca se llega a la farsa, nunca se llega a forzar la cosa tanto como para que nos distanciemos demasiado de la historia.

—*Es curioso el tema de la verosimilitud en la comedia. Si uno piensa en Arniches y...*

—Bueno, yo cuando empecé a hacer cine, siempre declaraba que mis tres influencias eran la del neorrealismo italiano, la de René Clair y la de Arniches. Ahora no estoy tan convencido de la influencia de René Clair porque lo que él hace sí que cae dentro de la farsa.

—*¿Y Vallé Inclán, Jardiel Poncela y Mihura?*

—No, sería un esnobismo por mi parte decir que yo tuve influencia de Valle Inclán porque entonces no conocía su obra. Hombre, ahora me siento próximo culturalmente en muchas cosas y simpatizo enormemente con su figura aunque creo que lo que yo he hecho nunca llega a ser tan duro como el esperpento. De Jardiel Poncela me siento más cerca y, sobre todo, de Mihura.

—*¿Qué te parece Woody Allen?*

—Creo que de su generación es el mejor creador de comedia, ¿no? Es el talento judío claro.

—*¿Cómo es el humor judío?*

—Es muy irónico y sarcástico, sobre todo con las grandes palabras como el amor, Dios, el dinero, la felicidad, la madre, la muerte... Sólo hace falta imaginarse a Groucho Marx o a Woody Allen faltándoles el respeto a estas grandes palabras y ya tenemos el humor judío. La mayoría de los buenos escritores y directores de comedia americanos son judíos; Lubitsch, Wilder, Allen, Mel Brooks, etc.

—*A ti te han dicho muchas veces que haces humor negro, ¿cómo ves esto del humor negro?*

—Dicen que el humor negro, que es el humor que gira en torno de lo funerario o de la muerte, es una invención que surge en la Península ibérica y eso no es cierto porque donde realmente aparece es en Inglaterra. En el humor negro, la muerte aparece como un elemento narrativo que no preocupa en absoluto.

—*Bueno, entonces tiene algo que ver con el personaje de Isbert en* El verdugo.

—Sí, hay algo de humor negro, pero a la vez es distinto porque el personaje de Isbert convive con la muerte apoyado por su profesión que está perfectamente institucionalizada. Es casi como un militar que mata en la guerra. Para nosotros, la muerte siempre aparecerá como una preocupación existencial, mientras que en el humor negro inglés aparece como un accesorio del decorado.

—A pesar de la cantidad de personajes que aparecen en tus películas, no has hecho nunca una comedia de enredo.

—No, la comedia de enredo no me gusta porque tiene el riesgo de caer en la farsa al forzar mucho las historias. La comedia de enredo es una derivación del vodevil francés, aunque en realidad me imagino que hay muchos elementos que ya estaban en las tramas del teatro clásico de Calderón y Shakespeare, cuando uno se escondía en un cajón y aparecía otro que no lo podía ver, etc. *Mujeres al borde de un ataque de nervios* de Almodóvar tiene, por cierto, una estructura de comedia de enredo. Yo creo que en mi cine esto no se da, por lo menos de una forma tan manifiesta. Si fuera más joven, a lo mejor me escapaba de esas recurrencias temáticas y hacía una comedia de enredo o, mucho mejor, una película de suspense, pero ya soy muy viejo...

—Por cierto, Hitchcock tenía un sentido del humor fabuloso.

—Hombre, yo a Hitchcock lo veo, biológicamente, más director de comedia que de otra cosa. Cuando vemos M. de Fritz Lang, que es un antecedente al suspense de Hitchcock, vemos una película sin sentido del humor; en cambio, cuando vemos el cine de Hitchcock, no podemos dejar de ver lo humorístico ni por un momento. Muchas escenas de *Con la muerte en los talones,* por ejemplo, podrían haber sido envidiadas por el mismísimo Lubitsch.

—*¿Cómo te sitúas frente a la típica polémica entre Keaton y Chaplin?*

—A Chaplin, durante muchos años lo he despreciado en todas las polémicas que he tenido con mis compañeros. Siempre me ponía en favor de Keaton. Decía que Chaplin hacía teatro filmado y que no inventaba nada en cine, mientras que Keaton sí lo hacía. Recientemente, sin embargo, me he ido convenciendo cada vez más del talento de Chaplin y he llegado a pedir perdón a algunos amigos por haber insistido tanto tiempo en favor de Keaton. Hombre, hay cosas que, siguen sin gustarme nada, como el discurso final de *El gran dictador,* me parece que no viene a cuento en absoluto. En *Monsieur Verdoux* vuelve a caer en lo mismo, en un discurso final que no era necesario porque ya había quedado implícito en la película. Toda la carga de cinismo que hay en el guión se rompe al intentar explicitarla.

— *¿Qué otro tipo de comedia nos dejamos en el tintero?*

—Me gustan algunas comedias que han pasado por inferiores como las de Louis de Funès, cuya madre, por cierto, era una aristócrata española, y las de Totó, que había hecho teatro y luego se pasó al cine; Totó era un príncipe italiano, que, como Funès, había creado toda una mímica facial. Para mí son dos actores de comedia geniales porque han sido capaces de crear su propio personaje.

—*¿Y qué te parecen las comedias de Tati?*

—Tatí no me gusta tanto, lo encuentro muy mecanizado. Aunque es distinto porque Tati escribe sus guiones y, que yo sepa, Funès y Totó no.

—*¿Están hechas las comedias para hacer reír?*

—Creo que hay comedias diseñadas exclusivamente para provocar la risa y otras para conseguir sólo algunas sonrisas. De todas formas, hay que tener en cuenta que la risa es, sobre todo, un fenómeno colectivo que se irradia en cadena. Está comprobado que las grandes carcajadas se producen en los cines llenos y grandes y que la risa opera, en muchas ocasiones, de la misma forma que el griterío ensordecedor de los estadios de fútbol. Precisamente por eso, las telecomedias han inventado esa genialidad comercial y terrible de la risa «en off»...

Segunda parte

Sobre Berlanga

6

Pedro Almodóvar

—Pedro, queremos hablar contigo un poco sobre Berlanga, ya que en la entrevista que le hemos hecho a él te ha citado más que a ningún otro director español.

—Tengo que advertiros que no soy un especialista en Berlanga, ni en ningún otro autor, ni siquiera soy un especialista de mi propia obra. Tengo muy mala memoria; no consigo recordar casi nada. Las películas se me olvidan en seguida, y los acontecimientos de mi vida también, tal vez por eso no sea nada rencoroso. De hecho a veces recuerdo que me he enfadado con alguien, recuerdo que debo seguir enfadado porque me hicieron una putada muy grande pero con el tiempo olvido la putada. Recuerdo su magnitud pero no en qué consistía, entonces continúo enfadado aunque no sepa por qué. Con las películas me ocurre igual, recuerdo las que me gustaron mucho y la impresión que me produjeron pero olvido los detalles. Los olvido como una semana después. Por esta razón la entrevista que me preponéis me resulta una tortura y será una continua decepción para vosotros y una pesadilla para mí, insisto, porque si hay un director al que me gustaría rendirle homenaje ese director es Berlanga, pero no recuerdo mucho sus películas. La solución sería volver a verlas y entonces me atrevería a responder por la extensión de cuatrocientas páginas, comprometiéndome a que la mitad fueran de interés.

—*Háblanos entonces de las películas de Berlanga que más recuerdas o te interesan.*

—*El verdugo*, ¡*Bienvenido, Mr. Marshall*, *Plácido*, *Novio a la vista* (no he visto su episodio de *Las cuatro verdades* ni *Moros y cristianos*). Aunque me gustaría volver a ver la trilogía «Nacional». Me da la impresión de que ha ganado con el tiempo.

—*¿Crees que el cine de Berlanga en películas como* Bienvenido, Plácido *o* El verdugo *se acerca a lo que se entiende por neorrealismo?*

—Participan del neorrealismo, pero son otra cosa. Si nos atenemos al origen del neorrealismo, es decir, al italiano, el de Berlanga es mucho menos melodramático, mucho más negro y extremista y con mucho más humor.

—*¿Qué autores del neorrealismo crees que están más próximos a Berlanga y cuáles te interesan a ti?*

—A mí me interesan mucho Germi, el primer Fellini, *Rocco y sus hermanos, Bellísima*, Rossellini y un poco menos De Sica. No sabría situar a Berlanga porque lo suyo es inclasificable. Uno puede aproximarse, pero yo no intentaría definirlo. Probablemente esté más cerca del primer Fellini de *El jeque blanco, It bidone (Almas sin conciencia)* o *I vitelloni*.

—*Berlanga nos dijo que tu película* ¿Qué he hecho yo para merecer esto? *tiene connotaciones neorrealistas, ¿qué te parece?*

—Lo que digo de Berlanga lo hago extensible a mí mismo (con la excepción de que a él lo considero un genio y yo, evidentemente, no lo soy). En efecto, *¿Qué he hecho yo...?* tiene connotaciones neorrealistas, pero están mezcladas con otros géneros. Desde luego cuando la rodé pensaba en el cine neorrealista italiano, en De Sica y en *Rocco y sus hermanos* especialmente. Este tipo de películas hechas con todo el corazón, donde las madres están despeinadas y gritan mucho, tipo *Divento matta.*

—También nos dijo que admiraba mucho esta película tuya porque habías sido capaz de introducir elementos surrealistas, como los que aparecen en el personaje de Vanesa en ¿Qué he hecho yo...? *sin romper con la credibilidad y la cotidianeidad.*

—Ésa es una de las claves de mi cine. A primera vista va de costumbrista pero está lleno de momentos irracionales, extraordinarios y surrealistas. El reto consiste en hacerlos pasar por naturalismo. Los acontecimientos más surrealistas los narro como puro realismo cotidiano y la gente se los cree. Esto no quiere decir que engañe al espectador, en absoluto, lo que hay detrás de mis historias es absolutamente sincero y visceral.

—Fellini es el director que más le gusta a Berlanga. Fellini empezó en el neorrealismo y, sin embargo, ha hecho películas como Giulietta de los espíritus *que podrían considerarse, desde la heterodoxia, próximas al surrealismo. ¿Por qué crees que a Berlanga le interesa tanto Fellini? ¿Tal vez por un cierto carácter latino que tú también compartes?*

—*Giulietta* es un ejemplo curioso en la filmografía de Fellini: aunque contiene toda su iconografía resulta muy distinta del resto. Para mí es una gran película pop, tanto visualmente como por sus diálogos, etc. Además, su peluquero se inventó el punk, quiero decir la melena rubia canario, corta y de punta como si acabaran de darte un susto. Lo llevaba una chica rubia que salía con una bata blanca y creo que hacía de loca. Yo no compararía a Fellini con Berlanga, ambos me parecen únicos. Identificaría tal vez su gran capacidad distorsionadora y un talante como infantil (de niños traviesos en cualquier caso) a la hora de contar historias y de acercarse a personajes femeninos. Considero que con respecto a las mujeres ambos son dos personajes pudorosos, reprimidos y algo perversos.

—¿Crees que Buñuel ha monopolizado el surrealismo en cine? ¿Crees que algunos directores no se han atrevido a meterse en ese mundo por miedo a introducirse en los dominios de Buñuel?

—El mejor cine surrealista es de terror, y el de ciencia ficción. El surrealismo entendido como lo hacía Buñuel más vale no intentar imitarlo, sólo su hijo se ha atrevido a hacerlo, con pésima fortuna. La fantasía surrealista en cine casi nunca resulta bien. Se ha intentado también con algunos relatos de García Márquez y ha resultado fatal.

—Berlanga considera que Buñuel no es un director enteramente español y que sus influencias y planteamientos creativos no están en la tradición española. ¿Qué piensas de esto?

—No estoy de acuerdo con Berlanga, culturalmente Buñuel es netamente español, en el sentido más tópico de la palabra. Me hace gracia que Berlanga diga esto. Sin duda Buñuel y Berlanga son lo más grande que ha dado el cine español. Probablemente entre los dos no se soportaran por eso. Pero estoy hablando por hablar.

—Hay algo que nos parece común en las películas de Berlanga y en algunas tuyas, y es que detrás de un argumento cómico existe una historia muy *dramática. En* Plácido, El verdugo *o en* ¿Qué he hecho yo...? *y en* Mujeres..., Átame *o* Tacones lejanos, *los* gags *o las situaciones cómicas están siempre envueltas en la angustia o en el drama. Esto os diferencia de la comedia clásica americana, ¿no?*

—Depende de lo que entendáis por comedia clásica americana. Si te refieres a Frank Tashlin o Gene Sacks, en efecto, nosotros tenemos una lectura más amarga, pero si te refieres a Wilder creo que no. Yo soy incapaz de hacer una comedia banal, aunque lo intente.

—Mirando hacia atrás en tu obra, ¿te has sentido más cómodo en el género de la comedia que en otros?

—Me siento más cómodo cuando mezclo varios géneros. Para lo que me siento más dotado es para la comedia melodramática, en unos casos domina lo cómico y en otros lo melodramático. Exceptuando *Mujeres...*. no creo que el resto de mis películas puedan clasificarse como comedias, aunque en todas ellas esté bien presente el humor. Haga lo que haga siempre habrá humor, es parte de mi carácter y de mi modo de ver la vida. Además, el humor es un excelente lubricante a través del cual la gente se traga historias muy duras que de otro modo no aceptaría. Me gustaría volver a dirigir comedias, pero desgraciadamente yo no soy el que lo decide, hay algo dentro de mí que en el momento de escribir se inclina por uno u otro género. Creo que a Berlanga le pasa un poco lo mismo.

—¿Qué afinidades y diferencias ves entre el sentido del humor en las películas de Berlanga y en las tuyas?

—Encuentro bastantes puntos de referencia, el humor casi siempre lo genera una situación cotidiana muy reconocible y está basado en el diálogo, en el desparpajo y una especie de espontaneidad que pertenece más al guionista que al actor. Sin ser películas propiamente literarias (sin el menor atisbo de intelectualidad), en las nuestras se habla mucho, y el lenguaje es absolutamente natural. Creo que también tenemos el mismo gusto al retratar lo grotesco, aunque Berlanga es más cáustico y yo más comprensivo y cariñoso con mis personajes. Luis es más cruel. En líneas generales nuestros personajes luchan de un modo bastante angustioso por sobrevivir y a nosotros lo que nos interesa es la parte tragicómica de esa lucha, incluso de esa angustia.

—¿Crees que existen géneros de comedia bien definidos con codificaciones propias? ¿Una especie de género dentro del género? (humor latino, humor judío, humor negro, comedia americana, sainete, etc.).

—No me atrevería a hacer divisiones y subdivisiones, aunque es evidente que a las películas se las puede relacionar. Los géneros existen pero en la actualidad es muy difícil hacer cine de género. Vivimos el final de un milenio, tenemos mucha información sobre el pasado y la mirada contemporánea no se adapta a la ingenuidad y maniqueísmo de los géneros. Resulta muy difícil en la actualidad respetar las reglas de los géneros, pero naturalmente hay películas de terror, comedias, dramas, ciencia ficción, de espías, etc. Y se pueden distinguir unas de otras, pero también puedes encontrar todos esos elementos en la misma película. Curiosamente la comedia es uno de los géneros más claros e intemporales y desde luego existen múltiples acepciones que la subclasifican: el humor de una película de Alienes muy distinto del de Fellini o Totó, y el de Buster Keaton es distinto al de Fernandel, y el de Blake Edwards al de Richard Lester. Aunque a veces ocurre que hay influencias o referencias y afinidades entre autores que no comparten la misma cultura ni la misma lengua. A mí por ejemplo, *Un día de boda* de Robert Altman me recuerda mucho a las películas de Berlanga. Y el humor de *El honor de los Prizzi* lo encuentro muy similar al de Buñuel. *Do tite right thing (Haz lo que debas),* a pesar de ser una película que pertenece absolutamente a la cultura negra del Hip Hop, tiene idéntica estructura a un sainete de costumbres de Arniches.

—Se dice que hay una tendencia entre los directores que dirigen una comedia a no plantearse demasiadas cuestiones estéticas, ni de encuadre

—Ocurre lo contrario, si hay un género que obliga a una reflexión estética profunda es el de la comedia. La comedia es el género artificioso por excelencia, los decorados, la luz, los vestidos, etcétera, no deben parecerse a la realidad. Lo único que deben resultar verdaderos son los sentimientos. En las comedias la gente siempre está maquillada y bien vestida, hay mucha luz y pocas sombras. Técnicamente son más complicadas por la cuestión del ritmo. El tiempo de la comedia no se parece a ningún otro, es más rápido y para ello es esencial el tipo de encuadre y el montaje adecuados. Y sobre todo, ese tiempo lo dan los actores. Ésa es una de las grandes dificultades del género, porque pocos actores poseen de modo natural ese tiempo. No importa que sean buenos actores, Meryl Streep es excelente pero no lo tiene, Shirley Mc Lane es un modelo, Carmen Maura también, Ana Belén es buena pero tampoco lo tiene. Chus Lampreave tal vez esté menos dotada pero lo posee a raudales. Detrás de todas las grandes comedias hay siempre una tesis estética rigurosísima, si exceptuamos lo que se ha dado en llamar la comedia madrileña... Incluso cuando parece que la única teoría es el descuido (como en el caso del underground americano) también eso implica una teoría sólida y un estilo personal, aunque en muchos casos la única razón sea la falta de medios. Pero esa ausencia acaba creando una estética propia.

—Yo pienso que Berlanga no necesita a Azcona para ser cruel. El verdugo es tan entrañable porque es un personaje de carne y hueso. Berlanga es todo menos un director maniqueo. Aunque lo impregne todo de un humor muy libre, todos sus personajes están tratados en profundidad y eso hace que no sean ni buenos ni malos. En esa reflexión creo que hay más ironía acerca de la condición humana que ternura y comprensión con sus personajes. Lo cual hace de Berlanga un director más inclasificable e interesante.

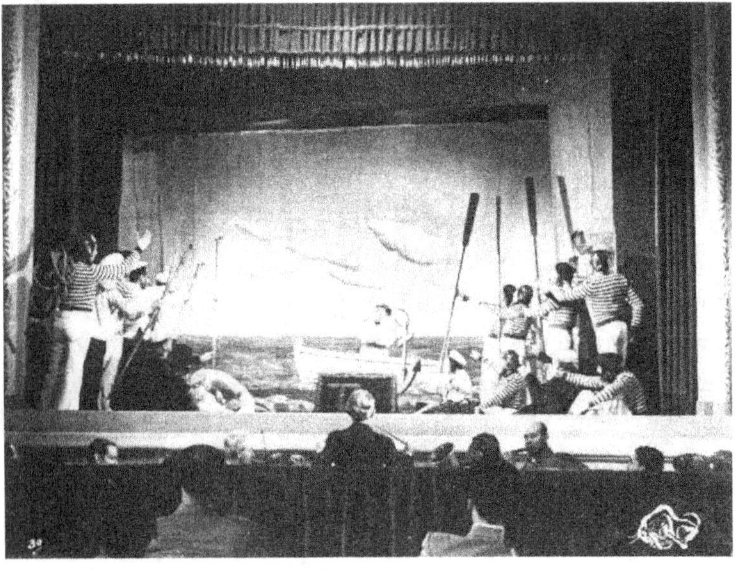

La famosa parodia de Franco y El Azor *que pasó inadvertida a la censura franquista.* Esa pareja feliz *(1951)*.

Berlanga, en primer plano, dirigiendo a Fernando Fernán Gómez y Elvira Quintillá en Esa pareja feliz.

*Fernando Fernán Gómez y Elvira Quintillá, dos jóvenes ilusionados por un imposible ascenso social, contraen matrimonio (*Esa pareja feliz*).*

*Manolo Morán, el pícaro organizador del popular recibimiento a los america-
nos, y Pepe Isbert, alcalde de Villar del Río, se dirigen a la población desde el
balcón oficial.* ¡Bienvenido, Mr. Marshall! *(1953).*

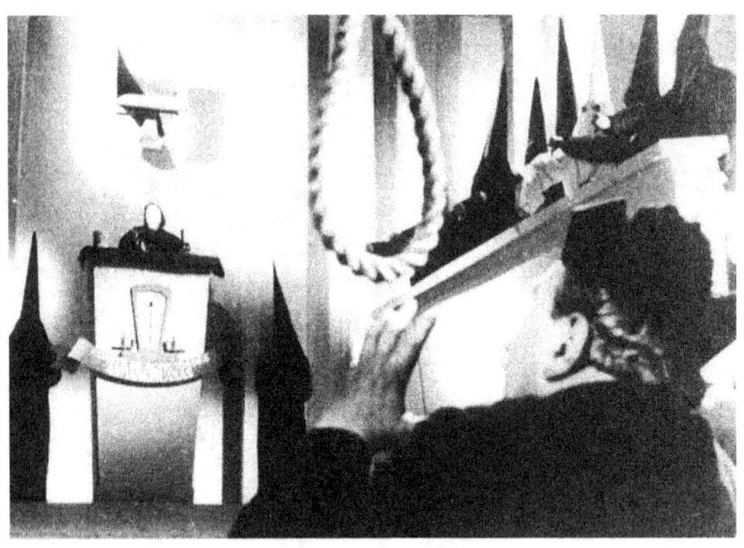

*La pesadilla del cura de Villar del Río: un tribunal americano del racista Ku
Klux Klan va a ejecutarle (*¡Bienvenido, Mr. Marshall!*).*

Reproducción de uno de los dólares falsos que, para promocionar la película, circularon en Cannes hasta que la policía los retiró. Ello no impidió que la película obtuviese el Premio del Jurado del festival.

Ilusionado y disfrazado, el pueblo entero se prepara para la llegada de los americanos. El recurso al travestismo andaluz en la áspera Castilla, revela la tópica imagen exterior ofrecida por la España de aquellos años (¡Bienvenido, Mr. Marshall!).

El sueño del alcalde se convierte en una parodia del género americano del western. El cine dentro del cine es un recurso característico en Berlanga (¡Bienvenido, Mr. Marshall!).

Primer plano de la película: La plaza de Villar del Río, el pueblo protagonista de la película (¡Bienvenido, Mr. Marshall!).

Ácida visión de la estulticia de los veraneantes: las señoras se creen saludadas por un bañista en apuros. José Luis López Vázquez, más agudo, se percata del grotesco malentendido. Novio a la vista *(1954).*

Berlanga dirigiendo Novio a la vista.

Berlanga, con bigote, disfrutando en una verbena popular.

Berlanga, sentado, parece dudar...

En el centro, el cohete que da la victoria al pueblo de Calabuch en el concurso pirotécnico. Calabuch *(1956)*.

Mujeres timoratas y niños sin uso de razón aguardan la fraudulenta aparición de San Dimas. Los jueves, milagro *(1957)*.

*El cura del pueblo y el profesor –implicado en el fraude de la aparición– espe-
ran con expectación (Los jueves milagro).*

*La falsa aparición ha dado sus bienintencionados frutos: hasta el falso San Dimas
se lanza a por las aguas milagrosas del balneario (Los jueves milagro).*

Federico Fellini y Berlanga con sus esposas Giulietta Masina y María Jesús Manrique.

Berlanga dirigiendo la secuencia de la navideña y extraña subasta benéfica en Plácido *(1961).*

*Un buen ejemplo de la llamada «coralidad» característica en el cine de Berlanga. El abigarrado plano corresponde al descenso del cadáver del pobre invitado a cenar (*Plácido*).*

*El motocarro utilizado para promover la caridad navideña (*Plácido*).*

*El desfile de la campaña benéfica de navidad (*Plácido*).*

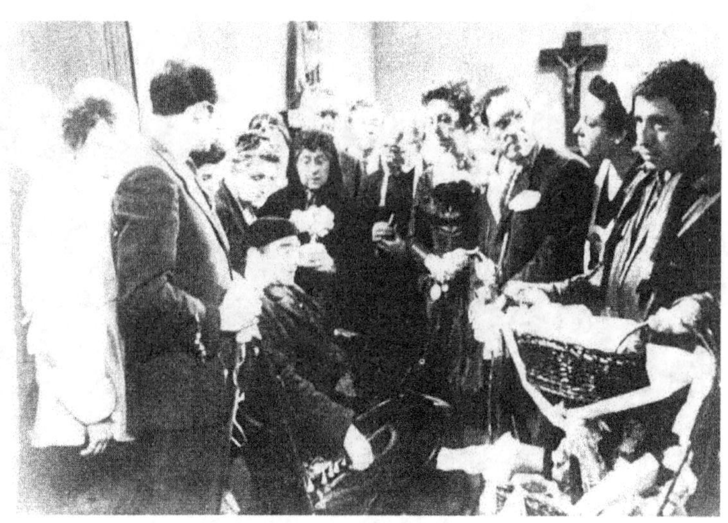

*El pobre, medio muerto, debe casarse con la Concheta (*Plácido*).*

La magistral secuencia de la subasta: el caos como propuesta cinematográfica (Plácido).

El motocarro de Plácido a punto de finalizar su agitada Nochebuena (Plácido).

Mientras al verdugo –Nino Manfredi– el viaje a Mallorca no puede lógicamente seducirle, su mujer y su suegro no ven más que ventajas. El verdugo *(1963).*

El humor negro y la presencia de la muerte; dos ejes *clave en las películas de Berlanga (*El verdugo*).*

Berlanga, cabizbajo y *pensativo, durante una pausa del rodaje de* El verdugo.

Cartel publicitario de la película El verdugo.

Berlanga en plena acción durante el rodaje de El verdugo.

Berlana preparando la hilarante secuencia de las Cuevas del Drac (El verdugo).

Una vez ejecutada la sentencia, el ya verdugo y su familia vuelven a casa (El verdugo).

Sonia Bruno y Rodolfo Beban en una escena de La boutique *(1967).*

Laly Soldevila y José Luis López Vázquez paseando por las calles de Sitges en una secuencia de ¡Vivan los novios! *(1971).*

Berlanga y Frank Capra en el tiempo de los Estudios Samuel Bronston. Dos cines corales con finales distintos.

La madre está de cuerpo presente en la bañera y el novio no lo puede disimular (¡Vivan los novios!).

Nada debe detener la boda... (¡Vivan los novios!).

El meticuloso dentista utiliza su *instrumental para humedecer la boca de su muñeca.* Tamaño natural *(1974).*

Piccoli y su muñeca contemplan sus propias perversiones filmadas (Tamaño natural*).*

*El hijo del marqués de Leguineche es sorprendido masturbándose. La esco-*peta nacional *(1977).*

El industrial catalán y su secretaria en los preliminares de la cacería (La escopeta nacional).

Luis Escobar, el marqués de Leguineche, dispuesto a reconstruir su colección (La escopeta nacional).

Republicanos y nacionales juntos en la barbería de La vaquilla (1985)

Berlanga con los autores de este libro.

—*¿Y tú? ¿Cómo ves la ternura en tus películas? La relación entre la abuela y el nieto o el personaje de Cristal en ¿*Qué he hecho yo...? *son también muy entrañables. Cristal es una puta que recuerda un poco a la Irma la dulce de Wilder...*

—Yo necesito encariñarme con mis personajes para hablar de ellos, no me basta con desentrañarlos, necesito identificarme con ellos. La ternura es consecuencia de esta identificación. Es un tópico que los abuelos entienden y por ello se llevan mejor con los nietos que los padres. En el caso de la abuela de *¿Qué he hecho yo...?* su situación se parece más a la del nieto que a la de la nuera. Gloria tiene una función muy concreta, trabajar como una burra para sacar adelante la casa, pero la abuela, si quisiera trabajar no podría, al igual que el nieto. Ambos están condenados a la calle, y una vez situados en el exterior, ambos añoran un medio más natural y agradable para vivir. El lagarto significa esa añoranza del campo, de los árboles que no existen en el barrio de la Concepción, de las gallinas y de los gatos sentados junto a la mesa camilla. Para la abuela los amigos quinquis de su meto pasan a ocupar el puesto de las vecinas, esas personas que siempre están dispuestas a charlar de cualquier cosa. El personaje de Cristal es un tipo clásico de la cultura rural. La chica que llega a la ciudad con la ambición de convertirse en artista y acaba siendo prostituta, depositando en ello todo su corazón. *¿Qué he hecho yo...?* es, entre otras cosas, una película sobre la maternidad. Hay muchos tipos de madres, todas ellas reales y reconocibles, además de Gloria, el papel de Kitti Mánver representa una madre que yo abomino, agresiva y amargada que desahoga con sus hijos todas sus frustraciones, ese tipo de mujer que pega a los niños en la calle sin ninguna razón. A su modo Cristal representa una versión de la maternidad, en algunos aspectos es más maternal que la propia Gloria.

—Berlanga se define como un gran vago a la hora de planificar. Por eso, según él, ha ido tendiendo cada vez más al plano secuencia dejando la planificación convencional. ¿Qué ventajas y desventajas le ves al plano secuencia?

—El plano secuencia puede convertirse en algo brillante, pero como siempre, depende de lo que cuente. Un ejemplo mítico es el primer plano de *Sed de mal* de Welles, pero ese plano aquí sería imposible hacerlo, nos falta un estudio que pueda acoger todos esos decorados, por ejemplo. Siendo películas tan corales, al cine de Berlanga le va bien el plano secuencia, yo he hecho muy pocos. A mí me parece imposible que todos los actores estén bien en todos los momentos, no tengo paciencia. El peligro del plano secuencia está en la limitación que supone para el montador yen que inevitablemente hay reacciones secundarias que se desvanecen. Resulta casi imposible controlar la luz, porque no hay lugar para controlar los aparatos, todo se ve y es fatal para el ritmo de la película si a lo largo de todo el plano hay una frase que esté mal dicha. Berlanga se mueve muy bien en los planos secuencias. Sabe resolver estupendamente en doblaje todo lo que ha quedado mal, rellena con mucha imaginación los vacíos, yo creo que incluso le divierte la cantidad de manipulación que necesitan los planos para adquirir consistencia, pero para el resto de la gente que interviene supone una verdadera tortura. Si él ha dicho que recurre al plano secuencia por pereza puede que tenga razón. Aunque yo creo que resultan mucho más agotadores que cinco planos distintos.

—Berlanga tiene fama de dejar abandonados a los actores, pero por otra parte, sabe sacarles un gran partido; algunos de los peores actores del cine español han estado muy bien con él. ¿Cómo crees que dirige a los actores?

—No he visto nunca dirigir a Berlanga, la verdad es que no he visto dirigir a nadie. Los actores se quejan de que los deja solos, de que él sabe perfectamente lo que quiere pero no se lo explica y sin embargo les obliga a repetir hasta que lo consigue. Pienso que si lo consigue, y casi siempre es así, eso demuestra que es un buen director de actores. He oído a muchos actores hablar de la angustia que significa trabajar con Luis, y de la satisfacción de los resultados. Yo trabajo con los actores de un modo completamente distinto, pero sobre eso no hay reglas. Estoy seguro de que cada director tiene su propio sistema, que nunca es único porque cada actor te exige un trato específico. Berlanga tiene una intuición extraordinaria para elegir a sus intérpretes, y ésa es una de las bases de su funcionamiento. Posee una gran astucia para arrancarles la parte más mezquina, lo que probablemente no es fácil ni agradable.

—*¿Qué método utilizas con los actores? ¿Qué margen de creatividad les das?*

—La mayor parte del tiempo de rodaje lo empleo con los actores, eso da idea de la importancia que les doy. Nunca escribo pensando en actores concretos, salvo alguna excepción... Pensé *¿Qué he hecho yo...?* para Esperanza Roy y al final no pudo hacerlo. Escribí *Matador* pensando en Charo López, que por cuestiones personales tampoco la hizo. Desde entonces decidí que durante la escritura del guión mis personajes no tendrían rasgos definidos porque a la hora de la verdad tienes que cambiarlos. Lo que hago es adaptar los personajes a los actores que ya están contratados, como si fuera un traje, una adaptación exhaustiva, siempre a favor de sus posibilidades y de sus peculiaridades personales, intentando naturalmente que encajen también con mis intenciones. Suelo ensayar un mes antes de rodar. Estos ensayos me sirven fundamentalmente para hacer cambios en el guión. Utilizo a los actores como peones, sin establecer claves de lo que va a ser su interpretación. Realmente el sistema ideal para escribir un guión sería tener a los actores y ensayar todas las secuencias y después escribirlas de acuerdo con los ensayos. Es una pena que no pueda ser así. La verdad es que los actores conmigo improvisan poco, se ponen en mis manos y soy yo quien improvisa por ellos, utilizando ideas que ellos me proponen en los ensayos sin darse cuenta.

—Nos parece que tú y Berlanga compartís una especial preocupación y cuidado por los actores secundarios. Algunos de vuestros actores y actrices secundarios están muy bien incluso sin ser profesionales. ¿Cómo se consigue esto?

—Berlanga ha solucionado siempre muy bien la coralidad de sus películas, yo reconozco que a veces me pierdo por inflación de historias, y últimamente me esfuerzo en remediarlo. Soy incapaz de que un personaje por pequeño que sea no posea su propia historia, su propio *background*. Para cualquier personaje no importa su longitud, trato de inventarme un universo. El reto consiste en no perder tiempo en explicar ese universo y que a la vez enriquezca y desarrolle la historia central. Esta preocupación hace que los personajes secundarios nazcan con tantas sugerencias detrás que podrías hacer una película con ellos de protagonistas. Esto es algo que los americanos se inventaron antes que nadie. Cuántas veces hemos visto películas en que los secundarios se merendaban a los protagonistas. En el cine americano, como digo, ya es una tradición. Aunque cada vez me decanto más por los actores totales, reconozco mi debilidad por aquellos neófitos que sin ninguna experiencia me interesan por alguna razón, ya sea porque tengan un físico poco común o porque personalmente posean una gracia especial. Me gusta arriesgarme con caras nuevas e inexpertas. La mayoría de las veces me funcionan, poseen una atipicidad que da fuerza a sus interpretaciones.

—¿Cómo inicias un guión? ¿Tienes un archivo de ideas? ¿Empiezas desde una pequeña anécdota? ¿Cómo te surge la historia y cómo se van articulando los pequeños matices, los gags, etc.?

—Nunca he sabido explicar la génesis de un guión, es algo tan abstracto, y puede venir de tantos Sitios y de tantos momentos. Lo importante de una idea es que te empuje a escribir. Después, a lo largo del desarrollo, voy descubriendo lo que realmente quería contar y no se parece nada a lo que pensaba al principio de la escritura. Apunto frases e ideas continuamente, pero casi nunca las utilizo. En cualquier caso, al principio poseo una información mínima, inspirada normalmente en un momento de mi vida, no en plan autobiográfico. Hay momentos en la vida en que uno ve más allá de las cosas, o las cosas te sugieren algo oculto con lo que aparentemente no guardan la menor relación. Empiezo a escribir dejándome llevar por la improvisación, sin ningún control, cambiando continuamente de dirección. De ese primer desarrollo siempre sale algo esencial, un cinco por ciento con garra. Vuelvo a desarrollarlo de principio a fin y voy descubriendo aspectos, situaciones y empiezo a implicarme personalmente. Cuando estoy seguro de que hay una parte de mí mismo conectada profundamente con la historia empiezo a ver todo con más claridad. Desarrollo la acción principal en muchas direcciones, desarrollo todas las alternativas que se me ocurren hasta decidirme por la definitiva. Arrojo cientos de folios a la papelera pero no son *folios* inútiles, todos ellos me proporcionan una información que después acabo aplicando en el rodaje, por esa razón me resulta tan fácil improvisar mientras ruedo. Después de todo este proceso empiezo a caracterizar a los personajes secundarios, a llenar la narración de detalles pequeños y cotidianos. Hecho esto empiezo a pensar en el aspecto visual, la luz, la atmósfera y las gamas de colores que me gustaría que dominaran en la película. En fin, es un proceso de sedimentación natural que casi nunca dura menos de seis meses. Aunque a veces he tardado mucho menos. El guión de *Mujeres...* lo escribí en un mes; supongo que lo llevaba dentro.

—*Berlanga dice que no es capaz de escribir un guión solo. Tú, por el contrario, prefieres trabajar por tu cuenta. ¿Los comentas o se los das a leer a alguien?*

—A mí me gustaría escribir en pareja, pero encontrar un co-escritor es tan difícil como encontrar marido. Es una colaboración en la que no caben fingimientos. Me pregunto cómo lo hacen los demás. Casi nunca consulto lo que estoy escribiendo con nadie. En ese proceso me siento muy solo (y supongo que desconfiado).

—*Berlanga cree especialmente impactante tu trabajo con las actrices. Nosotros pensamos que Berlanga funciona mejor con los actores. ¿Crees que pueden existir directores de actores y de actrices?*

—Berlanga es más pudoroso con las mujeres, por eso puede parecer un poco sádico; con los hombres tiene más confianza. Pero yo no creo que sea exclusivamente un director de actores. Mónica Randall estaba tan sublime como Saza en *La escopeta nacional.* Chus Lampreave, Laly Soldevila, Amparo Soler Leal, Elvira Quintillá y hasta Lolita Sevilla han estado maravillosas con él. Aunque yo pienso que se trata de una pose, puede que haya algo de cierto en su misoginia. No ama los personajes femeninos, por esa razón resultan tan divertidos. Probablemente lo de su misoginia le *venga* por ser monógamo, pero eso es mucho decir. Luis es un personaje muy complejo y bastante juguetón, habla mucho, pero tengo la impresión de que nos da muchas pistas falsas sobre su persona.

—Berlanga repite mucho los mismos actores. Sus actores casi parecen una compañía estable. Tú haces un poco lo mismo con algunos de ellos. ¿Qué ventajas y peligros te reporta esta opción?

—Tener una «compañía estable» de actores posee las mismas ventajas y desventajas del matrimonio. Hay mayor conocimiento, las explicaciones son más breves, te entienden y entiendes mejor, pero hay un momento en que ya conoces todos sus registros, todas las caras, los tonos te suenan a otros que han utilizado en otras películas contigo. A veces un actor podría convencer a todo el mundo menos a su director, porque éste está obsesionado y cegado por su propia memoria. En ese momento es aconsejable cambiar de plantilla.

—¿Qué actores de Berlanga te han gustado especialmente?

—Berlanga ha trabajado con muchos actores con los que yo soñaba trabajar. En primer lugar José Isbert. Para mí Isbert es tan grande como Chaplin, Keaton, Totó. Un actor único. Chus Lampreave se le parece un poco. Todo el casting de *Bienvenido..,* y *Plácido* me parece genial. López Vázquez nunca estuvo mejor que con Luis. Recuerdo tantas buenas actuaciones; Cassen, Emma Penella, María Luisa Ponte, Guillermo Montesinos... sería una lista interminable.

—Tú has conseguido una versatilidad increíble con actores y actrices como Carmen Maura, a la que has hecho hacer de todo. Sin embargo, hay actores que siempre parecen hacer el mismo papel, como Isbert. ¿No te parecía un poco arriesgado el pensar en Carmen Maura como ama de casa?

—Esto lo tiene que ver el director. Efectivamente, a algunos actores o actrices, incluso excelentes, no les puedes pedir que hagan según qué personajes porque seria demasiado forzado para ellos. Para mí no fue arriesgado pensar en Carmen porque la conocía y desde el principio estuve seguro de sus dotes para la transformación. Ningún miembro del equipo de *¿Qué he hecho yo...?* creyó que Carmen podría con un papel escrito en principio para Esperanza Roy. Me lo confesaron al terminar el rodaje. Con Carmen Maura nunca tuve la sensación de riesgo, siempre creí que era la mejor para cada uno de los seis papeles que hemos hecho juntos. Y ella lo sabía, y eso le daba una fuerza inconmensurable.

—Las primeras películas de Berlanga reproducen ambientes rurales de pueblos españoles. Tú has nacido en un pueblo de La Mancha y, sin embargo, haces películas urbanas. ¿Es ésta una diferencia importante entre los personajes y las historias de Berlanga y las tuyas?

—Berlanga y yo procedemos de clases sociales distintas. Nuestra información de lo rural y de la burguesía urbana proviene de fuentes distintas. Sin embargo no creo que eso importe. A mí me hubiera gustado firmar todas las películas que Berlanga ha hecho con ambiente plebeyo, por decirlo de algún modo. Aunque tenemos mucho en común, nuestro cine es distinto, como también lo son las épocas que hemos vivido, y nuestra propia problemática personal. Pero creo que nuestro humor se parece, aunque como ya he dicho, yo me encariño más con mis personajes que él. No quiero decir que esto sea mejor, lo único que intento expresar es que no somos dos almas gemelas.

—¿Crees que nuestra generación ve a Berlanga con cierto distanciamiento cultural y cronológico?

—Conozco a muchos chicos jóvenes que han visto por primera vez *Plácido, Bienvenido...* y *El verdugo* y se han entusiasmado. El punto de vista de Luis sigue siendo absolutamente contemporáneo, mucho más que el de sus compañeros de generación. Ha sido siempre un atípico, una persona de poco fiar, en el mejor de los sentidos. Un espíritu totalmente independiente. Eso le ha empujado a hacer películas que en su momento nadie se hubiera atrevido a hacer. Os repito que Berlanga personaje es complejo y difícil de abordar. Se presta mucho a las confusiones si le juzgas de un modo lineal, como hace casi todo el mundo. Yo le veo como un hombre muy moderno.

—¿Crees que las películas de Berlanga están algo limitadas internacionalmente por el hecho de tratar problemas nacionales o locales?

—En la trayectoria internacional de una película influyen sobre todo esos personajes que controlan la industria y que no conocen muy bien lo que tienen entre manos. En el caso de Luis, es absolutamente injusto que no haya contado en el extranjero con la distribución adecuada, ni haya conseguido el reconocimiento que merece. Es cierto que su narrativa plantea enormes problemas para el subtitulado, y para el doblaje. Puede que ésta sea la explicación. Sus personajes hablan mucho y demasiado deprisa y con un lenguaje tremendamente autóctono.

—En ¡Bienvenido, Mr. Marshall! *el pueblo se travestiza para dar a los americanos la imagen de la España folclórica. En Calabuch, el pueblo se une en defensa del protagonista. Parece que las películas de Berlanga funcionan con el movimiento de grupos y, no tanto, de individuos. ¿Crees que esto significa un intento de ironizar sobre algo propiamente español y rural?*

—No lo sé. A su modo, son películas épicas. El individuo está representado por una multitud, pero no creo que haya una segunda intención irónica, no lo sé. Habría que preguntárselo a Luis.

—¿Qué importancia tiene para ti la credibilidad de las historias y las situaciones? ¿Crees que si se rompe con la credibilidad se puede caer fácilmente en la astracanada?

—Entre otras cosas, el cine es el arte de convertir lo inverosímil en verosímil. El entretenimiento tiene su propia lógica, lo que hace que en una película las cosas sean verosímiles se debe más a la estructura y a la dramaturgia de la narración que a su correspondencia con la realidad. Si una escena está mal hecha, por muy real que sea su origen no resulta verosímil. Sólo las malas películas resultan inverosímiles. Yo no tengo nada contra la astracanada, pero sólo funciona cuando va acompañada de algo más. El mal gusto es un lenguaje tan válido como cualquier otro, depende de lo que cuentes y de cómo lo utilices.

—Se habla mucho del aburrimiento del cine alemán reciente. ¿Crees que el cine debe tener una estructura algo épica para romper con la lentitud?

—No creo en soluciones teóricas para salvar el cine, ni entiendo muy bien qué significa una película lenta. Cada película exige un tiempo narrativo; si se dilata este ritmo natural, la narración y el interés se vienen abajo, pero un plano no es aburrido por el solo hecho de ser largo. Bergman ha hecho planos larguísimos que son un modelo de narración. Lo que no soporto es el cine intelectual, o solemne, o el que experimenta sin otra voluntad que la de romper normas o ir contra corriente, pero ésa ya es otra cuestión.

7

Rafael Azcona

—*¿Como conoció a Berlanga?*

—Luis había visto *El pisito*. Me llamó. Nos encontramos por primera vez en el Café Comercial, que era donde yo vivía entonces.

—*Se dice que el cine de Berlanga se transforma en un cine más duro y cruel a partir de* Plácido *con su incorporación como guionista. La verdad es que usted ya había expresado en sus novelas esta particular relación entre el humor y la crueldad, ¿no?*

—Bueno... Aquellas novelitas mías eran modestamente tragicómicas.

—*Existen, sin embargo, antes de su encuentro en* Plácido, *algunas coincidencias entre ustedes. Por ejemplo, parece tan coral* Los muertos no se tocan, nene *como* ¡Bienvenido, Mr. Marshall!

—Sí, puede ser.

—*Existe también una leyenda de sus encuentros con Berlanga en cafeterías...*

—Y en los cafés y en los bares yen las terrazas y en los vestíbulos de los hoteles... Como dice el actor Antonio Gamero, fuera de casa como en ninguna parte...

—*¿Cómo surgen las ideas?*

—Con dificultad y desordenadamente.

—¿*Cómo avanzan en el trabajo?*

—Ordenando las ocurrencias que consideramos válidas.

—¿*En qué se diferencia el trabajo con Berlanga del trabajo con otros directores?*

—A Luis le cuesta lo suyo comprometerse.

—¿*Cree que entre Berlanga y usted existen funciones diferentes a la hora de trabajar en un guión?*

—Por fuerza, el director es el que manda...

—¿*Quién escribe los diálogos?*

—Físicamente, el guión, comprendidos los diálogos, lo escribo yo. Es mi obligación...

—*El guión de* Plácido *había pasado por varias fases hasta que usted comienza a trabajar en él; ¿cómo era ese guión y en qué cambió a partir de su colaboración?*

—Luis y yo escribimos un tratamiento que se titulaba *Siente un pobre a su mesa.* El proyecto no arrancó supongo que a causa de la censura. Me fui a Italia. Al volver habfa un guión escrito, y, si no recuerdo mal, más que cambiarlo lo que hicimos fue reajustarlo a aquel primer tratamiento.

—*Berlanga se caracteriza en* gran *medida por su forma de utilizar el plano secuencia introduciendo a muchos actores en el mismo encuadre.*

—En efecto.

—¿*Condiciona esta planificación al guión?*

—No, no, es el guión el que condiciona la planificación.

—¿*Cómo, entonces, se resuelve en el guión esta planificación?*

—Elemental: introduciendo la indicación «simultáneamente» entre las acciones y los diálogos de los distintos personajes. Lo difícil no es escribir en el guión «simultáneamente»; lo difícil es conseguir que, en el rodaje de esas secuencias en las que ni los personajes ni la cámara dejan de moverse, cada uno de ellos se destaque de los demás en el momento justo de encontrarse ante el objetivo. Y en eso Luis es un genio. ¿Recuerdan la secuencia de la salida para los toros en *Patrimonio nacional?*

—¿Improvisa o cambia los guiones Berlanga en los rodajes?

—Por lo que yo sé los directores sólo improvisan por causa de fuerza mayor. Esto de la fuerza mayor lo explicaba muy bien Tono: «En el guión dice que aparecen cien chinos, en el presupuesto figuran diez japoneses, y al rodar se sale del compromiso con un filipino».

—¿Berlanga le ha pedido colaboración en algún rodaje?.

—Ni Berlanga ni nadie. Y es lógico: un guionista en un rodaje es un alienígena.

—Entre un guión y una película existe un trabajo de dirección. Usted debe conocer como nadie ese «antes y después»

—Sí. Pero como estoy convencido de que el autor de un filme es siempre el director, nunca se me ha ocurrido comparar ese «antes» y ese «después».

—¿Cómo ve a Berlanga como director, en qué consiste su forma o estilo de dirigir?

—Luis presume de no dirigir, pero yo sospecho que dirige una barbaridad.

—Berlanga ha demostrado ser un gran director de actores, pero gran parte de ese logro está en haber creado previamente unos personajes adaptables a los actores que los iban a interpretar. ¿Piensan al escribir en unos actores determinados?

—Sí, lo malo es que el cine, lo mismo que el tiro de la artillería, se hace por aproximación: se escribe pensando en A y luego lo hace Z.

—*Pero ¿discrepan algunas veces en la elección del actor?*

—Académicamente. Los repartos no son cosa del guionista.

—*En su opinión, los guiones creados par ustedes ¿enlazan con una tradición peculiarmente española?*

—Parece que sí, aunque no lo hagamos aposta.

—*¿Qué raíces podría tener una comedia cinematográfica española?*

—No creo demasiado en los géneros...

—*¿No cree, entonces, que las películas que ha escrito con Berlanga son esencialmente comedias?*

—No. Y, en cualquier caso, si los géneros existen, a mí lo que me gusta es no respetarlos.

—*En cuanto a su sentido del humor, ¿ha sido fiel a algunas influencias o ha cambiado mucho a lo largo del tiempo?*

—Para no endosarle a nadie la responsabilidad de mis defectos, en lugar de hablar de influencias hablemos de lecturas, o mejor dicho, de relecturas y para no ponernos pesados limitémoslas a Cervantes, Baroja, Kafka.

—*Hablando de literatura, ¿por qué no ha escrito más libros desde el año sesenta?*

—Porque es dificilísimo.

—*¿Qué afinidades y discrepancias existen entre Berlanga y usted, vital y culturalmente?*

—Yo creo que, excepto en nuestra afición a pasarnos las horas hablando, no coincidimos en casi nada.

—*¿Cómo se refleja esto en el trabajo diario?*

—Está claro: en el tiempo que nos lleva escribir un guión.

—*Berlanga nos dijo que usted le ha ayudado mucho a que la historia de un guión avance con cierta linealidad, ya que él tiene una inclinación natural a la dispersión. ¿Qué importancia le da a la trama ya que una historia avance?*

—A mí lo que me importa es que las tramas, enrevesadas o no, modifiquen a los personajes, de manera que éstos no sean lo mismo al principio que al final.

—*¿Cómo se explica el guión de* Tamaño natural, *una obra tan anticoral? Nos parece un mundo mucho más azconiano que berlanguiano.*

—¿Por qué?

—*De hecho, usted ya había propuesto las muñecas hinchables como coprotagonistas en el episodio de* Marcia Nuziale *de Ferreri. También en* El anacoreta, *los monólogos y la soledad del personaje se repiten.*

—Bueno, pero *El anacoreta* tampoco es un filme anticoral; en la gruta del protagonista —en su cuarto de baño— entra un montón de gente.

—*Nos parece que en* El verdugo *existen algunos de los mejores toques de humor que hemos visto en nuestra vida: la recogida de la iglesia después de la boda de los ricos para dejarla desnuda en la boda de los pobres, la secuencia en las cuevas de Mallorca cuando llaman a José Luis por el megáfono para que vaya a ejecutar al reo. ¿Cree que un* gag *puede cobrar más fuerza en una película en la que hay un argumento algo trágico? ¿Funcionarían igual éstos en una comedia declarada?*

—Supongo que lo que importa es que los *gags* no sean gratuitos.

—*Creemos que* La Boutique *es una idea genial y un guión excelente. ¿Qué opinión tiene de esa película?*

—Fue un error rodarla en Argentina.

—*De quién surgen las ideas argumentales en los guiones con Berlanga? ¿Podríamos reconocer en los guiones ideas típicamente suyas y típicamente de Berlanga?*

—Eso de que las ideas surjan perfiladas y «argumentales» no suele suceder a menudo. Y cuando sucede, cuanto más ingeniosas y brillantes parecen, más estériles resultan. En general, los argumentos se arman a fuerza de hablar durante horas y horas de cualquier cosa. Excepto del argumento, claro está.

—*¿En qué se parecen y en qué se diferencian los personajes que interpreta Isbert en* El cochecito *y en* El verdugo?

—En Ferreri y en Berlanga.

—*Además de las lógicas diferencias del medio, ¿qué diferencia existe entre* El pisito *novela y* El pisito *película de Ferreri?*

—A mí me gusta más la película.

—*Desde que usted empieza a colaborar con Berlanga, éste realiza* Plácido, La muerte y el leñador, El verdugo, La Boutique, ¡Vivan los novios! *En todas estas películas aparece el tema de la muerte como algo importante, mientras que en Berlanga no había aparecido prácticamente. ¿Cómo se explica eso?*

—Sencillamente: Berlanga, en ese punto de su cine, decide ocuparse de esa hija de puta.

—*Tanto* Plácido *como* El verdugo *tratan, en parte, de un hombre angustiado frente a las instituciones burocráticas. Terminan perdiendo la libertad, como en* El proceso *o en* El castillo *de Kafka, ¿no?*

—Nada me gustaría más que adaptar al cine *El castillo* o *América*.

—Entonces, ¿es usted partidario de las adaptaciones?

—¿Y por qué no? Quienes realmente saben crear caracteres y urdir historias son los escritores.

—Usted empezó como poeta, novelista y humorista en La codorniz *¿cómo y por qué se pasó a escribir guiones de cine?*

—Una mañana en los años cincuenta un italiano llamado Marco Ferreri me telefoneó a *La Codorniz* para decirme que su compañía quería comprarme los derechos de *Los muertos no se tocan, nene.* Como yo de cine no tenía más referencias que las de consumidor ocasional, porque nunca he sido un cinéfilo ni mucho menos un cinéfago, le pregunté a mi amigo Enrique Herreros —que de cine lo sabía casi todo— cuánto dinero le podía yo sacar a la cosa. Herreros me informo: «Nada, tú vete a verlo y no te preocupes, porque será un señor que te dirá: "Mira yo soy el productor pero no tengo un céntimo"». Y así fue exactamente. Pero Marco me conquistó, y yo, en lugar de volverme al Café Comercial a tomar agua, le propuse algo que me pareció absolutamente lógico: «Y si no tienes dinero para ser productor, ¿por qué no te haces director, y así a lo mejor nos pagan a los dos?».

—Los guionistas tienen en el cine un papel tan importante como poco reconocido y en algunos casos son tan autores como el director, ¿no le parece? ¿Hasta qué punto se considera usted autor de las películas de Berlanga?

—Yo lo único que reivindico es la parte de autoría que me corresponda de los guiones que he firmado.

—¿Le ha decepcionado cómo han realizado algunos de sus guiones?

—Las palabras son una cosa, las imágenes otra.

—*¿En algún caso un director ha mejorado su trabajo?*

—Repito la respuesta anterior.

—*Algunos guionistas como Wilder, hartos de ver sus guiones malogrados en la pantalla, se han convertido en directores. ¿Ha pensado alguna vez en dirigir una película?*

—Ni por lo más remoto.

—*¿Cuál ha sido la influencia del neorrealismo italiano en usted y en Berlanga?*

—El neorrealismo y sus secuelas han dejado su marca hasta en el cine americano.

—*Fernando Trueba nos dijo que usted ha visto mucho cine. Díganos diez películas de cine que se le vengan ahora mismo a la cabeza.*

—Fernando Trueba exagera. La verdad es que las circunstancias me han obligado a ver, como «profesional», el cine que no habría visto como «aficionado». Pues bien; a la isla desierta yo me llevaría todo Chaplin, algo de Keaton, mucho de los Marx, casi todo Totó. Y, para redondear lo que he visto de W. C. Fields. Por cierto, conozco a Fields gracias a Trueba, que me trajo sus vídeos de Londres.

—*¿Cree que el cine de Berlanga, de Ferreri y de Saura podría representar distintas formas de su personalidad o se identifica con ellos en forma desigual?*

—No me identifico con ninguno de los tres.

—*¿Prefiere escribir los guiones con los directores o le gusta escribirlos en solitario?*

—Lo tentador es escribirlos a solas; lo sensato hacerlo con los directores.

—*¿Cree que los guiones, por su naturaleza, deben ser compartidos?*

—Lo único que se opone a la multicolaboración es que el guión le sale más caro al productor.

—*¿Qué interés ha tenido usted por el surrealismo?*

—Me interesó siempre más el de los pintores que el de los escritores.

—*¿En qué forma ha estado tentado en aproximarse a esos territorios?*

—Bueno, probé lo de la escritura automática, que parece tan cómoda. Pero desistí en seguida, como casi todo el mundo...

—*¿Comparte con Berlanga su afición al erotismo y a la pornografía?*

—En esto del sexo me sucede lo que en la cocina, me gusta la pornografía sana y suculenta, por ejemplo la de Picasso; el erotismo, en cambio, me recuerda a la *nouvelle cuisine,* que es una cosa así como demasiado literaria.

—*¿Qué guión prefiere de cuantos ha escrito con Berlanga?*

—Quizá porque no se hizo —lo prohibió la censura— uno para un episodio de un filme titulado *Los viudos.*

—*Hablando de la censura: al escribir los guiones, ¿la tenían en cuenta o daban rienda suelta a su imaginación esperando que el censor fuese benevolente?*

—¿Benevolente, un censor? El censor se justifica únicamente por su malevolencia; apenas se permita la menor debilidad a la hora de prohibir, es cesado y se llama a otro.

—*El verdugo fue calificada de película antifranquista y hasta comunista, ¿existía una intencionalidad política al escribir el guión?*

—Bueno, en aquellos tiempos, todo lo que no fuera ir por el imperio hacia Dios resultaba subversivo.

—*Las historias y personajes creados por usted y Berlanga sugieren que el hombre, en realidad, carece de libertad, que es una víctima de las circunstancias y de sí mismo. Como dice el propio Berlanga: «Mis películas tratan de hombres devorados por tos grupos sociales».*

—Bueno, no nos pongamos solemnes; digamos que lo que al hombre le complica la vida es decir «Sí».

—*¿Qué opinión le merece la comedia americana? ¿Qué autores de comedia americana le interesan?*

—Otra vez los géneros... Billy Wilder y Woody Allen, pero seguro que mañana se me ocurrirán algunos nombres más.

—*¿Y la comedia italiana? ¿En qué se diferencia con la comedia americana?*

—Todo lo que se me ocurre decir es que Alberto Sordi no es Cary Grant.

—*Se dice que el humor negro es muy español y muy azconiano...*

—Pongo en duda lo primero y niego lo segundo.

—*Pero, según usted, ¿en qué cree que consiste el humor negro?*

—Habría que preguntárselo a un francés que son los que entienden de estas cosas...

—*¿Qué comparten el cine de Buñuel, Fellini y Berlanga?*

—No lo sé. Pero... En fin, quizá el respeto por la miserabilidad del hombre.

—*Berlanga nos ha contado que han pensado alguna vez en hacer una historia sobre la propia vida de Berlanga. ¿Nos podría contar un poco la idea y qué posibilidades le ve?*

—Muy escasas. En el momento de la verdad, Berlanga, pudoroso o sincero, dice que nunca le ha pasado nada.

-8-

Juan Antonio Bardem

—Berlanga nos ha contado que al llegar a la Escuela de cine, usted y él destacaban por el hecho de que habían visto más cine y leído más sobre cine que los demás. ¿Qué películas y directores les atraían en ese momento?

—Siempre recuerdo que cuando llegué a la Escuela de cine, yo pensé que íbamos a ser cuatro o cinco estudiantes los aspirantes a entrar. Pero resulta que me encontré con casi doscientos jóvenes que querían dedicarse a esto del cine. Desde el primer día, había un joven muy delgado, con sombrero y un bigotillo bastante ridículo que me llamó mucho la atención. Era un valenciano que se llamaba Luis García Berlanga Martí con el que rápidamente, en un bar, comenzamos a hablar de cine sin parar, tanteando, rivalizando e intentando demostrar que el uno sabía más que el otro. El cine que nos gustaba era el buen cine americano, ruso y francés. *El delator* de John Ford, por ejemplo, me impresionó mucho. *Sucedió una noche* de Frank Capra también era un tipo de comedia modélica en muchos sentidos. No sé, nos gustaba el buen cine que supongo nos sigue gustando ahora.

—Quizá recuerde mejor las películas que influyeron en el primer guión que escriben usted y Berlanga juntos en Esa pareja feliz.

—Sí, las películas clave de *Esa pareja feliz* las tengo muy claras. Nace de *Navidades en julio* de Preston Sturges; *Antoine et*

Antoinette (Se escapó la suerte) de Jacques Becker; *Soledad* de Paul Fejos *y De hoy en adelante (Own words)* de John Berry. Es una influencia muy explícita ya que si ustedes recuerdan nuestra película, el concurso está en *Navidades en julio,* la pareja de trabajadores en *Antoine et Antoinette.* Era un tipo de cine que se hacía en los años treinta sobre todo en Europa, en el que aparecían con frecuencia los problemas de los trabajadores. Hoy en día, por el contrario, casi todas las películas, no sé por qué motivo, sólo tienen que ver o con los marginados o con las clases medias o la burguesía, pero no con los trabajadores que tienen apuros económicos.

—*Se ha dicho mucho que* Esa pareja feliz *tiene elementos neorrealistas.*

—Puede ser, pero no de una forma consciente puesto que el neorrealismo italiano no lo conocíamos entonces. Sin embargo, un realismo más genérico sí pudo influirnos a través de las películas de Carné y Prévert.

—*¿Cree que existe un neorrealismo español?*

—Se suele poner el ejemplo de *Surcos* de Nieves Conde. Sin embargo, a mí me parece que *Día tras día* es el caso más claro. Desde que conocimos personalmente a Cesare Zavattini en la semana de cine italiano que se organizó en el año 1950, yo me di cuenta que ese tipo de películas no se podía hacer aquí por el problema de la censura.

—*Habían escrito algún guión Berlanga y usted antes de* Esa pareja feliz?

—Sí, algunos. Habíamos escrito un guión que nos encargó nuestro profesor Carlos Serrano de Osma. Era una película que comenzó a rodarse y no llegó a terminarse porque se nos acabó el dinero. Se llamaba *Cerco de ira* y la firmábamos

Berlanga y yo junto con Florentino Soria y Agustín Navarro. Era un guión que tenía que ver con Ibiza. Luego escribimos otro que se llamaba *La huida* y que estuvimos a punto de rodar. No mucho después llegó *Esa pareja feliz* que inicialmente iba a ser mucho más dramática de lo que luego llegó a ser, entre otras cosas porque la productora, Altamira, decidió producir antes *Día tras día* de Antonio del Amo, un director más seguro que nosotros. Ello nos obligó a tener el guión en las manos durante un año, lo que, tal vez por aburrimiento, hizo que lo fuéramos transformando en una especie de comedia. A mí personalmente me gustaba más la primera versión. Esa sí que hubiera podido estar verdaderamente próxima al modelo neorrealista. Era muy triste. Se les moría un hijo a la pareja protagonista y tenían muchos más problemas.

—*¿En qué medida* Esa pareja feliz *pretende ser una crítica al cine franquista de la época?*

—Desde la primera escena hay una voluntad clara de meterse con el cine que se hacía en España. Era el cine de cartón piedra que hacía Cifesa.

—*¿Militaba usted entonces en el Partido comunista?*

—Sí, yo milito en el Partido comunista desde el año 1943.

—*Parece que a Berlanga nunca consiguió convencerle de sus ideas, a pesar de que dice él que llegó a utilizar una pizarra para intentar adoctrinarle en el materialismo dialéctico...*

—Fue imposible, lo intentamos con un camarada llamado Cirilo Benítez Ayala, que luego se hizo muy amigo de Luis. Yo daba en aquel momento clases particulares de matemáticas en mi casa y tenía una pizarra. Pero fuimos incapaces de convencerle absolutamente de nada de lo que le contábamos. Políticamente, siempre lo digo, Luis debería pertenecer a un partido llamado Partido Burgués Anarquista Independiente. A ese partido también debería haber pertenecido Luis Buñuel.

—*¿Qué recepción tuvo* Esa pareja feliz?

—Antes del estreno hicimos un pase privado que tuvo mucho éxito. Era el 12 de octubre de 1951 en el cine Pompeya de Madrid. Salimos tan entusiasmados que lo repetimos a la mañana siguiente con más éxito todavía. Pero luego vino el tío Paco con las rebajas, y el tío Paco era la censura de don Francisco Franco, que la calificó muy bajo. Su Junta de Calificación y Censura le dio una nota de *segunda b*, con lo que la película pasaba a tener una distribución comercial muy difícil. Pero ese éxito que la película tuvo en pequeños circuitos, sirvió para que a través de Ricardo Muñoz Suay, la película la vieran unos productores, Francisco Canet entre ellos, que se interesaron en nosotros.

—*¿Es entonces cuando os encargaron el guión de* ¡Bienvenido, Mr. Marshall?

—Sí, nos contrataron para hacer un guión y Luis Berlanga y yo les presentamos dos sinopsis. Una era dramática y otra cómica. La cómica era *¡Bienvenido, Mr. Marshall* Ya en esa breve historia de cinco páginas se contenía casi toda la película. Siempre he dicho que pocas veces a lo largo de mi carrera he tenido La sensación de estar dando tanto en la diana como con aquellas cinco páginas de *Bienvenido*. Era el mes de octubre y Luis y yo nos pusimos a trabajar hasta terminar el guión en tan sólo tres o cuatro meses. Entramos en esa productora y nos pagaron por el guión cincuenta mil pesetas, veinticinco para cada uno. Empezamos a preparar el rodaje y a decidir las localizaciones con gran entusiasmo. Pero llegó el mes de mayo y los productores no reunían el dinero necesario para hacer la película.

—A pesar de que luego la película la dirigirá Berlanga, en ese momento, está claro que la pensaban codirigir los dos. ¿Por qué deja usted esa dirección?

—Yo, viendo que nunca había dinero para hacer la película, decidí vender mis pocas acciones de Uninci para terminar con aquella dilación infinita y porque mi economía era entonces muy precaria. Esto les sentó muy mal a todos. Poco después, se consiguió el dinero y decidieron que el que la iba a dirigir en solitario era Luis. Me dijeron que yo era el coautor del guión que ya me habían pagado pero que eso no me daba derecho a dirigir. Mi error fue el no haber firmado un contrato en el que, como habíamos acordado Luis y yo, la dirección era de los dos. Yo me sentía muy mal porque era como una amputación. Me humillé, les pedí muchas veces perdón, pero no me hicieron caso. Reuní a todos los compañeros que yo conocía en el mundo del cine pero no se solidarizaron conmigo.

—¿Y cuál era la posición de Luis en todo el asunto?

—Ni Luis ni Ricardo Muñoz Suay se solidarizaron en serio. Luis decía que si no la dirigía él, elegirían a otro director y que perderíamos los dos el proyecto. Ricardo adujo extrañas razones políticas; que era muy importante para el Partido comunista no perder eso y otras que ni siquiera recuerdo. A mí me jodió muchísimo porque yo tenía la película tanto o más clara que Luis. Luego la película fue un éxito y la seleccionaron para ir al Festival de Cannes. Conseguí que me invitaran a ir, pero nunca me he sentido peor en mi vida. La gran estrella, la única, era Luis y yo no pintaba nada. Recuerdo que cogí el tren en Madrid con Lolita Sevilla, que es la folclórica que canta en *Bienvenido* y que ella se fue a un vagón de primera yo tuve que instalarme en uno de tercera.

Para un joven como yo en ese momento, que se consideraba autor de la película al menos en un cincuenta por ciento, ir a Cannes en este plan fue una verdadera humillación...

—*¿Cómo cree que hubiera sido la película codirigida por ustedes dos? Berlanga cree que hubiera sido más pensada estéticamente en la planificación, en los encuadres...*

—No sé, eso es muy difícil decirlo...

—*¿Hubiera sido menos comedia de lo que es?*

—No necesariamente, no sé... A mí me gusta el resultado, creo que la película funciona perfectamente. Ahora ya no me la puedo imaginar de otra forma.

—*¿Condicionó su amistad con Luis el hecho de que no se solidarizara con usted suficientemente?*

—No, pero quedó una herida muy grande, sobre todo porque yo me daba perfecta cuenta que aquel tren que yo había perdido era muy importante. Aunque al poco tiempo volvimos a trabajar juntos cuando Benito Perojo nos contrató para hacer una adaptación de *Bohemios*. Siempre hemos sido amigos porque Luis es una gran persona. Luego, también, le ayudé a escribir el guión de *Novio a la vista*.

—*Según Berlanga, en* Bienvenido *no hay una intencionalidad antiamericana o política. ¿Qué cree usted al respecto?*

—No estoy de acuerdo en absoluto. Al menos por mi parte la película es completamente antiyanqui. Todo desde el principio pretende ser explícitamente antiamericano. No me quiero atribuir la idea de la película, pero lo que sí recuerdo claramente es que la primera idea original partía de un motivo relacionado con la Coca-Cola. Luis y yo habíamos participado en un premio de poesía, el premio Adonais, y yo había escrito un verso sobre la Coca-Cola porque en la revista *Time* decían que se bebían en el mundo ocho millones de litros de Coca-Cola al día. Imaginaos la imagen que eso produce; ¡un río o un lago de Coca-Cola! Yo recuerdo que ese artículo de la revista *Time* me sugirió la idea de un pueblecito (siempre pensé que sería un pueblecito del sur de Francia) cuyos habitantes se levantan una mañana y descubren en la plaza central una inmensa botella de Coca-Cola porque los americanos quieren construir una fábrica de envasar botellas. Esa ironía antiamericana estaba en el guión desde el principio. Incluso hay alguna escena, que no se rodó, que se cachondeaba del gigantismo americano, como la de la maestra que soñaba que iba andando por un prado y venían corriendo unos jugadores de fútbol americano, con sus cascos y hombreras aparatosas y se la tiraban...

—*Uno de los entrevistados en este libro, el historiador José Enrique Monterde, dice que usted, en sus películas como* Muerte de un ciclista, Calle Mayor *o* La venganza, *plantea problemas morales al no poder, por lógico miedo a la censura, plantearlos políticos.*

—Sí, eso es evidente. Si yo no hubiese sido listo (y no lo fui yo sino una amiga mía), si yo no mato a los protagonistas de *Muerte de un ciclista,* la película no hubiese pasado nunca la puerta de la censura. La censura y su aliada la Iglesia católica apostólica y romana, que tenía derecho de veto, no creía en la justicia divina, es decir, no creía que a los malos los castigaría Dios después. Había que castigarlos antes, a ser posible por la guardia civil. El final lógico de la película sería que la protagonista, María José, se fuera con su marido y el profesor, Closas —que es un personaje tolstoiano inspirado en el de la novela *Resurrección*—, pagase las culpas de ambos al igual que hace el protagonista de la obra de Tolstoi quien se va a Siberia a purgar las culpas de todos. Si ese adulterio no estaba castigado en el final, la censura se hubiera encargado de castigarme a mí. A pesar de eso, *Muerte de un ciclista* estuvo prohibida durante algún mes, no por su posible carga política, sino por el mero hecho del adulterio. La censura española era como un búnker aislado de la realidad social y el concepto «adulterio» estaba catalogado como prohibido. Luego, cuando la película fue a Cannes, que tuvo un éxito fabuloso y arrebatador, todavía se mosquearon más y le llegaron a dar mucha más importancia política a las revueltas que los estudiantes organizan para solidarizarse contra la injusticia del profesor.

—*En* Muerte de un ciclista *hay una trama casi de suspense que recuerda más al cine americano que, por ejemplo, al neorrealismo italiano o a un cine más europeo.*

—Sí, porque a pesar de lo que digan, el neorrealismo italiano de un Zavattini, por ejemplo, se empeña en desespectacularizarla realidad, en mostrarla realidad cotidiana más simple sin ese aspecto espectacular que a mí me parece que tiene que contener el cine. Yo empecé en esto del cine con los modelos americanos y creo que mis películas, a pesar de la tesis social que suelen contener, no están influidas por el neorrealismo. Incluso en mis ideas políticas, he estado más influido por revistas americanas como *New Republic* que por los marxismos que surgen en Europa.

—*Si consideramos que* Esa pareja feliz *y* ¡Bienvenido, Mr. Marshall! *son películas cómicas o en las que el humor tiene mucha importancia, resulta algo sorprendente que Berlanga siga luego mucho más en la comedia que usted. Sobre todo porque algunas de sus películas más importantes como* Muerte de un ciclista, Calle Mayor *o* La venganza *no tienen en absoluto un planteamiento humorístico.*

—Es verdad que lo que me tiraba no era el humor, el hacer películas para reír me parecía entonces algo facilón. Yo tenía una visión del mundo demasiado triste como para hacer comedias. Es curioso que es precisamente en 1976, cuando llega la libertad, cuando dirijo *El puente*, que sí se puede considerar una comedia. Sin embargo, por encima de la coyuntura política, Luis y yo somos muy diferentes. Yo tengo una visión más nostálgica, existencial y dramática, mientras que la estética de Luis se mueve más en torno a la ironía del sarcasmo y la picaresca. Por otra parte, yo estoy adscrito a la filosofía del marxismo, mientras que Luis no pertenece ni asume ningún sistema coherente para ver el mundo.

—¿Quiere decir que usted se plantea los guiones o las películas dentro de unos presupuestos marxistas?

—Sí. Bueno, no de una forma directa, pero el planteamiento desde el comunismo fluye de forma natural cuando pienso en una historia o en unos personajes. Yo no soy comunista de cinco a siete, yo lo soy todo el día. Veo los argumentos fijándome especialmente en las condiciones sociales.

—¿Se produjo algún contraste o discrepancia, en este sentido, cuando usted trabajó con Berlanga?

—Pocas veces de una forma conflictiva, pero sí que había contrastes en la forma de abordar los personajes. Yo siempre recuerdo que en el guión de *Esa pareja feliz* o en el de *Bienvenido* siempre le preguntaba a Luis: «Pero este personaje, ¿cuánto dinero crees que gana? ¿Qué tipo de casa crees que tiene?». Y eso, que a camaradas como Muñoz Suay o Cirilo Benítez Ayala nos parecía fundamental, a Luis le daba igual o le era indiferente para el argumento del guión.

—Por cierto, es conocido entre los profesionales del cine su enfado con Muñoz Suay, que dura varias décadas sin que ustedes se dirijan la palabra. ¿Por qué se distanciaron de una forma tan definitiva?

—Estamos distanciados desde el año 1962 y fue básicamente por un problema que surgió a raíz de *Viridiana*. Uninci, que había producido la película de Buñuel, entró en crisis al no poder explotarla; la censura española no es que la prohibiera, sino que la borró de la lista de los vivos, como si no hubiese existido. Se le sugirió a Muñoz Suay una rebaja en su sueldo, puesto que no había dinero para mantener la productora, pero él no quiso y decidió abandonar Uninci previa devolución del importe de sus acciones. Uninci estaba prácticamente en quiebra y no podía pagar, pero el abogado de Ricardo, Gonzalo Castellón y Díaz Trevijano, nos hizo chantaje y amenazó con difundir información sobre el Partido si no le pagábamos. El Partido decidió hacer frente a la deuda por la cuenta que le traía. Este acontecimiento enfrió nuestra relación y así se ha quedado. Realmente no hubo discrepancias ideológicas ni nada parecido. Eso vino después.

—¿Cree usted que el cine, como arte democrático por excelencia, debe cumplir una función didáctica y concienciadora?

—Sí, estoy de acuerdo con Bertolt Brecht en que la obra de arte debe ser también una obra didáctica que cumpla una función social. Pero Luis es muy disperso, incluso sus películas son muy dispersas.

—¿Por qué?

—Toda esa idea de que Luis, mediante su concepción coral de los actores ha creado una forma de dirigir y de planificar propia a mí me parece más un demérito que un mérito. Por esto me gusta mucho más, a pesar de que políticamente frivoliza la pena de muerte, *El verdugo* que *Plácido*. En *El verdugo* las relaciones humanas son más profundas porque los personajes están mucho más perfilados. Creo que los personajes en la dispersión de *Plácido* pierden densidad, y si no hay unos personajes claros no hay historia intensa. El griterío y la dispersión se comen a los personajes. Por eso *El verdugo* es muy superior a *Plácido*.

—Pero el desorden de Plácido *es un desorden muy controlado y coherente con su peculiar concepción del plano secuencia.*

—Es otra cosa con la que no estoy de acuerdo. Lo que hace Luis no se puede llamar plano secuencia. El plano secuencia es el plano que sustituye el montaje mediante un movimiento de cámara que encuadra distintos objetos o imágenes en los que tiene sentido detenerse: un teléfono, unos guantes, un puñal, una mano. Pero Luis no hace eso. Lo que él hace es meter a muchos actores en el plano. Eso no se puede considerar plano secuencia.

—Por último, ¿cómo es Luis Berlanga humanamente?

—Yo creo, y puedo equivocarme, que Luis está siguiendo la imagen que han creado sobre él. Es un campesino receloso, creo que no se fía de nadie, ni de su sombra. Es también un fanfarrón negativo, es decir, farda de hacer las cosas fatal. Pero sobre todo tengo la sensación de que se ha creído su imagen pública, supongo que a todos nos pasa un poco...

-9-

Pedro Beltrán

—*Tú has escrito guiones con Berlanga y has asistido a algunos de sus rodajes. ¿Qué piensas cuando dice que suele dejar mucha iniciativa a los actores y que los dirige poco; esto es, que rueda como él dice que tú dices, «en estado de tonto angélico».*

—Luis Berlanga, cuando rueda, entra en trance, en estado angélico; pero es un ángel que no pierde ripio de lo que pasa. Lo que no le gusta es la dirección de actores uno a uno, y, de hecho, muy rara vez hace primeros planos o planos medios, o, como él los llama, «planos claves». En el plató, Berlanga permite que los actores, a su aire, se vayan colocando y ensayando, y sólo cuando ve que ya están más o menos ambientados, procede a modularlos. En este sentido, se puede decir que realiza su trabajo partiendo de la creación espontánea de los actores.

—*Berlanga dice con frecuencia que siente mucha inseguridad cuando dirige.*

—Sí, es muy dubitativo, pero, cuando está seguro de una cosa, practica el cazurrismo. Por ejemplo, cuando ve pruebas de rodaje siempre pide opiniones. Berlanga es muy receptivo a las sugerencias, y, si le gustan, las adopta inmediatamente. Casi siempre pregunta a los actores si se les ocurre alguna cosa, lo cual, quizá, es una forma sutil de meterlos en la película y hacerles participar. Es muy flexible con el guión, y en el doblaje altera totalmente los diálogos. Para él, rodaje, montaje y doblaje son casi como películas diferentes. Aquello que decía René Clair, «ya tengo hecha la película, sólo me falta rodarla», no funciona con Berlanga.

—*¿Tú crees que Berlanga, cuando escribe un guión, visualiza las escenas?*

—El guión hay que escribirlo como si contaras una película que ya has visto. Berlanga es una persona de gran imaginación, memoria y astucia; esto, en su forma de hacer cine, se manifiesta de un modo, por así decir, más «visual» que «literario».

—*Berlanga siempre presume de que no tiene memoria.*

—Falso. A Luis Berlanga le ocurre algo que a algunos les puede parecer muy gracioso: al ser un hombre de inteligencia superior, tiende a contarte, de antemano, sus propios defectos y, al exagerarlos, obtiene un doble resultado: nadie se los puede reprochar y, además, te gana para su causa.

—*¿El cine de Berlanga puede sujetarse a algún tipo de clasificación?*

—En su filmografía es posible distinguir dos épocas definidas. En primer lugar, encontramos lo que se podría llamar la «comedia-comedia» y, sólo más tarde, en *Plácido*, hallamos el humor negro de un Berlanga ya más áspero y que entronca con el esperpento y la acritud de un Goya o un Valle Inclán. Pero, en su primera época, *Los jueves, milagro* es una obra que también enlaza con la picaresca y con un tipo de tradición muy española.

—*¿Esta combinación de personajes entrañables y terribles es una constante en Berlanga?*

—Generalmente, un autor, por muy despreciables que sean los personajes que crea, tiende siempre a quererlos y, por tanto, a perdonarlos. En *El verdugo*, por ejemplo, el personaje que interpreta Isbert es, a un tiempo, desagradable, tierno y entrañable; y esto no sólo se debe atribuir al diseño del personaje sino también a que lo encarna Isbert.

—*Entonces ¿crees que esa ternura que despierta el personaje no se hubiera producido sin Isbert?*

—Contestaré con un ejemplo. Al final de *El verdugo*, Manfredi llega al barco después de haber realizado su primera ejecución y le dice a Isbert: «No lo haré más». Isbert, con su nieto en brazos, responde: «Eso mismo dije yo la primera vez». Esta frase terrible, desagradable, parece suavizada por los labios de Isbert. El verdugo joven vive el pasado del verdugo viejo. El verdugo viejo es, en realidad, el futuro del verdugo joven. El espectador se queda fascinado y aterrorizado con esa paradoja. Un final genial para una película genial.

—*¿Cómo un personaje tan entrañable puede matar?*

—Porque matar es su oficio. A la profesión de verdugo llegan personas que se sienten arrinconadas en una sociedad que las obliga a integrarse y profesionalizarse en detrimento de sus sensibilidades. Esto aparece claramente en una escena en la que Isbert instruye a José Luis en el manejo de las palometas del garrote, prescindiendo de su nerviosismo ante la primera ejecución. Para él, matar es un oficio disociado de la muerte, de la sensibilidad de matar.

—*¿Cómo entiendes la expresión «la raza degenera», que Amadeo (Isbert) utiliza para referirse a ajusticiados anteriores cuando (José Luis) Manfredi y su compañero recogen al verdugo en la cárcel, al comienzo de la película?*

—Sí, y les explica la historia de su reloj, regalo de un preso con agallas que le dijo: «Tome usted, maestro, y perdone por haberle despertado tan temprano». Ese reo ha comprendido que el pobre verdugo no tenía la culpa de su muerte. Que incluso le tenía que pedir perdón a pesar de matarle. La expresión «la raza degenera» expresa la admiración de Amadeo por la entereza —hoy inexistente— demostrada por aquel condenado y otros tan valientes como él...

—*El verdugo ha asumido perfectamente su papel, no parece tener complejos, ni sentimiento de culpabilidad.*

—Es normal, es un proceso común a todas las acciones innobles; con el tiempo, la sociedad te admite pero la sensibilidad se embota. Isbert explica perfectamente su postura: «Si existe la pena alguien tiene que aplicarla». ¿Puede un funcionario avergonzarse de su trabajo?

—*Pero se produce un rechazo y una aceptación social al mismo tiempo: es la sociedad la que le ha puesto ahí y es ella misma la que le rechaza al no quererse casar nadie con su hija.*

—Cuando Martín Patino estrenó *Queridísimos verdugos* fui a verla con Berlanga. Nos asombró que aquellos verdugos dijesen lo mismo que decía Isbert. La escena, por ejemplo, en la que el verdugo de Madrid (Antonio, bajito y muy ancho) explica a los demás cómo actúa el garrote vil en la garganta del reo y cómo rompe el hueso, es casi paralela a otra de la película de Berlanga. En esta misma línea, otro de los verdugos de *Queridísimos verdugos* explica que va a solicitar la plaza de verdugo para su hijo. Otro dice que él no es verdugo, tan sólo ejecutor de sentencias. Cuando al verdugo de Granada, el que escribe versos, le preguntan por qué ejecuta, contesta: «Porque lo permite Dios». Esto es terrible. La perfección del verdugo imaginado por Berlanga y Azcona, resultado de un talento y una intuición portentosos, es también admirablemente realista.

—*En* El verdugo, *la víctima principal es el propio verdugo. José Luis es el verdadero ejecutado.*

—*El verdugo* está en la línea de una idea de Unamuno: es más inmoral la pena de muerte por el verdugo que por el reo. Crear un cuerpo de asesinos a sueldo oficial, amparado por el Estado y la justicia es peor que asesinar. En esta película, quizás por primera vez, se presenta al verdugo como víctima. Se suelen emplear dos tipos de argumentos para criticar la pena de muerte; primero, apelando a la piedad para salvar al reo, y, segundo, evocando el posible error de la justicia. En *El verdugo* la crítica es directa; el propio verdugo es una víctima de la sociedad. El ostracismo que sufren aquellos que desempeñan trabajos despreciados por la sociedad conduce a la hija del verdugo al noviazgo con José Luis, empleado de la funeraria. En *El verdugo* aparece esa contraposición de la que hablábamos en la pregunta anterior: por un lado, el verdugo es un instrumento que, frente a la ejecución se comporta con asepsia, pero que, por otro, es una buena persona preocupada por su familia.

—*Desde la perspectiva católica, ¿cómo crees que se ve la pena de muerte?*

—Históricamente, la Iglesia ha justificado la existencia de la pena de muerte, y, al hacerlo, ha proporcionado al verdugo una cierta legitimidad. Tanto es así, que, y esto parece mentira, hace tan sólo veinte años todavía existía la pena de muerte en el Vaticano. Tal vez por esto no fue tan dura la censura con la película de Luis. La Iglesia se basa en el Evangelio para justificar la pena de muerte: si un brazo va a dañar tu vida arráncate el brazo y tíralo. La creencia en una vida posterior les ha llevado a pensar que es bueno ejecutar por el bien de la sociedad. Si además, consiguen que el condenado se confiese y comulgue, pues un alma más que han conseguido para el cielo. Aunque matar es un pecado mortal, creo que la Iglesia ha introducido una especie de confusa eximente en torno a la idea de causa justa.

—*Al inicio de la película, apareces tú, haciendo de un guardia que desayuna. Desde que vemos el «plano de las sopas de leche» todo perturba el desayuno: un grupo de personas que salen de la ejecución, la llegada de los empleados de la funeraria, el féretro, etc.*

—Me agobian. Al lado del tazón, el verdugo coloca los hierros de la ejecución no muy lejos del paso del ataúd. Ese hombre sabe que hay una ejecución e intenta desayunar.

—*Tú eras en esa película ayudante de dirección con Muñoz Suay. ¿Qué recuerdas del rodaje?*

—Y también con Félix Fernández. Berlanga decía en esa época que yo era el «ayudante de lujo», y esto lo decía porque yo hacía cosas por los fondos y él, a veces, me consultaba. Por cierto, se me ocurrió una cosa pero no se rodó: en la escena en que José Luis López Vázquez (haciendo de sastre) le prueba a Manfredi una sotana, yo pretendía colgar una serie de barrigas postizas, cada una de ellas con el nombre de un obispo. Serían las medidas de sus trajes eclesiales. Los rodajes de Berlanga son siempre peculiares. No he trabajado recientemente con él, pero recuerdo que creaba un verdadero circo donde la diversión era permanente. Recuerdo el rodaje de *Calabuch* como una de las épocas más divertidas de mi vida. Llovió mucho y estuvimos tres meses sin poder rodar. Se creó un clima de amistad muy entrañable. Félix Fernández y yo nos dedicábamos, para distraernos, a pensar en nuestras posibles encarnaciones anteriores. Así descubrimos que Berlanga se había encarnado en un tonto en Ávila, que además se llamaba Plácido y que murió de un garrotazo que le dio Foro el del Agua, otro mendigo del lugar. Por eso la película se llamará después *Plácido*. También descubrimos que el productor de *Calabuch*, Jesús Sáinz, vivió de liebre en Dos Hermanas.

—Así que Berlanga conserva su habitual sentido del humor en los rodajes.

—Sí, incluso yo diría que en las películas sólo se refleja una pequeña parte del humor que él genera durante los rodajes. Algunas veces he llegado a sentir una cierta decepción al ver que la película no contenía en su totalidad el talento que Luis había derrochado en el rodaje improvisando chistes y contando ocurrencias.

—¿En qué medida el esperpento puede ser cómico?

—Yo creo que la comedia es más dulce. La comedia es la realidad tratada de una forma amable y risueña. Valle Inclán decía que el esperpento era la realidad vista en los espejos deformantes del «callejón del gato». Luis Berlanga ha llegado a decir que el esperpento es lo grotesco a la española. Yo, una vez, dije, y esto a Berlanga le gustó, que el humor negro es como poner la cáscara de plátano para que se caiga aquello que nos produce miedo, es decir, la muerte, el Estado, la madre. Cuando decimos que un velatorio es divertido, nos reímos de la muerte pero no del muerto. Quiero decir que las situaciones dramáticas llevadas al límite pueden convertirse en situaciones cómicas. Eso es el humor negro. Defenderse del miedo riéndose de él.

—¿Qué dirías de Rafael Azcona, un hombre que comparte tu oficio de guionista?

—Me parece un ser de un talento extraordinario; muy inteligente y buena persona, además de generoso y muy amigo de sus amigos. Pero lo más curioso, a mi juicio, es su separación del mundo. Aunque no le gustaba nada al principio, él ya ha asumido su condición de guionista. Lo cual no le impide decir que agradece al cine el haberle evitado ser un mal escritor. Yo no estoy de acuerdo ya que creo que es un buen escritor. Por lo demás, Rafael quiso ser torero como yo.

—Los periodistas lo consideran muy inaccesible.

—Yo creo que a Rafael lo que le pasa es que no le gusta su oficio de guionista. Un día me decía: "·Mira, Pedro, yo soy como un fontanero, a mí me llaman y hago lo que sea". Es el guionista español con más obras interesantes. Ha trabajado en las mejores películas de Berlanga, Saura, Trueba, Estelrich, Ferreri.

—Siguiendo con esta especie de nómina de la fama, ¿qué descripción haces de Fernando Fernán Gómez, para el que tú escribiste guiones que luego dirigió?

—Me parece que Fernando Fernán Gómez es eso, hoy tan raro, que se llama «un hombre del Renacimiento»: es actor, director, articulista, novelista, poeta, un hombre de una enorme talla intelectual y artística. El problema es que en esta época de especializaciones, se soporta mal que alguien se salga del papel asignado (actor, en su caso), y no se reconocen otras dimensiones de las personas.

—¿Por qué Berlanga no ha recurrido con más frecuencia a Fernán Gómez como actor en sus películas?

—A Berlanga no le gusta trabajar con actores estrella, le da miedo.

—Cuéntanos cómo surgió la idea de El extraño viaje.

—Un día estaba con Luis Berlanga y otros amigos, en el café Gijón, hablando de los crímenes que publicaba *El Caso,* y comentábamos el «crimen de Mazarrón». Berlanga dijo entonces: «Yo creo que a la hermana mayor la mataron y luego la enterraron en el pueblo. Y, para huir, el cómplice se disfrazó de mujer con las ropas de la víctima». Yo le dije: «Luis, ahí hay una película». Él no se lo creyó. Pero Ruiz Castillo y yo escribimos una sinopsis que llevamos a Impala con opción de compra a seis meses. El tiempo pasó y fui a recogerlo. A recogerlo y a hablar con Paco Molero, quien finalmente se interesó por la historia. Obtuve el adelanto para escribir el guión que, una vez terminado, presenté a Fernán Gómez. Lo examinó y aceptó dirigirlo. Tengo que decir que lo que sigue expresa muy bien cómo es Fernán Gómez: aunque él era el director, contó conmigo para escoger las localizaciones, ya que consideraba, generosamente, que el autor de la historia era yo. Es una persona respetuosa con el trabajo ajeno, por eso llegó a consultarme, en el rodaje de *Mambrú se fue a la guerra,* el cambio de una frase. Por cierto, creo que es un error excluir al guionista en el rodaje de una película.

—*¿Cómo conociste a Berlanga?*

—Le conocí gracias a Laly Soldevila y Marisa Caballero. Hacía falta, para *Calabuch,* un actor que pudiese torear un becerro. Ellas hablaron de mí a Berlanga. Fui a verle al edificio España donde estaba con Flaiano. Me citaron en Sevilla y me hicieron unas pruebas para el papel de galán, y, por supuesto, yo, como galán, no funcionaba en absoluto. Esa noche durante la cena, desesperado ante la idea de perderme el rodaje de Berlanga, hice desde imitaciones de todo tipo hasta toreo de salón, pasando por números de caricato. Como a Flaiano y al jefe de producción (José Luis Jerez) les hice gracia, conseguí el papel de guardia civil, limitándome a doblar a Ozores cuando toreaba. En *Los jueves, milagro* hice el papel de sacristán y, más tarde, Berlanga y yo empezamos a escribir un guión que se llamaba *El cónsul*.

—*¿Cuál era la historia de* El cónsul?

—Es la historia de un viejo hidalgo del Levante español, sin dinero, que es cónsul honorario de un país sudamericano. La precariedad de su situación económica le obliga a alquilar el palacio familiar a una bordadora de mantos religiosos, con la condición de dejar libre todos los domingos el balcón principal para la bandera del país al que representa. En esas, llega un barco sudamericano y, sin dinero, el cónsul atiende improvisadamente a los marinos. *El cónsul* es la historia de este barco que, aunque lo intenta, no llega a zarpar a causa de los intermitentes y continuos estallidos revolucionarios en aquel país sudamericano. Finalmente el barco no sólo no zarpa, sino que lo desguazan. Las piezas se venden. Y para poder subsistir, los marineros pintan el barco de blanco y lo utilizan como barco de recreo para llevar turistas. Este guión estaba pensado para Vittorio De Sica, pero lo llevamos a un productor que nos dijo: «¿No podríais arreglarlo para que el papel lo haga Marisol?». Entonces, Berlanga asintió muy serio, y la película nunca se hizo.

—*Tenías alguna experiencia como guionista cuando empezaste a trabajar con Berlanga?*

—Ninguna. Fueron precisamente Berlanga y Flaiano quienes me animaron para que escribiera. Yo fui becario en la Escuela de cine (rama de interpretación) que dirigía Elorrieta. Recuerdo que me quedé sin alojamiento y Elorrieta me ofreció el techo de la Escuela para dormir. Llegaba por las noches a la Escuela, me lavaba la ropa y la ponía a secar en los focos de prácticas. Para dormir me ponía una falda escocesa y una rebeca de la señora de la limpieza. Me levantaba a las ocho y me iba a los Jerónimos para que la señora no me pillara. Un día me encontró durmiendo con su indumentaria de trabajo y yole dije que estaba ensayando un papel de mujer cantante. La señora me dijo entonces: «Pues cante, cante». Le canté una canción folcl6rica que le encantó, y me aplaudió muchísimo. Son los aplausos que más he agradecido en mi vida. A Elorrieta le arreglaba algunos guiones a cambio de algún papelito en sus películas. Lo primero que escribí fue un guión que se llamaba *Aún hay sol,* con José Antonio Gabairo, que era una traslación del *Quijote* a los toros. Cuando lo leyó, el productor dijo que le había gustado mucho pero que se iba a notar demasiado que lo habíamos copiado del *Quijote*.

—El desguace *fue el segundo guión que escribiste con Berlanga. ¿Por qué tampoco llegó a realizarse?*

—Berlanga me llamó para que hiciera este guión con él; me dijo que tenía un contrato con Matas y que quería escribir el guión conmigo. El origen de *El desguace* es una historia cuyo título era *Largas vacaciones,* pero, como Jaime Camino empezó a rodar *Las largas vacaciones del 36,* desistimos de ese proyecto. Después, empezamos otra historia que llamamos *Música de viento:* narraba la vida de una banda de música cómico-taurina (los Veinte Gordos) durante la Guerra Civil. Al final, los Veinte Gordos, obligados por la ausencia de la banda del ejército, interpretan el desfile de la Victoria. En este guión intervino un poco Azcona. Pero como bien decís, no llegó a realizarse.

—*Cuéntanos el argumento de* El desguace.

—Es la historia de una vieja marquesa que se liga a un boxeador negro que se llama Micky Parterre. Es una historia algo cruda. Asistimos, por ejemplo, a un combate de boxeo a beneficio del Domund, entre un boxeador negro y uno blanco que derrota al primero. La marquesa se va con el negro en su Rolls Royce y se meten por un camino de carros. Entonces, quitándose la dentadura postiza, la marquesa practica una *fellatio* al boxeador. De repente, ante la aparición de otro coche, el Rolls gira bruscamente y la marquesa se parte el cráneo. Aunque la marquesa está en la UVI, una serie de intereses creados originan un lío enorme en tomo a su posible fallecimiento. Se busca al marido para ponerle al corriente de la situación y aparece de travesti en Alemania cantando flamenco. También aparece una prima ciega que acude constantemente a la UVI para recordarle a la marquesa que le prometió sus ojos cuando muriera. Por otra parte, los médicos quieren batir el récord de permanencia en la UVI.

—¿Cómo trabajasteis en el guión?

—Nos reuníamos a hablar durante horas. Se discutían las ideas, se llegaba a acuerdos. Luego, por separado, yo escribía la secuencia en casa. Y, finalmente, se revisaba y se volvía a comentar lo escrito. Discutir, escribir, corregir. Así, hasta que se da por acabado el guión. Berlanga es muy cambiante, tan pronto se entusiasma con una escena como se desanima al poco tiempo. Y nada excluye que esta escena le vuelva a entusiasmar. Yo siempre le decía: «Lo que tú necesitas es un marido». Rafael Azcona es mucho más marido que yo. Berlanga sostiene que como somos almas gemelas no podemos trabajar juntos. Tendemos demasiado hacia la dispersión. Azcona, por ejemplo, es mucho más cartesiano, riguroso y técnico que yo. Se pliega más a lo que quiere el director. Yo soy extremadamente disperso. Sólo cuando soy capaz de limitar mi natural tendencia a la dispersión me es posible avanzar.

—Háblanos de algún rasgo humano de Berlanga que te parezca ca-

—Berlanga es un hombre muy afable, cariñoso y educado, pero enormemente tímido. Y, como todos sabemos, los tímidos a veces estallan. A propósito, recuerdo una anécdota: estábamos sentados en el Café Gijón y encontramos a Gustavo Pérez Puig en la terraza con dos chicas monísimas. Nos acercamos, y Gustavo nos presentó como Pedro Beltrán y Luis García Berlanga, el director de *Calabuch y ¡Bienvenido, Mr. Marshall!* Yo, que también estaba nervioso, empecé a reírme de él delante de las chicas. Entonces, Berlanga sufrió un ataque de timidez y se levantó de la mesa. Le seguí a la barra, y allí nos encontramos a Tip (el de la pareja cómica) con su mujer Trini Alonso. Yo también les presenté a Berlanga como el director de *Calabuch y ¡Bienvenido, Mr. Marshall!*, y entonces, va y les dice: «Y éste es Pedro Beltrán, un hijo de puta». En otra ocasión, durante el rodaje de *Calabuch,* el alcalde de Benicarló invitó a Berlanga a una cena. Luis, que conduce fatal, salió hacia Benicarló. Pero al cabo de unos minutos, nos llega la noticia de que había chocado contra un árbol. Al ofrecer sus excusas por el retraso a la cena, el alcalde le dice a Luis que, por la hora ya suponían que algo habría pasado. Luis le contesta entonces: «Si ya lo sabía, ¿por qué no ha salido a buscarme?».

—*¿Cuál crees que es su verdadera relación con el otro sexo?*

—Cuando yo le conocí ya estaba casado y tenía un hijo. Su conocimiento del mundo del sexo es, a mi juicio, más bien de tipo teórico. Quiero decir que Berlanga no es el típico ligón, es más bien el típico tímido. Berlanga cree que las mujeres son superiores a los hombres, por tanto las teme y las respeta. Esto explica que utilice barreras, como defensa o por timidez, en su trato con las mujeres.

—*¿Cómo dirige a los actores?*

—Lo característico de su forma de trabajar es la capacidad de moldear el trabajo espontáneo de actores o actrices. No se puede decir que él, de entrada, condicione totalmente al actor; más bien podemos observar cómo su labor de dirección consiste en moldear estas «aportaciones» instintivas. Esto, que parece muy fácil, no lo es en absoluto. El mutismo y la frialdad son las notas dominantes en su trabajo de dirección. Cuando tiene varias tomas, es posible que busque el veredicto, y algo más, hurgándose en una u otra fosa nasal. El dilema suele concluir con un sobrio: «Bueno, bueno, positiva la última». El actor no tiene conciencia de haberlo hecho bien o mal, ya que no recibe comentarios. Con Berlanga, el actor vive totalmente desamparado. Por si esto fuese poco, el actor se hunde en una profunda decepción cuando comprueba que Berlanga nunca utiliza primeros o medios planos, y que no existen escenas para el lucimiento. Para justificar esta actitud, es necesario recordar que rodar con plano secuencia implica un largo proceso (ensayos, tomas, movimiento de personajes, cámaras y luces) hasta conseguir un todo armonizado.

—*¿Por qué Berlanga nunca ha utilizado sonido directo?*

—A él le gusta reformar en el doblaje porque se siente libre para reelaborar la película. El doblaje, por cierto, cabrea a los actores.

—*El director italiano que más le gusta a Berlanga es Fellini.*

—A mí también, ya que el mundo y el concepto cinematográfico de Fellini está muy próximo al de Berlanga. Hay que decir que Fellini hace mucho más hincapié en la dimensión estética, mientras que Berlanga crea los planos al servicio de la historia y del diálogo.

—*Berlanga nos comentó que los operadores sufren bastante en sus películas puesto que no tienen la oportunidad de lucirse con una fotografía preciosista.*

—Sí, sufren mucho, en esto se parece a Buñuel. La primera vez que Figueroa rodó con él, cuentan que le compuso un plano con unas luces fantásticas. Buñuel escuchó sus explicaciones y cuando acabó le dijo: «Muy bien, precioso, pon la cámara hacia el otro lado».

—*Luis nos dijo que está convencido de que su cine es mucho más español que el de Buñuel, en el sentido que es más «ibérico».*

—Yo creo que el de ambos lo es, como también lo es Florián Rey, ¿o acaso no es representativa del «iberismo» *Morena Clara* o *La hermana San Sulpicio*? En Buñuel está Galdós, aunque también es verdad que está el mundo mexicano y francés. Yo creo que tanto en Berlanga como en Buñuel lo ibérico no está reñido con lo universal.

—*¿Crees que lo que hace Berlanga son comedias?*

—Me niego a aceptar las definiciones de género porque creo que son falsas. Siempre he recelado de las definiciones, no por lo que dicen sino por lo que dejan de decir. Creo que la definición es un telegrama de urgencia con valores convenidos para unos iniciados que saben de qué les hablan. Para mí sólo hay dos géneros puros, que son la tragedia y la farsa, el drama ya me parece un híbrido. En una obra bien hecha, bien construida, los géneros aparecen yuxtapuestos. *El verdugo*, por ejemplo, es un sainete, pero también una tragicomedia y una comedia de humor negro. Lo que pasa es que cuando una obra tiene una tendencia dominante ya se etiqueta en tal o cual género.

—*¿Qué tiene de sainete una película como* El verdugo?

—Es una película costumbrista, llena de tipos populares, pero también es tragicómica. En el humor existen muchos matices; por ejemplo, Fellini transmite humor con la mera elección de los actores.

—*Pero más bien en la segunda etapa de su carrera.* La Strada, *por ejemplo, no tiene mucho humor.*

—Creo que los protagonistas de *La Strada* podrían ser personajes de sainete español.

—*¿Crees que el cine español tiene más relación con el italiano que con el francés, por ejemplo?*

—Sí, yo creo que mucha más, aunque es difícil generalizar porque tanto el cine francés como el italiano tienen directores muy dispares. Creo que al cine francés le caracteriza sobre todo su apoyatura literaria. Francia tiene además uno de los mayores genios del cine: Renoir.

—*Trueba nos dijo que veía una gran proximidad entre el cine de Renoir y el de Berlanga.*

—Sí, es cierto, pero también hay películas italianas como *Seducida y abandonada* o *Divorcio a la italiana* que las podía haber dirigido perfectamente Berlanga. Creo que el cine de Renoir, y a pesar de que películas como *La regla del juego* y *La escopeta nacional* podrían hacer pensar en un parecido, nunca llega a estar tan cerca de Berlanga como el de Fellini.

—*¿Crees que los guionistas sois escritores frustrados?*

—En mi caso me hubiera gustado escribir teatro, pero no sé respecto a los demás. El problema es que el guionista es un escritor sin lectores. Sólo tiene jueces: desde el director hasta la sastra, el productor, los actores, etc. Renoir decía que el director es como una comadrona pero el guionista es la parturienta. Los guionistas están solos frente a la hoja de papel en blanco, tienen que inventar partiendo de cero, igual que el pintor delante del lienzo. Los demás, director, actores, técnicos, etcétera, recrean algo que ya ha sido parido.

—*¿Has escrito siempre guiones con humor?*

—Sí, todos. El único que no tenía sentido del humor era el que hice con Rosi: *El momento de la verdad,* una historia sobre el mundo taurino.

—*¿Se puede escribir cualquier tema bajo el prisma del humor, por ejemplo, el crimen de los Urquijo?*

—Hombre, el crimen de los Urquijo podría ser una maravilla de comedia. A mí hay un personaje que me fascinó: el mayordomo homosexual. Sería un esperpento fantástico.

—*¿Has topado alguna vez con la censura?*

—¿Y quién no ha topado con ella? A *El extraño viaje* le hicieron diecisiete cortes. Otro guión que hice con Estelrich —*La gran ciudad*— lo prohibieron sistemáticamente durante un año, hasta que nos decidimos a abandonar el proyecto.

—*¿Crees que hay un mayor acercamiento al neorrealismo en* Esa pareja feliz *que en* Plácido *o en* El verdugo?

—Creo que *Esa pareja feliz* es la única que tiene carácter neorrealista. Su siguiente película, *¡Bienvenido, Mr. Marshall!,* es una fábula, y, como buena fábula, tiene su moraleja final. También tiene algún toque de farsa amparado en las escenas oníricas. A Berlanga se le ha considerado muchas veces mentiroso, pero yo creo que más que mentiroso es un gran fabulador. Y el neorrealismo no estaba para fábulas...

—*Bienvenido, Mr. Marshall!* *es un juego de representaciones: el pueblo se imagina cómo serán los americanos y planea disfrazarse para impresionarles.*

—Los habitantes del pueblo se dejan llevar por su ingenuidad e ignorancia y se ponen en manos de Manolo Morán, manager de la folclórica. Éste les convence de que a los americanos les gusta Andalucía y, por tanto, hay que disfrazar al pueblo aunque no sea un pueblo andaluz. La noche anterior a la llegada de la comitiva, los habitantes sueñan, como niños en la vigilia de Reyes, en los regalos que los americanos dejarán a su paso.

—Calabuch *es otra fábula*

—Sí, por supuesto, el sabio americano aparece en la playa de Calabuch y a nadie le extraña; primero conoce al contrabandista que le entrega un alijo para el Langosta y, buscándole, se introduce rápidamente en la comunidad. La aparición del sabio es angélica, nadie sabe cómo ha llegado, pero tampoco parece importarles mucho. Es una irrupción en la cotidianeidad parecida a la de san Dimas en *Los jueves, milagro*. Se integra en el pueblo y en su vida cotidiana de forma que te olvidas de sus orígenes. Hasta va al colegio para que le enseñen a sumar. El colmo de la fábula es el momento en que llega el ejército americano para llevarse a Jorge y todo el pueblo se lanza a la calle para defenderle. Es una historia llena de ternura.

—*A Berlanga no le gusta mucho esta película precisamente porque la encuentra un poco blanda, especialmente la parte que escribió Flaiano; los diálogos entre Jorge y la maestra.*

—La película fue bastante mal vista por la izquierda porque les molestó el carácter paternal del guardia civil. Vieron representada una Guardia civil demasiado benigna y les pareció que en ese momento no era nada atinado, puesto que la Guardia civil no era precisamente un cuerpo muy amable en la época... Pero un guardia civil terrorífico no hubiera cuadrado en la historia.

—*¿Qué te parece* Los jueves, milagro?

—Podría haber sido una película extraordinaria. Es una mezcla entre fábula y picaresca. Los cabecillas de un pueblo intentan montar un falso milagro, simulando la aparición de san Dimas, para que afluyan creyentes y el pueblo se recupere económicamente, pero, finalmente, aparece el auténtico san Dimas y el negocio se les va al traste. Una de las cosas que más me gusta de la historia es que planean la aparición del falso santo ante el tonto del pueblo para darle verosimilitud, ya que la Virgen siempre se aparece a gente sencilla e ignorante como los pastores. Esto es muy irónico y tiene muy mala leche. La película podía haber sido una maravilla pero la censura cambió muchas cosas, incluso se rodaron planos sin Berlanga. Me parece que fue Jorge Grau quien los hizo. También la volvieron a doblar: yo hacía de sacristán y cuando vi la película todos mis diálogos estaban cambiados. Puedo testificarlo ante quien sea...

—*¿Dónde está el estilo personal de Berlanga? ¿En qué consiste lo berlanguiano?*

—No puedo definírtelo, lo que sí está claro es que Berlanga no es mimetista y, aunque haya recibido influencias, ofrece una visión personal y reconocible. Las tres primeras películas de Berlanga son totalmente distintas: *Esa pareja feliz* es de corte neorrealista, *Bienvenido* es una fábula y *Novio a la vista* una película claramente influenciada por Tati. En las tres películas, corno en todas las demás, está la huella inconfundible de Berlanga, algo muy difícil de conseguir en el cine.

—¿*Incluso en* Tamaño natural?

—Sí, *Tamaño natural* es la película más intimista de Berlanga y donde mejor se manifiesta su misoginia. Él quiere mostrar en esta película la superioridad y el poder de la mujer. El protagonista abandona a su esposa, pero se lleva una sustituta a su retiro: una muñeca de tamaño natural con la cual reproduce lo que ha abandonado. Incluso, se casa con ella. Piccoli suple la falta de vida de la muñeca; le otorga las mismas funciones e importancia y tiene los mismos problemas y placeres que con una mujer viva. La película, por su carácter intimista, puede no parecer de Berlanga, pero tiene estallidos falleros muy característicos, por ejemplo, cuando los emigrantes españoles, yo era uno de ellos, roban la muñeca y se la llevan a su barracón para organizar la gran fiesta.

—¿*Crees que* Tamaño natural *resulta creíble?*

—Me parece una historia totalmente creíble, existen historias reales mucho más increíbles: por ejemplo, un médico al que se le murió su hija, la embalsamó y la llevaba a pasear a la ópera hasta que se descubrió que estaba muerta y le obligaron a enterrarla. Perón también tenía a Evita embalsamada en el sótano y llevaba a sus invitados para que la vieran. *Tamaño natural* es una película que me gusta mucho, y no entiendo por qué las feministas estuvieron en contra de ella porque Berlanga no está en contra de la mujer, al revés, la considera superior. Lo que Luis intenta explicar es que la mujer está en su mente, como Dulcinea en Don Quijote. Se lleva una muñeca pero para Piccoli es una mujer tan real como cualquier otra. Por cierto, que hay una letra de cante que resume mucho la actitud de Dulcinea con Don Quijote: «Porque a canelita y clavo me hueles tú a mí, y al que no le huelas a canela y clavo no sabe distinguir». Para Don Quijote el amor es emblema de toda su panoplia de caballero andante. Pero no se corporeíza la mujer, no tiene contacto con ella. En cambio, Piccoli se lleva un objeto con forma de mujer a la cual él da vida como si fuera una mujer normal.

—*¿Representa la mujer pasiva, la mujer objeto?*

—El hombre que quiere una mujer de este tipo es el tímido.

—*¿O el tipo Casanova?*

—No, en absoluto. Casanova quiere respuesta puesto que quiere constatar su capacidad de seducción, como cualquier conquistador. El caso de Don Juan, que para mí no es un feminoide como dice Marañón, es el de un adolescente, puesto que actúa como tal; el adolescente no centra el amor en una persona. Por tanto, no puede tener pareja estable. En la madurez lo que te importa es la pareja y la respuesta. El tímido no quiere constatación, lo que necesita es una mujer que no le intimide; prostitutas o mujeres jóvenes que no tienen respuesta, el extremo de esto es la necrofflia. Casanova, en cambio, es un exhibicionista y tiene un sentido más lúdico de la relación, más maduro. Don Juan sólo enamora para luego explicarlo, Casanova busca la participación sexual de la mujer.

—Tamaño natural *es una película sobre la soledad...*

—Sí, es tanta la soledad del protagonista que se encierra con una muñeca. Un marinero se puede llevar una muñeca para echar un polvo, que sería como una masturbación, pero Piccoli se la lleva como mujer, como amor. Su proyecto es delirante porque va *más* allá del puro onanismo.

—*De todas formas, la «locura» del personaje de Piccoli es algo muy privado porque en la calle no se comporta como un loco.*

—Las aberraciones sexuales se practican en la intimidad. El que sí trasciende es el exhibicionista, porque necesita público para exhibirse. El personaje de Piccoli no es precisamente el caso de un exhibicionista. Es un hombre tímido que se circunscribe a los reductos de su intimidad. Un hombre parecido a sus creadores, es decir, a Berlanga y Azcona...

-10-

Jean Claude Carriére

*—Señor Carriére ¿qué idea se ha formado usted de la obra de
Berlanga?*

—Honestamente, desconozco muchas de sus películas.
Sin embargo, recuerdo que don Luis (Buñuel) se refería muchas veces a los buenos gags de películas de su primer período como *¡Bienvenido, Mr. Marshall!*, *El verdugo* o *Plácido*. Por ejemplo, había una escena de *El verdugo* que a don Luis le hacía partir de risa cada vez que la veía: es cuando un sastre le prueba una sotana a su hermano y le hace hacer el gesto de la bendición para conocer si le sentará bien la sotana a un obispo, y le pregunta: «¿No te tira?»... A don Luis le gustaba mucho *El verdugo*, me hablaba de esta película con mucha frecuencia. En general, puedo decir que a mí también me gustan mucho las primeras películas que Berlanga hizo con Rafael Azcona. Tal vez por ser yo guionista me fijo especialmente en la obra de Azcona, que es uno de los guionistas más importantes de su generación a nivel mundial. No sólo estoy pensando en sus guiones con Berlanga, los que escribe con Ferreri también son espléndidos.

—Como El pisito y El cochecito...

—Sí, son películas deliciosas. Azcona me gusta de la misma forma que me gusta Tonino Guerra en Italia, porque son gente de una imaginación colosal. Los dos tienen una imaginación popular, un poco absurda, que surge de la realidad cotidiana. Esa relación entre el absurdo y lo cotidiano es algo que podemos encontrar siempre en las películas que Azcona escribe con Berlanga y con Ferreri. Esa opción me parece la mejor a la que puede aspirar el cine en Europa, es decir, un cine que difícilmente puede contar con medios sofisticados. Ese cine capaz de contar una historia insólita y, a la vez, de cada día, me parece genial.

—*Pero películas como* Tamaño natural *o* La grande bouffe *reflejan menos lo cotidiano que* El verdugo *o* El cochecito.

—Sí, pero no se llega hasta el punto en que puedan resultar increíbles... Por cierto, hace tres semanas he vuelto a ver *La grande bouffe* de Ferreri y Azcona y me parece una película de primer orden. Luis Buñuel llamaba a *La grande bouffe* «la gran tragedia de la carne».

—*¿Le gustaba mucho a Buñuel?*

—Es una película que le entusiasmaba. La vio dos o tres veces e incluso le escribió a Ferreri diciéndole lo mucho que le había gustado. Le parecía una película imposible y arriesgada que se hacía creíble a base de habilidad en el guión y en la dirección.

—*No le parece que hay algo en* La grande bouffe *que recuerda a algunas de las películas en las que usted trabajó con Buñuel?*

—Sí, hay un tono compartido. Por ejemplo, hay una relación que me parece clara entre la historia de *La grande bouffe* y la de *El discreto encanto de la burguesía.* Se trata de una relación inversa, ya que en la primera historia vemos a un grupo de personas que comen demasiado, mientras que en la segunda lo que aparece son personajes que no pueden comer juntos...

—*Usted participó en la película de Berlanga* Tamaño natural *¿Qué le parece?*

—No llegué a trabajar en el guión, mi participación se limitó a un trabajo de adaptación del guión de Azcona y Berlanga al francés. Michel Piccoli y Berlanga me pidieron que les ayudara y lo hice muy gustosamente. Recuerdo que durante el rodaje me encontré con Piccoli. Me contó su versión de la película que estaba haciendo ymi reacción a sus comentarios fue algo pesimista porque me parecía un proyecto imposible. Pero cuando vi la película me gustó mucho. Creo que *Tamaño natural* es una de esas películas que se salvan del salto sin red. Resulta extraordinariamente arriesgada porque en el argumento no hay nada más que la repetición de la misma situación. Es un guión que se puede descomponer en doce o quince escenas que se repiten hasta la muerte del protagonista (como ocurre también en *La grande bouffe).* Pero, sin embargo, nunca pierde el ritmo ni deja de ser inquietante, lo que resulta muy difícil en un proyecto de este tipo.

—*Entre los guiones en los que usted ha trabajado, ¿hay alguno que tenga alguna relación o que le recuerde al de* Tamaño natural*?*

—Creo que hay algo que puede recordar al tono de las películas que yo escribí con Bufluel. No sé cuál en concreto, pero ese erotismo obsesivo y fetichista puede encontrarse tanto en *Diario de una camarera* como en *Belle de jour.* Por otra parte, yo viví más tarde una aventura muy similar con Nagisa Oshima al escribir *Max mon amour,* una película que contaba la historia de amor entre una mujer y un mono. Fue una película que no funcionó comercialmente, supongo que al igual que *Tamaño natural.*

—*¿Por qué lo cree?*

—Porque la gente no acepta una relación en la que uno de los dos protagonistas es un animal, una bestia, un maniquí o una muñeca. Pero *Tamaño natural* me parece especialmente interesante porque es muy fiel a sus primeras intenciones, es una película muy consistente que nunca se viene abajo.

—Es una película que se suele considerar algo descolocada en la obra de Berlanga, porque resulta muy intimista y Berlanga suele utilizar a muchos actores.

—Yo veo la película como una reacción a la liberación sexual de los años sesenta. Con esto no quiero decir que sea una película conservadora o reaccionaria. Me parece que se puede entender como la historia de un hombre al que no le gustan las mujeres, sino sólo una cierta imagen de la mujer. Por ello, el protagonista no quiere conocer ni enamorarse de una mujer en concreto, porque ello le impediría llevar a cabo su ideal abstracto. En este sentido la película dice justo lo contrario de lo que decían las películas de la época, ya que en éstas, el erotismo se entendía como liberación sexual, como algo real y concreto. El protagonista de *Tamaño natural* es un solitario, un marginal. Por eso la película difícilmente puede ser comercial, porque el público quiere identificarse con un personaje reconocible y no lo consigue con el que protagoniza Piccoli. Creo que Berlanga es un maestro del humor implícito y, en esta película —como también en *El verdugo* o en *Plácido*— vemos un tipo de marginación próximo a la locura que, al menos a mí, me resulta muy irónico y atractivo.

—En Tamaño natural *la muñeca parece, en algunas ocasiones, a punto de cobrar vida. Incluso, cuando se sugiere que Piccoli hace el amor con ella, se sorprende al ver sangre virginal. ¿Estamos cerca de la ruptura de la lógica? ¿Estamos en el camino que lleva al surrealismo?*

—Hay alguna huella en el tono y en el sentido del humor, pero Berlanga no pertenece a la generación que protagonizó el surrealismo y debemos pensar que no se puede ser surrealista después del surrealismo o romántico después del romanticismo. Son movimientos históricos a los que no tiene sentido volver. Ni siquiera en el caso de Buñuel podemos considerar que las películas que realizó en los últimos treinta años de su vida sean surrealistas. Algunas, como *Tristana,* son totalmente «realistas». El único período verdaderamente surrealista de don Luis es el de *Un perro andaluz* y *La edad de oro.* Creo que Buñuel pasa de un surrealismo fuerte a un surrealismo sutil y discreto en la medida en que se aleja del surrealismo real. Por ejemplo, en *El discreto encanto de la burguesía,* el surrealismo, como indica el mismo título, es discreto porque no hay nada violento y subversivo. Claro que podemos ver la película como la historia de unos burgueses que trafican droga, pero siempre encontraremos una ausencia de los elementos que sí tenían sus dos primeras películas. El problema es que no tenía sentido hacer *La edad de oro* en los años setenta, de la misma forma que no tiene sentido para Berlanga el plantear el surrealismo. Su mundo está más próximo al neorrealismo, sobre todo si tenemos en cuenta el tipo de rodaje que hace en las calles y, finalmente, en la realidad... Lo insólito, como en Ferreri, en Berlanga aparece sin romper con lo real. El humor negro siempre es cotidiano en ellos...

—¿También existe humor negro en Buñuel? Por ejemplo en El discreto encanto de la burguesía, *cuando al principio van a cenar al restaurante donde acaba de morir el dueño.*

—Sí, claro. Otro ejemplo muy claro es *La vida criminal de Archibaldo de la Cruz (Ensayo de un crimen)* donde hay constantes escenas de humor negro. Yo creo que, en general, es muy difícil hacer tipologías del humor. Claro que siempre podemos decir que existen distintos sentidos del humor en distintas culturas y que el humor latino de Fellini, Buñuel, Ferreti o Berlanga ha de ser más compartido que el de los Marx o Woody Aflen. Pero eso no quiere decir que unos no estén interesados por los otros. Por ejemplo, Buñuel adoraba a los hermanos Marx y a Laurel y Hardy y, sobre todo, a Buster Keaton. No tenemos que olvidar que aparecía una fotografía de Keaton en el primer número de *La révolution surrealiste,* lo que nos debe hacer pensar que Keaton, junto a otros, era de la familia. Woody Allen, también, había propuesto a Buñuel hacer un papel para *Annie Hall,* papel que luego haría McLuhan. Buñuel conocía sólo un poco a Woody Allen y hubiera aceptado encantado si no fuera porque tenía otra cosa que hacer en Europa justo el día del rodaje de esa escena.

—¿Cree que el sentido del humor es algo que acompaña a toda la obra de Buñuel?

—Sí. Tanto Buñuel como Berlanga no saben expresarse sin un cierto sentido de la ironía. Por otro lado creo que las películas más débiles de Buñuel son aquellas en las que el sentido del humor era casi inexistente. Ése puede ser el caso de *La fièvre monte* à *El Pao (Los ambiciosos),* en la que vemos a un Buñuel irreconocible precisamente por la falta de esa mirada particular e irónica.

—Berlanga nos dijo que Buñuel era muy pudoroso...

—Estoy totalmente de acuerdo. Don Luis Buñuel, como también creo que ocurre con Berlanga, era incapaz de admitir una imagen en sus películas que se aproximase a lo pornográfico. Esto no quiere decir que no existiera en él una dimensión erótica, lo erótico es algo fundamental en su obra. Pero siempre es un erotismo implícito, solapado y...

—*¿Fetichista?*

—Sí, como muestra en *Él* o en *Diario de una camarera.*

—*Berlanga nos dijo que se sentía más identificado con el período mexicano de Buñuel que con el francés. ¿Qué diferencias esenciales existen entre ambos?*

—El dinero y la libertad. A partir de *Viridiana,* cuando ya tiene sesenta años, Buñuel puede hacer el cine que realmente quiere hacer. En el período mexicano, las limitaciones que le imponían algunos de sus productores —no todos— le obligan a un cine de supervivencia, a entender el cine como algo que sirve para dar de comer a su familia. En el período francés se siente mucho más cómodo. Una película como *La Vía Láctea* jamás hubiera sido aceptada por ningún productor que leyera el guión en el período mexicano. En cambio, cuando Silberman leyó el guión de *La Vía Lactea* en Madrid, aceptó tan sólo después de una hora y media. Estas limitaciones que le imponían a Buñuel en México no le impidieron, sin embargo, hacer películas como *Los olvidados, Él* o Nazarín, algunas de sus más geniales... Yo imagino que a Berlanga le interesará más el período mexicano porque se encuentra más próximo al tipo de realismo social que muestra en películas como *Plácido* o *El verdug.*

-11-
Román Gubern

—¿A partir de qué influencias surge el cine de Berlanga?

—Bueno, yo recuerdo que cuando se estrené en España *Esa pareja feliz,* Luis declaró que con Bardem habían intentado hacer una película entre Arniches y René Clair. Lo de Arniches nos sitúa mucho porque existe un elemento popular que se remonta al cine español de la República. Arniches era también levantino, como Berlanga, aunque ejerció como madrileñista militante. Pues bien, el cine de Berlanga se emparenta con Edgar Neville, quien llevó en 1935 a la pantalla una obra de Arniches como *Ltz señorita de Trévelez,* que luego Bardem reconstruiría en su *Calle Mayor.* Además, Buñuel, que dirigía la productora Filmófono, llevó nada menos que dos obras de Arniches a la pantalla antes de la guerra, *Don Quintín el amargao* y luego *La alegría del batallón,* que se llamó *Centinela alerta* y que dirigió Jean Grémillon. Y tenía previsto adaptar todavía *El último mono,* pero la guerra truncó el proyecto. También en 1935 adapté Perojo con gran éxito *Es* mi *hombre.* Con esto quiero decir que en la anteguerra Arniches encarnaba un modelo de espectáculo popular, que impregnó a los cineastas más interesantes de la República. Y estas raíces tienen su continuidad claramente en Berlanga, cuyos filmes prolongan la mejor tradición del cine liberal-popular de la República, el de Filmófono, Neville, Perojo y Marquina. Arniches calificó *Es mi hombre* como «tragedia grotesca», que es una etiqueta que conviene perfectamente a *El verdugo*. Está además el planteamiento coral de los personajes populares, que hablan todos a la vez, como en los sainetes. Esto, que es uno de los atractivos más importantes de su cine, le ha costado caro en su reconocimiento internacional.

—*¿Por qué?*

—El cine de Berlanga ha sido insuficientemente valorado fuera de España, a mi juicio, por una razón que descubrí en París viendo *Plácido*. La película quedaba aniquilada en los subtítulos; pero no porque estuvieran mal traducidos, sino porque es casi imposible traducir a tantos actores hablando a tanta velocidad. Sólo un diez o quince por ciento del diálogo se reproducía en el francés escrito que, además, casi no daba tiempo a leer. Orson Welles, que procedía de la radio, inició en *Ciudadano Kane* y *El cuarto mandamiento* la técnica de que los actores se interrumpieran los unos a los otros y hasta que solaparan los diálogos. Pero Luis, con la inyección sainetera, ha ido en esto mucho más lejos que Welles, porque mete más personas dentro del cuadro. Tenemos ejemplos ilustres en *Plácido* y en *La escopeta nacional*. Y el problema reside en que en Berlanga, con frecuencia, tienen tanta importancia o más lo que digan en los fondos que lo que digan en primer término. Es un poco como la pintura del Tintoretto, pero en la banda sonora. En Berlanga, o se entiende todo, o no se entiende nada.

—*Traducir su cine a unos subtítulos ha de implicar un criterio selectivo.*

—Claro, porque en casi todas las películas existen unos protagonistas, unos espacios y unos diálogos bien diferenciados, que en Berlanga con frecuencia no se producen. En su cine con frecuencia se suprime esta jerarquización del diálogo porque se presenta con la misma simultaneidad de espacios y personajes que se presentaba en Arniches. Los protagonistas a veces apenas son perceptibles entre ese vocerío caótico.

—*Esta técnica tiene mucho que ver con el tipo de actores que utiliza y con su uso del plano secuencia.*

—Efectivamente, Berlanga ha rescatado a los estupendos actores característicos que tiene y ha tenido tanto el teatro como el cine español. Lo que le ha faltado en grandes estrellas, que ha tenido pocas, lo ha tenido el cine español con creces en los mal llamados «secundarios». Sobre la técnica de rodaje de Berlanga no se suele hablar demasiado, porque parece invisible. Pero el trabajar con grupos dentro del encuadre le obliga a componer, no sólo en eje horizontal, sino en profundidad de campo y esto lo hace con gran elegancia y naturalidad. En su cine nunca vemos el artificio, la composición demasiado pensada que nos distancia y nos fuerza a una visión excesivamente artificial. Si pensamos en Wajda, en Visconti, incluso en Bardem, siempre vemos una voluntad de estilo y de composición. Un esfuerzo por hacer cuadros que sean aplaudidos por sí mismos. Berlanga hace cine como respira. Su capacidad técnica, la forma de colocar la cámara y crear los planos es, sobre todo, intuitiva. Por ello, él es el primero que niega que exista complejidad técnica en sus películas. Pero cuando has de coordinar el movimiento de la cámara con el movimiento de un grupo numeroso de personas, como ocurre a veces en *La vaquilla,* hay complejidad siempre. El hecho de que a Luis le resulte sencillo el aspecto técnico en sus películas no quiere decir que lo sea en realidad. Hay muchos planos secuencia magistrales en su cine, en *Los jueves, milagro,* por ejemplo, que podrían utilizarse para la formación de futuros operadores o directores. Pero esta técnica del plano secuencia deriva de modo natural de su coralidad sainetesca.

—El sainete parece implicar, además de esta estructura coral, una ausencia de los ambientes elitistas que se dan en las películas del franquismo.

—En los años cuarenta hubo una polémica muy interesante en la revista *Primer Plano* en la que Neviile defendió en un artículo —frente al cine histórico y retórico que defendían los críticos falangistas— el cine popular del sainete. Los organismos oficiales reprocharon a Neville esta actitud en beneficio de producciones «más ambiciosas» y, de hecho, no se vuelven a producir películas cuyos protagonistas se encuentran en los estratos más bajos hasta *Esa pareja feliz*. Fernando Fernán Gómez cuenta en sus memorias que Fernández Flórez, uno de los miembros de la Junta de Censura, dijo que era necesario censurar películas como *Esa pareja feliz* porque eran de mal gusto y, textual, «olía a cocido».

—¿Crees que este acercamiento a lo popular del sainete tiene en Bardem un significado diferente al que tiene en Berlanga?

—Sí, porque Bardem era ya entonces militante en el clandestino Partido comunista y, en consecuencia, proponía una redención de sus personajes humillados y ofendidos a través de una toma de conciencia, más moral que política, porque en aquellos días la censura no permitía más. Es curioso, pero al revisar actualmente las películas de Bardem delatan un cierto aire cristiano, pues sus protagonistas —en *Cómicos* y en *Muerte de un ciclista*— viven al final una especie de «ascenso hacia la lucidez»..Eso es lo que el léxico marxista llamaba «toma de conciencia» y, como no podía ser política y con pancarta, pues se quedaba en reivindicación moral. En Berlanga, ya pesar de todo lo que se escribió en contra de *Calabuch*, no aparece este moralismo. Bardem era un optimista histórico, como debía serlo todo buen comunista, y Berlanga era un pesimista antropológico. Lo es ya en *Novio a la vista,* pese a su barniz romántico. Sus protagonistas nacen para perder y ni siquiera tienen, como compensación pírrica, la recompensa final de su iluminación interior. Esto liga con la representación esperpéntica del mundo y de la vida que tiene Luis.

—*Pero tanto* Esa pareja feliz *como* ¡Bienvenido, Mr. Marshall! *comienzan siendo proyectos más dramáticos que cómicos.*

—Es cierto, y terminarán convirtiéndose en comedias porque los productores imponen el cambio de orientación por razones comerciales. Sin embargo, en ambas películas existe una doble dimensión cómico-dramática. En Esa *pareja feliz* es dramática la visión de la pareja desde sus frustraciones, desde su soledad y su intimidad, mientras es cómico lo que les pasa en el espacio público de los agasajos del concurso publicitario. En *¡Bienvenido, Mr. Marshall!* está todavía más claro y me parece que puede detectarse la orientación de Bardem diferenciada de la de Berlanga. Hay elementos en *Bienvenido,* como la voz en off que lee Fernando Rey, que son claramente de Bardem, mucho más moralista que Luis. Es una voz en off con voluntad pedagógica. En Luis el planteamiento social no existe como una confrontación de clases: los ricos se pelean con los ricos y los pobres con los pobres. Y, desde luego, los ricos joden a los pobres. En este punto Berlanga coincide con Buñuel porque tanto en *Plácido* como en *Los olvidados o Viridiana* el conflicto o la insolidaridad se producen también entre los pobres. Esto Bardem nunca lo permitiría.

—*Pero en* Plácido *ya está* Azcona.

—Se ha insistido mucho en que Luis es mucho más conservador y blandengue en las películas anteriores a Azcona, y aunque es bastante cierto, hay que matizarlo un poco. La cárcel idílica de *Calabuch* no habría existido con Azcona, ciertamente. Pero incluso *Calabuch,* que es el eslabón más débil de esta etapa de Berlanga, cuando se examina hoy se descubre que propone una filosofía ecologista y antisistema que se adelanta en cierta forma a los hippies de los años sesenta. Predica la insumisión civil al sistema, con su científico atómico que huye de su laboratorio para refugiarse en un pueblecito español. Lo peor de *Calabuch* es lo idílico del pueblecito y de su cárcel, pero la actitud de insumisión del científico es absolutamente post-68, es actual. Otro ejemplo. El primer guión de *La vaquilla* está escrito nada menos que en 1947. Aunque no conocemos esta versión literaria, parece que también cumple el principio de que los grandes bloques de buenos y malos, de pobres y ricos, de nacionales o republicanos, no son tenidos en cuenta por Berlanga, porque prefiere, ya antes de su encuentro con Azcona, adoptar el planteamiento hobbesiano que sitúa al individuo frente a otros individuos en un egoísmo no limitado por los grandes colectivos uniformizados o ideologizados. En Berlanga los personajes son irredimibles. Por ello, todos sus finales concluyen con un fracaso, con una frustración. Hasta en el sonrosado *Calabuch* el protagonista vuelve a su laboratorio americano para fabricar bombas. Es decir, que ni el ruralismo español consigue salvar al protagonista. Y no digamos de *La vaquilla*.

—La vaquilla *resultó una película políticamente controvertida.*

—Es natural. Después de la visión maniquea del cine franquista, con su exaltación primaria de su cruzada, parecía obligado que el cine de la democracia propusiera un desquite ideológico. El desquite se ha producido, mejor o peor, con películas como *Réquiem por un campesino español* o *¡Ay Carmela!* Pero Berlanga se atrevió a satirizar un conflicto que parecía sacralizado, perdiendo el respeto a los individuos —no a las causas políticas— de ambos bandos. En el cine europeo posterior a la Segunda Guerra Mundial esta desmitificación satírica se había producido, en relación con su contienda, desde los años cincuenta, con títulos tan celebrados como *La travesía de París,* de Autant-Lara, y *Todos a casa,* de Comencini. Aquí fue Berlanga el pionero de esta irrevererencia y algunos críticos le riñeron por ello. Pero creo que fue su mayor éxito comercial, por la simple razón de que en 1.984 la mayoría de los, espectadores españoles ya no habían vivido la Guerra Civil. La controversia política suscitada por *La vaquilla* me recuerda la de *¡Bienvenido, Mr. Marshall!* Cuando apareció, la revista italiana *Cinema Nuovo,* de orientación marxista, le reprochó su ambigüedad hacia la política norteamericana de ayuda a Europa y su afirmación de orgullo autárquico nacional. Eran reproches muy típicos de la izquierda de la época. Y Luis contestó a Lino del Fra que no pretendió hacer una crítica antiamericana, sino una sátira de los españoles que esperaban el milagro de unos Reyes Magos americanos. En este sentido, *Bienvenido,* más que predicar el orgullo autárquico, retomaba el discurso regeneracionista de la generación del 98, explicando que la solución está en nosotros y no fuera de nosotros. Y prolongaba el regeneracionismo individual aplicado a la pareja de *Esa pareja feliz* al colectivo del pueblo de Villar del Río en *Bienvenido.* El esquema era exactamente el mismo.

—Te has referido a la influencia del sainete en Berlanga. ¿Qué otras influencias te parecen significativas?

—En esto de las influencias hay que ir con mucho tiento. Luis ha dicho siempre, por ejemplo, que su vocación cinematográfica fue desencadenada cuando vio en un cineclub *Don Quijote,* de Pabst. Ahora esto nos parece muy sorprendente. En esa época Luis pintaba y tal vez le interesó el pictorialismo muy trabajado del filme de Pabst. Pero yo creo que lo que, tal vez subconscientemente, le dio el tirón, no fue Cervantes, sino el aspecto zarzuelero del filme, porque el protagonista, Chaliapine, cantaba su papel. Y lo hacía muy bien. De manera que con esto de las influencias hay que tener cuidado. En *¡Bienvenido, Mr. Marshall!,* la cola de campesinos en la plaza entregando enseres para pagar el desaguisado recuerda mucho una escena de *Espoir,* de Malraux, cuando los campesinos hacen cola para entregar recipientes para hacer bombas. Te digo esto porque Berenguer, el operador de *Bienvenido,* trabajó en *Espoir,* y esto alienta la hipótesis. Pero estoy seguro de que ni Berlanga, ni Bardem habían visto entonces aquel filme maldito. Y lo del «plano Pudovkin», con los sombreros andaluces vistos en picado, fue más un homenaje hermético y una cita política de significado antifranquista a *El fin de San Petersburgo* que una verdadera influencia. Pero queda el neorrealismo italiano concretamente el neorrealismo de Zavattini, a quien acababan de conocer en Madrid, en la Semana de Cine Italiano. Ahí sí que puede hablarse de influencia, en los finales agridulces —mezcla de fracaso y de esperanza— de Esa *pareja feliz* y de *Bienvenido.* De *Esa pareja feliz* dijo Bardem que querían que fuese como *Antoine et Antoinette (& escapó la suerte)* de Becker *y De hoy en adelante* de John Berry. Pero lo que hoy queda más claro es su aire zavattiniano. Era el momento de la llegada, tardía, del neorrealismo a España, que contaminó a tirios y troyanos, con *El último caballo* de Neville *Día tras día* de Del Amo, *Surcos,* de Nieves Conde y hasta Sáenz de Heredia acusé recibo con *Las aguas bajan negras.* Pero las películas españolas de contaminación neorrealista no derivaban de su ala más dura y acre, representada por títulos como *Roma, ciudad abierta y La terra trema,* porque la censura lo hacía inviable, como evidencié la batalla por el desenlace de *Surcos*

Los desenlaces de aquellos filmes de Berlanga están más cerca del llamado «neórrealismo rosa», porque aunque sus personajes fracasan en sus proyectos de prosperidad material o de ascenso social, fracasan esperanzados y enriquecidos psicológicamente. Es decir, son finales relativamente felices. Con Azcona ya no será así, serán finales demoledores.

—¿*Supuso* ¡Bienvenido, Mr. Marshall! *la culminación de la influencia italiana?*

—En Berlanga sí, porque Bardem haría años después *La venganza,* un filme campesino en la línea de De Santis, que le valió un durísimo rapapolvo por parte de André Bazin cuando se exhibió en Cannes. Uno de los reproches de Bazin era que sus campesinos estaban interpretados por estrellas, pero también De Santis las utilizó en *Arroz amargo* o *No hay paz entre los olivos.* Pero volviendo a *¡Bienvenido, Mr. Marshall!,* tú sabes que nació de un modo extraño. Nació de un encargo de un filme para Lolita Sevilla, en la que tenía que lucirse como cantante. Un encargo terrible, pero a veces los encargos son retos muy estimulantes, como ha demostrado la historia de la pintura. Buñuel siempre decía que si un productor le ofrecía hacer la película que quisiese, sin ningún condicionamiento, se sentía perdido, pero cuando le decían «tenemos tal actriz, o los derechos de tal novela», esto le ayudaba en encarrilar su proyecto. Berlanga y Bardem pensaron en la instalación de una fábrica de Coca-Cola en una zona pobre, un poco a lo Plan Marshall. Pero luego se acordaron de *La kermesse heroica,* de Feyder, con las mujeres que van gozosas al encuentro de los ocupantes españoles que llegan a su pueblo. Y de la mezcla de las dos cosas salió *¡Bienvenido, Mr. Marshall!* Pero ya me dirás lo que tiene Feyder, que era un grandísimo director, de neorrealista. El neorrealismo está en la localización en el mundo campesino, pero sin hacer un dramón rural, como era corriente en el cine español. Y en el rodaje en localizaciones naturales, porque los actores eran todos profesionales. Y el adoptar un punto de vista solidario con las gentes humildes. Ése era todo el neorrealismo de *¡Bienvenido, Mr. Marshall!,* que como ves no era demasiado. Pero queda en su cine un aspecto documental o testimonial. Cuando se quiera estudiar la psicología colectiva en la España del protoconsumismo, en la era del despegue publicitario y de los primeros concursos radiofónicos, habrá que acudir siempre a dos filmes: *Esa pareja feliz* e *Historias de la radio,* de Sáenz de Heredia. Y para explicar lo que fue la censura a la insólita escena del beso cortado en *Esa pareja feliz.* Y para documentar lo que fueron los pasillos del poder durante el tardofranquismo habrá que remitir a *La escopeta nacional.*

—*En* ¡Bienvenido, Mr. Marshall! *Berlanga inicia sus sátiras a las autoridades locales, a los estamentos oficiales, ¿no es así?*

—Esto es muy interesante. En pleno franquismo Berlanga empieza a satirizar al alcalde, al cura, al aristócrata, a los estamentos oficiales. Lo del alcalde tuvo más cofia, porque su discurso desde el balcón del ayuntamiento, el de los sombreros de su público en el famoso «plano Pudovkin», es casi una parodia de los discursos de Franco en la época. Dicen que el revuelo en torno a *Bienvenido* se solucioné cuando Franco vio en El Pardo la película y no le puso objeciones. *Novio a la vista* empieza con un severo tribunal de exámenes, con engolados profesores, y en *Los jueves, milagro* vuelven a aparecer las «fuerzas vivas» del pueblo, en torno al balneario arruinado, vistas con ojo satírico. Todo esto recuerda bastante a las sátiras de René Clair, un director que los jóvenes cinéfilos de hoy desconocen, pero que era venerado en la España de los años cincuenta. Incluso se tradujo entonces su libro, *Reflexiones de un cineasta,* cuando casi no se traducían libros de cine. Esta sátira de las autoridades locales la había anticipado Perojo en *La última, falla,* con guión de Mihura y, como es sabido, Mihura reaparece en el guión de *Bienvenida.* Pero lo interesante de esta sátira de las autoridades oficiales, de los poderes locales, en pleno franquismo, radica en que luego se desplaza hacia la burguesía local, las hipócritas clases medias, la mezquina pequeña burguesía provinciana. Eso está en *Los jueves, milagro* (que es un filme subestimado, pese a los destrozos censores), en *Plácido* y en *El verdugo,* en donde la tragedia del personaje que se hace funcionario-verdugo se desencadena por la necesidad de asegurar su futuro económico y tener un piso. Esto es interesante porque supone una maduración política en su cine, aunque sea inconsciente. Significa desplazar la atención desde los representantes oficiales del poder hacia aquellos sujetos mediocres y mezquinos de la sociedad civil, que hoy tanto se ensalza, que son los que sustentan al poder. De nuevo emerge el pesimismo antropológico de Berlanga, que a mi juicio culmina en *El verdugo,* que es su obra maestra. Tanto *Plácido* como *El verdugo* ilustran ejemplarmente el implacable darwinismo social del *struggle for life,* la sociedad hobbesiana. Lo tremendo de la segunda es que la profesión que permite vivir al protagonista es la de matar a sus semejantes.

—Y eso es el humor negro. ¿Ves el humor negro como una tradición española?

—En gran medida sí. De la muerte se ha reído buena parte de la literatura española. Ese lado irónico y tanático está explícita o implícitamente en el teatro clásico español, en Quevedo y Valle Inclán. Ésa es precisamente otra confluencia entre Berlanga y Buñuel, lo que nos llevaría al tema del surrealismo. Buñuel practicó un surrealismo «excremental», con sus asnos podridos, sus carnuzos, su leproso de *Viridiana*... Y Berlanga hizo que un burro se mease en plena Gran Vía madrileña, en *Las cuatro verdades,* asunto que llegó hasta el consejo de ministros, pues alguien opinaba que se trataba de una meada simbólica sobre la España de Franco... Buñuel había dicho que si se perdía que no le buscaran por América Latina, pero el destino le empujó a vivir y a morir en México, país del que Breton afirmó que era el mayor emporio del humor negro del mundo.

—Dice algo muy parecido Octavio Paz cuando escribe sobre el día de todos los muertos y el sentido de las fiestas mexicanas.

—Con lo que podemos pensar que Buñuel confluye entre las aguas de la tradición española y su propia experiencia en México. Es decir, que su mejor cine, el de películas como *Los olvidados,* contiene al mismo tiempo grandes dosis de picaresca y de ese humor negro que impresionó a Breton. Sin embargo, aunque el surrealismo tiene una clara sintonía con el humor negro en su vertiente corrosiva, irreverente, antiburguesa y agresiva, mi hipótesis es que tanto el humor negro de Buñuel como el de Berlanga se hereda de una misma tradición española en la que no habría que descartar la pintura de autores como Goya o Solana. También, ese espejo cóncavo que tiene el esperpento de Valle Inclán para ver la realidad está también en Berlanga. Las autoridades y jerarquías del alcalde, el cura, el militar, el funcionario, el notario o el marqués son tratadas en Berlanga con una ironía estética próxima al esperpento. Yo me atrevería a decir que Luis Berlanga introduce el esperpento en el cine español y, con ello, conecta con la tradición de la literatura española. La novela picaresca sería otra gran referencia, porque es el mejor testimonio del *struggle for Life* en el Siglo de Oro. También la tradición de la picaresca está en el cine de Buñuel, en filmes como *Los olvidados* o *Viridiana*. Y en todo Berlanga, incluyendo la picaresca de alto copete de *La escopeta nacional* o *Patrimonio nacional*. Pedro Almodóvar, desde el lado urbano y posmoderno, también ha conseguido conectar con estas tradiciones españolas. Tal vez se encuentre aquí una de las bases de un cine nacional personal y verdaderamente creativo; en esa forma natural de conectar con la cultura y con la tradición propia. Por eso, el hacer cine de géneros en España, y en Europa en general, el hacer cine negro, *western*, etcétera, puede resultar postizo y forzado.

—¿No es el humor negro algo consustancial a los países latinos y católicos?

—No, porque por ejemplo, en Italia no ha existido tradición de humor negro, mientras que en Inglaterra se ha desarrollado mucho. Del mismo modo que ni en Italia ni en Inglaterra cuajó la experiencia del surrealismo. Esto prueba que lo de las culturas nacionales diferenciadas no es un mito.

—El humor de Ferreri en El cochecito *o* El pisito *es responsabilidad de Azcona.*

—Sí, yo creo que sí. Son ideas originales de Azcona porque se escribió el guión a partir de obras suyas.

—¿Crees que Saura está más cerca de Buñuel que Berlanga?

—Sí, ni Buñuel ni Saura tienen esa estética follonera y fallera de Berlanga. Son más austeros, más aragoneses, de secano... Sin embargo, hay que decir que el posible buñuelismo de Saura no está tanto en *Los golfos* o en *Llanto por un bandido* como en su posterior *Pippermint Frappé* que, además, está dedicado a Buñuel. En *Pippermint Frappé* aparece la idea del doble, un tema buñueliano que está en *Ensayo de un crimen,* mezclado con planteamientos estéticos típicos de la Escuela de Barcelona, como era el tratamiento del color y el aspecto *design*, por ejemplo. En *La caza*, Saura asume ser el hijo predilecto de Buñuel, incluyendo referencias como el maniquí que también aparece en *Ensayo de un crimen*.

—*¿Crees que juega un papel importante el erotismo en la obra de Berlanga?*

—Creo que no. Si lo comparamos, por ejemplo, con un Buñuel (en el que el sexo se convierte en uno de los elementos para orientar su intento constante de transgresión, como transgresión surrealista frente a los convencionalismos de la religión católica) en Berlanga el erotismo es pachanguero. Es el erotismo de feria, del reprimido que va tocando culos. Mientras que en Buñuel no podemos entender el erotismo sin esa contraposición ideológica que mantiene con el catolicismo *(Viridiana, Simón del desierto, Nazarin, La muerte en este jardín*, etc.), en Berlanga siempre encontramos el erotismo laico y fallero de un valenciano juerguista. En *Tamaño natural*, que es cuando Berlanga quiere ir más allá de ese erotismo primario e intrascendente, me parece forzado y artificial. El asunto de *Tamaño natural* es en principio muy interesante. La realización de un fantasma fetichista en el que el simulacro objetual adquiere mucho más valor que la esposa. En el fondo, es un filme más desesperado que erótico, un filme sobre la soledad y sobre la incomunicación sexual. Y lo más potente de la película, que es el final con la violación colectiva de la muñeca, es muy español, muy machista y muy bárbaro, pero nada erótico. Creo que la erotomanía de Luis es en general algo postiza, o muy interiorizada, aunque él no estaría seguramente de acuerdo con esta afirmación.

—¿*Te parece postiza incluso cuando el marqués de* La escopeta nacional *colecciona pelos de coño?*

—Creo que este detalle no es tanto erótico como grotesco, lo que no hay que confundir con inverosímil. Insisto, a diferencia de otros directores, como Bergman o Bigas Luna. Luis Berlanga no tiene lo que podríamos llamar una «mirada erótica» en su cine. La Mónica Randall de *La escopeta nacional* tiene la misma asexualidad que la muñeca inflable de *Tamaño natural.* Al no ser personajes femeninos creíbles, o con una sexualidad creíble, no componen escenas eróticas convincentes. Yo pienso que a pesar de ser el presidente del jurado de un premio de novela erótica y de publicitar su interés por el erotismo y la perversión, Berlanga siente una atracción más intelectual que visceral hacia este mundo. Sería cosa de diván de psicoanalista averiguar cómo se ha configurado este interés a través de sus experiencias personales, pero esas perversiones de las que tanto habla no aparecen en absoluto en sus películas. Yo sigo lamentando, de todos modos, que se le escapase la ocasión de llevar a la pantalla *Las aventuras de Gwendoline,* porque ahí tendría que haberse mojado. Y ya sabes que declinó adaptar *Las edades de Lulú,* porque tan sólo la veía en pomo duro... Y tal vez tenía razón.

—¿*Qué lugar crees que ocupa Berlanga en la evolución del cine español?*

—Ocupa un lugar sencillamente fundamental, en el pelotón de cabeza. Y un lugar contradictorio. Empezó con aquel dichoso binomio BB (Bardem + Berlanga), asociado a las conversaciones de Salamanca y a la alternativa de un cine crítico, intelectual y autoral bajo el franquismo. Y lo pagó con las penalizaciones que sufrió en *Los jueves, milagro,* un proyecto demasiado atrevido para la España del nacional-catolicismo.

Pero más tarde, desde los años sesenta, cuando el cine de autor se entronizó en España con el Nuevo Cine Español, empezó a proclamar que se habían equivocado y reivindicaba públicamente la tradición de Cifesa, de aquellas películas cuyo rodaje había puesto precisamente en solfa en un par de escenas satíricas de *Esa pareja* feliz. Luis no reivindicaba a Cifesa porque fuera una empresa valenciana, sino porque consiguió hacer un cine comercial, que movilizaba al público, cuando la mayor parte de filmes del Nuevo Cine Español ahuyentaban al público. Es indudable que películas como *Nobleza baturra*, *Morena Clara* o los melodramas de Juan de Orduña sintonizaban con la sensibilidad popular. Y Luis lamentaba y lamenta ahora los anatemas de la intelectualidad contra este cine, porque era un cine vivo. Pero los intelectuales no destruyeron la tradición de Cifesa, sino la evolución del público y, en general, de los gustos y de la cultura de masas. A la tradición de Cifesa la mató lo que, de un modo simplista, podemos llamar la modernización del país, la alfabetización, el declive de la España agraria, etc. Dicho esto, es muy legítimo reivindicar, como hace Luis, el cine que busca de verdad la sintonía con el público y no con las subvenciones del Estado, o con las elites de arte y ensayo. Ahí están Dino Risi o Comencini. Y Luis esto siempre lo ha tenido muy claro: se hacen las películas para el público, no para el Estado.

Alfredo Matas

—Alfredo, cuéntanos cómo conoces a Luis García Berlanga, cómo te conviertes en productor de Plácido *y de qué forma empiezas en esto del cine.*

—Yo conozco a Luis antes de que viniera a verme con el proyecto de *Plácido*. En el año 1946 es cuando se está construyendo en Barcelona el cine Windsor, una sala que estaba situada en la Diagonal y que era fenomenal y suntuosísima; recuerdo que había un portero con galones y que en los días de estreno se colocaba una alfombra roja que llegaba hasta la calle. Por lo tanto, yo empiezo en el mundo de la exhibición, asociado con gente como Arquer —que era el propietario del Windsor—. Pero me aburría mucho o por lo menos no me divertía lo que luego haciendo de productor. En el año 1958 introduzco el cinerama en España, primero en Barcelona y luego en Madrid. El cinerama significaba, además de una pantalla mucho más grande de lo normal, que la proyección se realizara a través de tres proyectores sincrónicos—con todos los problemas que esto suponía para los operadores de la sala—. Bueno, entonces yo me había hecho muy amigo de Pere Casadevali y de Pere Portabella. Ellos habían metido algo de dinerito en la producción de *Los golfos* de Saura y más tarde harán lo mismo con *El cochecito* de Ferreri. Pere Casadevail era un hombre muy tranquilo que no entendía de cine y por ello me pidió a mí que si me podía ocupar un poco del tema. Justo en ese momento o un poco después, seleccionaron la película *El cochecito* para ir al Festival de Venecia. Yo ya había conocido a Luis a través de sus estrenos en Barcelona, pero es sobre todo a partir de este Festival de Venecia cuando comenzamos a tener una relación. Yo estaba con mi mujer —con Amparo Soler Leal—y Luis estaba con la suya —con María Jesús— que rápidamente se hicieron también amigas.

—O sea que no os conocéis con un proyecto concreto haciendo tú de productor y él de director.

—No, incluso después de lo de Venecia, nuestra relación girará en torno a las tertulias a las que asistimos y en las que conocemos a Mihura, Mingote, Vizcaíno Casas, etc.

—¿Cómo llega el proyecto de Plácido*?*

—Pues mira, llega concretamente en un viaje en coche de Madrid a Barcelona. Casualmente, entre un grupo de amigos, me tocó viajar con Juan Estelrich que, como vosotros, era otro fanático del jazz. Cuando estábamos ya hartos de la carretera, que en aquella época era mucho más pesada que ahora, nos paramos a comer en Los Monegros en un lugar que se llama El Parador del Ciervo. Durante la comida, Juan me dijo que tenía una sinopsis de Luis que se llamaba *Siente un pobre a su mesa.* Recuerdo que en el mismo restaurante, mientras tomábamos el café, Juan me enseñó lo que entonces eran dieciocho folios. Yo comencé a leerlos y ya no pude parar. Me gustó muchísimo, tanto, que estaba deseando llegar a Barcelona para ponerlo en marcha. Así, con Jaime Castells y los hermanos Bosch, conseguimos reunir los siete millones y medio que presupuestamos para hacerla película.

—¿Suele ajustarse Berlanga a los presupuestos asignados?

—Con Luis hemos hecho siete películas y siempre ha cumplido perfectamente con los presupuestos. Siempre se ajusta milimétricamente al tiempo y al dinero. Algunas veces nos hemos peleado en mi despacho... Bueno, en realidad nunca nos hemos peleado aunque a él le encanta decir que siempre nos peleamos. Quizá, la única vez que nos cabreamos fue en *Nacional III,* porque se empecinó en que un papel lo hiciera La Charito y yo no quería una folclórica en la película. Yo siempre digo que las películas son del productor hasta que se empieza a rodar. Cuando ya se ha empezado a rodar, entonces siempre cedo porque considero que hay que apoyar al director aunque creas que se equivoca.

—¿Esos dieciocho folios que lees en el restaurante ya contienen la participación de Rafael Azcona?

—Sí, todos los tratamientos de Colina habían sido anteriores. A mí me llega una sinopsis escrita por Luis y Azcona. Sabéis que a Luis le cuesta mucho escribir, es decir, que le gusta mucho hablar pero que otros escriban lo que él dice. Con Rafael Azcona encontró a un perfecto psicoanalista...

—Ya sabes que hay muchas leyendas sobre su trabajo con Azcona. ¿Cuál es tu versión como productor?

—Yo sólo los he visto trabajar en alguna ocasión.

Sé que se reúnen en un café de la calle Goya, en donde acuden muchas chicas guapas, y se dedican a hablar y a mirar las piernas... Entonces se inventan historias y dicen: «Esta debe de ser amante del tipo que vino ayer con su mujer», y a partir de ahí comienzan a imaginarse sus vidas cotidianas hablando y hablando durante horas. Al día siguiente, cuando parece que todo ha quedado en agua de borrajas, Azcona se presenta con cuatro páginas escritas. Entonces lo leen y lo aprueban o lo rechazan y siguen hablando. El problema que tienen es que los amigos se enteran de que se reúnen en un sitio determinado y acuden para hablar con ellos; entonces tienen que cambiar de bar. Últimamente se reunían en una cafetería de El Corte Inglés.

—*¿Te comentan ideas durante el proceso de escritura de un guión?*

—No, casi nunca. Yo les hago el contrato y cuando lo tienen terminado me lo trae Luis y entonces hablamos. Hombre, a Luis le he sugerido que quitara algunos detalles escatológicos que a mí no me gustan y que a él, como valenciano, le entusiasman. Algunas veces me ha hecho caso pero otras no, por ejemplo, en *Patrimonio nacional,* la marquesa se tira pedos y yo no pude evitarlo... A Rafael apenas lo veo... Rafael es un ser muy curioso, casi raro.

—*¿Cómo es?*

—Es un personaje muy oculto. Cuando vamos a tomar copas, en un momento dado se aburre o se agobia y desaparece sin decir nada. Luego... tiene un pequeño problema con el alcohol... Cuando bebe, es un poco agresivo. Al día siguiente es muy cariñoso, generoso, encantador y detallista. Cada año, el día de Año Nuevo, suena el teléfono y es él felicitándonos. Pero cuando se ha tomado cuatro copas puede insultarte y decir cualquier barbaridad Es increíble hasta dónde puede cambiar su personalidad. Cuando hablo con él de negocios siempre es mejor hacerlo por la mañana. Luis ya lo conoce y le aguanta cualquier cosa porque sabe cómo tratarlo. Por lo demás, Rafael es un personaje graciosísimo, inteligentísimo y genial. Como guionista es uno de los mejores del mundo. Jean Claude Carriére, al lado suyo, sólo podría tomar clases...

—*Volviendo a* Plácido, *¿por qué se rueda en Manresa?*

—Se necesitaba una ciudad de provincias, por lo tanto no podían servir los pueblos tipo Villar del Río que aparecen en *Bienvenido*, en *Calabuch* o en *Los jueves, milagro*. Es más difícil de concretar el porqué se rueda en Cataluña y no en otro sitio. No hay que olvidar, sin embargo, que aquí estaban los estudios Orphea, que, hasta que se quemaron, eran los mejores de España. Por otra parte, todos los productores éramos catalanes y nos resultaba más cómodo rodar cerca de Barcelona.

—*¿Es* Plácido *una película cara de producir?*

—Sí, es una película carísima para el momento en que se hace. Siete millones y medio. Entonces las películas costaban un millón o dos. La siguiente película que yo hice después de *Plácido* se llamaba *El buen amor* y me costó un millón y medio.

—*¿Por qué resulta tan cara?*

—Porque hay muchos actores y muchos planos difíciles de rodar, como el encuentro de las dos comitivas al salir de la estación. En general, las películas de Luis son más caras que la media porque utiliza a muchos actores. En *Plácido* le obligué a que no rodara una secuencia en una plaza de toros en la que los pobres componían un ajedrez humano. El presupuesto no permitía una escena tan cara, aunque reconozco que hoy pagaría lo que fuera para que esa escena estuviera en la película. Algunas veces, sin embargo, Luis se ha empeñado en rodar una secuencia insignificante con un alto coste económico. Por ejemplo, en *Nacional III,* en el plano final del casino, que está rodado en el Palacio de Cristal de Madrid y que fue muy caro de organizar porque tenía que ser un gran restaurante de lujo y tuvimos que hacer todo el decorado con un montón de extras que, por cierto, son siempre sus amigos y la gente bien de Madrid...

—*¿Ah sí?*

—Sí, a Luis le encanta montar estos planos porque de paso organiza una fiesta en la que se lo pasa pipa. Pero para organizar el decorado de aquella escena nos tirarnos cuatro semanas con un coste final de diez o quince millones de pesetas. Y total para que luego viniera con la cámara y lo rodase de forma que apenas se viera en la película. Estas cosas nos cabrean mucho a los productores.

—*Es cuando aparecen los tres protagonistas entre la gente y se sientan, justo antes de que anuncien que ha ganado Mitterrand en Francia.*

—Sí, exactamente.

—*¿Tuvo* Plácido *algún problema de censura?*

—No, si por ello entendemos la supresión de escenas clave. Sólo el corte de la escena del muerto que casan. Existen dos versiones, una con la mano que le mueve la cabeza para que diga «sí» y otra sin la mano. Ahí consideraron que atentaba contra el sacramento del matrimonio...

—*Berlanga nos dijo que creía que no se notaba suficientemente «esa mano».*

—Bueno, porque incluso esa versión de «la mano», que es la que quedó, se hizo con el miedo de que prohibieran la película por un detalle.

—*¿No tuvo otros problemas la película?*

—Bueno, lo que sí viví yo como anécdota fue cuando el mismísimo Franco quiso verla y tuve que ir a Madrid para que se le organizase un pase privado. A Franco la película no le gustó nada, a pesar de que dijo que le gustaba mucho el cine, «las buenas películas de cine...». Sin embargo, los encargados españoles de seleccionar las películas nos permitieron ir a

Cannes, queríamos ir a Venecia pero nos dejaron ir a Cannes... y en Cannes la vendí y recuperé el dinero que no había conseguido recuperar en España en las salas. A pesar de todo, creo que *Plácido* hubiera funcionado mucho mejor en Venecia.

—También fuisteis a Hollywood con la película nominada para un Óscar...

—Sí, y nos lo pasamos en grande aunque no nos dieron nada. Me dijeron que había quedado la segunda pero yo creo que eso se lo decían a todos.

—La planificación de Berlanga se caracteriza por la utilización del plano secuencia. ¿Cómo afecta a la producción el plano secuencia? ¿Es más caro el plano secuencia que la planificación convencional?

—En principio, el plano secuencia puede resultar más barato. Pero para que esto sea así, hay que saberlo utilizar como lo hace Luis. Es muy difícil hacerlo como él y, si se emplea mal, entonces puede resultar mucho más caro. El problema del plano secuencia está en mantener el ritmo durante seis o siete minutos. Cuando tú cortas un plano para hacer un plano contra plano o un plano medio, entonces el ritmo se lo das en el montaje. Pero un plano secuencia no lo puedes cortar. Por eso, algunas veces, las películas de Luis pueden resultar un poco embarulladas, porque como todo el mundo habla a la vez, no hay posible detención o racionalización. Hay muchos planos secuencia aparentemente brillantes que Luis termina por desechar —porque ha visto algún detalle que no le gusta— y que es una pena que no se hayan visto nunca. Luis rueda hasta conseguir como mínimo tres tomas buenas. El problema está cuando quiere utilizar un tramo de una y otro de otra. Entonces es necesario un plano de recurso para poder cortar unos segundos y empalmar con la toma anterior.

—*¿Ensaya mucho los planos secuencia?*

—Sí, muchas veces ha estado todo un día ensayando un plano para que sea rodado al día siguiente. Pero como productor, esto no me preocupa en absoluto porque, a lo mejor, con ese plano, te has quitado de encima quince o veinte páginas del guión.

—*¿Puede esta planificación incluso resultar más rápida que otra?*

—No sé si más rápida pero, al menos, no más lenta. En un rodaje, el tiempo está muy relacionado con lo que se dedica a la iluminación. Los grandes parones de rodaje se deben a la iluminación. Cada nuevo plano implica una nueva iluminación, que el director de fotografía puede eternizar. En el caso del plano secuencia que hace Luis, ese tiempo se economiza de forma muy clara. Si además, los actores están bien ensayados, se puede llegar a una realización real de la película de cinco minutos, cuando en cine, si consigues dos o tres en una jornada ya te puedes dar por satisfecho.

—*O sea que podemos suponer que, cuando hablamos de un plano secuencia de los largos. Berlanga ha estado un mínimo de dos días trabajándolo.*

—Sí, como mínimo. Habrá estado una jornada entera ensayando y en la segunda habrá empezado a tirar cinta.

—*¿Realiza muchas tomas?*

—De quince a veinte para cada plano. Por ejemplo, en *La escopeta nacional,* el plano de la comida, cuando aparece la rata, es un solo plano larguísimo en el que están todos los actores de la película. Para ese plano estuvimos todo un día ensayando y otro para rodarlo con dieciocho tomas. Pensar que nada más que un actor diga algo de una forma que a Luis no le guste, se tiene que volver a empezar, a llenar las copas, a poner la cámara en su lugar de origen, etc. Yo creo que es mucho más difícil rodar un plano como ése que uno con doscientos extras.

—*Pero siempre que el problema esté en el diálogo, lo soluciona en el doblaje, ¿no?*

—Sí y no. Cuando él v algo que se dice sin convicción lo corta porque también le repercute en la actuación. Por otra parte, es cierto que no hay nadie más entusiasta del doblaje que Luis. Siempre se le ocurren cambios. Cuando alguien tiene que decir «Buenos días» a lo mejor llega y se le ocurre: «¿Y por qué no dice "Hace un día de perros"?». Eso molesta mucho a los actores, ya que ven cómo dicen algo en la imagen que no corresponde al sonido. La verdad es que los doblajes con Luis son un calvario para un productor.

—*¿Por qué?*

—Porque, por un lado, es muy maniático y riguroso y por otro, la propia forma de su cine hace que muchas veces tengan que estar reunidos diez actores que salen en un mismo plano. Eso crea dificultades porque lo más normal es que ya estén trabajando en otra película o que no estén en Madrid. La gente se harta y piensa que Luis es muy pesado en los doblajes. Pero yo entiendo que es una parte importante de su cine, por eso me resultaría inimaginable verle trabajando con sonido directo.

—*¿Cuál es tu versión sobre el tema de la dirección de actores en Luis?*

—Bueno, yo puedo hablar de eso por lo que yo veo y por lo que me cuenta mi mujer Amparo Soler Leal. Pienso que más que ser un buen director de actores, lo que hace es escoger a alguien que conoce muy bien para que le haga de lo que sabe hacer. Eso le funciona perfectamente siempre que sea estrictamente así. Sinceramente, no creo que cuando se equivoca con un actor, sea capaz de solucionarlo mediante un trabajo de dirección. Por ejemplo, otra de las discusiones que tuvimos en *Patrimonio nacional* se produjo porque yo no quería que escogiera a Mari Sampere. Yo veía claro que no funcionaría. Y no funcionó. Insisto, Luis no sabe arreglar una actuación mediante un trabajo de dirección; cuando se equivoca en la elección, no hay nada a hacer. Por eso quiere asegurar al máximo repitiendo con los mismos actores de siempre como López Vázquez, Agustín González, etc.

—En Plácido, *sin embargo, la elección de Cassen, que casi se iniciaba como actor de cine, parece arriesgada a pesar de que ahora la podamos considerar acertada. ¿De qué forma surge la idea de Cassen como protagonista de* Plácido?

—Él buscaba un actor muy pasado, que por su relación con el público de cabarets o salas de fiestas fuera capaz de darle un aire de farsa. Tardamos mucho en encontrarlo y, aunque estoy de acuerdo en que está bien, creo que podríamos haber encontrado otro. Por ejemplo, en la misma línea, sin ir más lejos, creo que hubiera estado mejor un Pajares, aunque esto nunca se puede decir a toro pasado... No sé, es sólo una opinión.

—¿Has rechazado guiones de Berlanga?

—Sí, por ejemplo cuando me trajo un guión que se llamaba *El desguace* pasé uno de los peores momentos de mi carrera de productor, porque decirle a Luis que su guión no me gustaba era realmente ingrato. En general, en el oficio de productor, uno está acostumbrado a rechazar guiones que no le gustan, pero eso era especialmente duro con Luis, un amigo ilusionado con algo que a mí no me podía ilusionar por mucho que me esforzara.

—El desguace *es un guión que escribe con Pedro Beltrán, ¿por qué no te gustó?*

—Era la historia de un señor que lo mantenían vivo con tubitos mientras se producían una serie de intrigas en torno a él. Me parecía un argumento tan desagradable e incómodo que le dije: «Mira, Luis, no sólo no me interesa a mí este proyecto sino que creo que no deberías hacerlo nunca. Si yo pudiera, te prohibiría que lo hicieras. Tú lo que necesitas es un éxito de público, olvidarte de la crítica y conseguir una repercusión popular a través de una buena comedia que conecte con el espectador».

—*¿Y cómo reaccionó él?*

—Pues como es una persona muy inteligente lo encajó muy bien. Lo pensó, se olvidó del asunto y al poco tiempo me vino a ver con el guión de *La escopeta nacional.*

—*¿Cuál fue tu primera impresión ante el nuevo proyecto?*

—Tan pronto como lo leí, le llamé y le dije: «Venga, vamos a empezar ahora mismo». Me pasó algo parecido a lo que me ocurrió cuando leí el guión de *Plácido;* me gustó, me entusiasmó, lo vi clarísimo.

—*¿Cuánto tiempo transcurre entre la visita a tu despacho con el guión de* El desguace *y el de* La escopeta nacional?

—Muy poco. Tres o cuatro meses.

—*Parece que en un principio el título de la película,* La escopeta nacional, *iba a ser otro.*

—Sí, hubo varios títulos pero ninguno tenía fuerza. Tanto Berlanga como Azcona son muy malos para poner títulos. *Plácido*, sin ir más lejos, se tituló así por desesperación de no encontrar otro título que el del protagonista. Recuerdo que lo de *La escopeta nacional* surge cuando estábamos en Benicasim con unos amigos tomando unas cervezas. Había uno que decía que le podíamos llamar *La cacería,* pero no nos gustaba porque ya existí a *La caza* de Saura. Y al final alguien dijo lo de la escopeta nacional. A mf me gustó tanto lo de «nacional» que en la segunda película de la saga le dije, como condición, que tenía que aparecer esa palabra. Por fin, la palabra apareció en *La escopeta nacional,* en *Patrimonio nacional* y en *Nacional III.* Para *Patrimonio nacional,* Luis —que insisto es muy malo poniendo títulos, le quería poner algo así como *La casa de los errores* o *El palacio de los errores.* Creo, por cierto, que *Nacional III* fue un error como película. Es curioso que en *Patrimonio...* fui yo el que se empeñó en llevarla adelante —ya que Luis la hizo a regañadientes_ mientras que *Nacional III,* como tercer proyecto, yo nunca lo vi claro y fue Luis el que presionó. Reconozco, sin embargo, que el guión me pareció muy divertido, pero yo intuía que como película era ya forzar un poco la cosa...

—*Después de* Nacional III *todavía produces* La vaquilla. *¿En esta ocasión surge de ti o de él la idea de rodar un guión escrito hace tantos años?*

—Él me lo había propuesto muchas veces, pero a mí siempre me parecía peligroso hacer una película que parodiara la Guerra Civil. Me parecía que todavía no había llegado el momento de hacerla. Pero después de *Nacional III,* un día le dije que tal vez había llegado el momento clave; ya se había consolidado la transición a la democracia y el público le podía echar un poco de sentido del humor para desdramatizar la guerra. Esa España de buenos y malos era ya una España superada, la prueba está en que los que se quejaron, que hubo algunos de uno y otro bando, fueron muy pocos.

—*¿Cuál es la película que te gusta más de Berlanga?*

—Yo creo que la mejor es *El verdugo*.

—*¿Mejor que* Plácido?

—Sí, honestamente creo que *El verdugo* tiene un mensaje tan feroz que la hace más potente que *Plácido*. *Plácido* es más dispersa, es más ambiental pero menos profunda. Luis siempre dice que está más satisfecho con *Plácido,* pero eso yo creo que lo dice porque técnicamente es más original y coral.

—*¿Nunca te propuso el guión de* El verdugo?

—No, nunca me propuso nada más hasta *Tamaño natural* y *El desguace*.

—*¿Cómo surge la producción de* Tamaño natural?

—Luis estaba contratado por Christian Ferry, un productor que en ese momento tenía dos opciones: o producir *Tamaño natural* o producir *El último tango en París*. No quiso hacer *El último tango* y se decidió por *Tamaño natural*. Naturalmente se equivocó... Era un francés encantador que le preguntó a Berlanga si había alguien en España que pudiera implicarse en una coproducción. Fue entonces cuando Luis le habló de mí.

—*¿Participas tú en la producción ejecutiva y en el rodaje o eres más un socio desde España?*

—Sí, es una película que a mí me viene hecha desde París.

—*El anacoreta de Estelrich es una película producida por ti con un guión en el que participa Azcona. ¿Ves alguna relación entre* Tamaño natural y El anacoreta?

—Son resultados muy diferentes aunque sí que es posible que existan concomitancias.

—*Fernando Fernán Gómez hace el papel protagonista de* El anacoreta. *¿No crees que hubiera estado mejor que Piccoli en* Tamaño natural?

—No, sinceramente me parece difícil porque Piccoli me gusta mucho en *Tamaño natural*. Fernando, que es un extraordinario actor —siempre le llamamos o «el pelirrojo» o «el maestro»— hubiera podido estar tan bien pero no mejor que Piccoli.

—*¿Por qué no le ha ofrecido Luis más papeles a Fernán Gómez?*

—Tal vez porque Fernando no está especialmente dotado para la comedia que hace Luis, en donde se habla y se actúa rápido. Fernando es muy torpe andando, y casi no sabe ir en bicicleta o conducir un coche. Fijaos lo desacertado que está en *Moros y cristianos...*

—*Hablando de* Moros y cristianos, *no se entiende cómo hizo una comedia valenciana con actores tan castizos, sobre todo habiendo acertado tanto con Sazatornil haciendo de catalán en* La escopeta nacional

—Sí, el descubrimiento de Saza fue clave y, además, nos costó mucho encontrar a un actor catalán que se ajustara tanto al papel... Fernando es un personaje excepcional, un filósofo ingeniosísimo, antes nos quedábamos todos charlando hasta las tantas.

—*¿Qué te parece como director de cine?*

—En contra de lo que mucha gente piensa, a mí no me convence. Sus películas no me gustan casi nada. Me aburro mucho. Además, es un hombre de muy mal gusto visual. Fijaos cómo sus películas son todas muy feas. La de *Mambrú se fue a la guerra,* por ejemplo. En cambio como director de teatro me parece genial.

—*¿Crees que en España tienden a funcionar mejor las comedias que otro tipo de películas?*

—En el caso de Berlanga parece evidente que será siempre más taquillera una película como *La escopeta nacional* o *La vaquilla* que una como *Tamaño natural,* que no es tan claramente una comedia. Creo que al público español le gusta mucho lo irónico porque ello pertenece a su cultura de una forma especial. Pero *La escopeta nacional* y *La vaquilla* no sólo son comedias, son comedias que se ríen de nosotros mismos, de nuestra propia historia; y esto, si está bien hecho, suele funcionar muy bien en nuestro país.

-13-

José Enrique Monterde

—José Enrique, ya que has trabajado el tema históricamente, antes de hablar directamente sobre Berlanga podrías contarnos cómo afecta en España el neorrealismo italiano. Ello nos puede servir para situar Esa pareja feliz *la primera película de Berlanga y Bardem, en un contexto más definido.*

—Hay tres momentos claramente distinguibles. Un primer momento inicial se sitúa cuando el neorrealismo es una moda internacional de la que se habla en los círculos intelectuales. Ya existe una producción que hay que situar en los años 1949-1950 y que se plasma en películas como *El último caballo,* de Neville, *Día tras día,* de Antonio del Amo, e incluso algunos aspectos de *La calle sin sol,* de Rafael Gil, o *Las aguas bajan negras,* de Sáenz de Heredia, es decir, que los cineastas que están «al día» no dejan de hacer alguna referencia al neorrealismo. En el año 1951 comienza una etapa en la que el neorrealismo ya no es algo que se lleve como cualquier otra moda del cine internacional, sino que se convierte en un modelo, una propuesta de cine realista y una voluntad de aproximar y dar cuenta de la realidad a través del cine. Ésos son ya cineastas jóvenes, cineastas nuevos entre los que hay que situar a Bardem y Berlanga y, sobre todo, al Nieves Conde de *Surcos* (1951), quizá la película más importante del neorrealismo español de esta etapa. También están películas como *Segundo López, el aventurero urbano,* de Ana Mariscal, que prolonga este período hasta finales de los cincuenta, es decir, hasta las primeras películas de Ferreri.

—¿Es posible hablar de un neorrealismo dramático español?

—Con la perspectiva histórica resulta fácil ver hoy que el neorrealismo es en realidad un modelo que sólo sirve para potenciar ciertas vías hacia un realismo que conecta, mucho más que con Italia, con la tradición española. En España, quizá con la excepción de *Surcos,* no se da un neorrealismo dramático y duro, lo que explica el asumir la comedia como única vía y posibilidad. *Surcos* demuestra que la vía dramática del neorrealismo es imposible en España porque la censura no lo permite. *Surcos* plantea un tratamiento sistemático de problemas como la emigración campesina del campo a la ciudad, el estraperlo y la prostitución. Esta película supondrá la dimisión de García Escudero, director general de cine en ese momento. Por otro lado, en rigor, el neorrealismo llega a España muy tarde, cuando incluso en Italia ya apenas existe. Cuando llega a España el neorrealismo se ha disgregado: por una parte en ciertas individualidades como Rossellini, Antonioni, Fellini o Visconti, de las cuales —salvo De Sica y parcialmente Rossellini, y con retraso Fellini (que no se exhibe hasta *Lastrada)*— no se ha visto nada; por otra parte, aparece, en contraposición al neorrealismo duro de la primera etapa, el neorrealismo rosa de Sofía Loren, etc.

—Pero en esa escisión entre neorrealismo rosa y neorrealismo duro que apuntas en Italia, ¿dónde se podría encuadrar el cine de Berlanga?

—Yo creo que depende de qué Berlanga. *Calabuch y Bienvenido,* salvando las distancias, me parecen películas que no desentonarían en el grupo del neorrealismo rosa. Nunca abandonan completamente la influencia del neorrealimo duro, pero propician un tinte fabulesco que también tienen las consideradas rosas. Frente a esa línea, está la línea Bardem. Bardem, al margen de *Felices Pascuas,* que también es una comedia, intenta mantener un sentido dramático. El guión de *Esa pareja feliz* de Bardem y Berlanga es inicialmente dramático y, sólo después de varios tratamientos, se irá transformando en una comedia.

—¿Cómo se pueden situar los que llegarán más tarde como Ferreri, Azcona y el Berlanga de Plácido y El verdugo*?*

—Ferreri termina con un período definido porque, manteniendo una vía cómica, su naturaleza neorrealista es ya muy relativa al existir la presencia de elementos autóctonos muy diferentes. En *El pisito* y *El cochecito* así como también en *Plácido* y *El verdugo,* se puede apreciar un cambio hacia un sentido del humor más español. Esa componente de humor negro no está en el neorrealismo, al menos no como algo importante. Ferreri, Azcona y Berlanga acaban una segunda etapa para dar paso a una tercera que se inicia en 1959-1960 con el estreno de *Los golfos* de Saura. *Los golfos* vuelve a recuperar algunos elementos de la tradición neorrealista aunque también se dirige hacia otras vías del cine europeo ya que, aunque Saura no sea totalmente consciente, en esta película podemos encontrar rasgos del *free cinema* y de la *nouvelle vague.*

—Berlanga y Saura parecen representar generaciones notoriamente diferentes, ¿no?

—Berlanga pertenece a una generación que empieza a hacer cine con el neorrealismo o paralelamente a él. Saura pertenece a otra generación que se ha formado conociendo el neorrealismo en la Escuela de cine, es decir, que ve el neorrealismo como un punto de referencia histórico. Ven el neorrealismo con la perspectiva que nos dan los museos. Summers y Borau han declarado que vieron infinitas veces *Ladrón de bi-*

cicletas y otras películas neorrealistas y que con ellas aprendieron a pensar en la creación cinematográfica. Pero por otra parte, Saura también conecta con el cine de la época, el cine que se está haciendo en ese momento en Europa, como *Salvatore Giuliano,* que supondrá un considerable impacto cuando se estrena en España, o las películas de aquel señor tan olvidado hoy en día pero tan importante entonces que se llama Valerio Zurlini y que había hecho películas clave como *Crónica familiar* y *La chica con la maleta.* También, las primeras películas de Olmi como *El empleo* y el gran boom del cine italiano de los sesenta que producirá películas como *Rocco y sus hermanos* de Visconti, *La aventura* de Antonioni, *La dolce vita* de Fellini, etc. Todos ellos comparten una propuesta realista que parte de una reflexión sobre el neorrealismo desde la perspectiva histórica.

—Esa reflexión académica e histórica parece distinguir también a Bardem y Berlanga como primeros jóvenes que salen de una Escuela de cine.

—Sí, y esto es muy importante también entre los propios directores neorrealistas. En Italia, ellos componen el primer movimiento cinematográfico que tiene una conciencia histórica plena, bien porque han sido críticos, bien porque han pasado por el centro Sperimentale di Cinematografia, bien porque han estado ligados a cineclubs. Tanto Berlanga y Bardem, como los neorrealistas italianos, se ponen a hacer cine partiendo de clásicos ineludibles. En los años veinte, nadie tiene esa conciencia histórica porque la historia del cine comienza entonces. No hay nadie en los años veinte que empiece a hacer cine estudiando a Eisenstein o a Pudovkin. En cambio, los neorrealistas son tal vez la primera generación que se plantea la idea de aprender de los maestros clásicos, sobre todo de los clásicos soviéticos y, también, los clásicos, franceses de los años treinta. Los españoles que salen de la Escuela de cine también componen una nueva generación en este sentido. Berlanga siempre dice que entra en la Escuela de cine gracias a que, cuando llega el momento del examen, era el único alumno, quizá con Bardem, que había leído libros de cine.

—¿Qué formación cinematográfica podía tener Berlanga en ese momento?

—Siempre se ha dicho que Berlanga tenía más cultura leída que los demás. Había incluso escrito algunos artículos sobre cine en publicaciones de provincias. Pero desde la actualidad, tendríamos que preguntarnos una cosa clave: ¿qué cine veían entonces estos jóvenes? Si, por ejemplo, les hubiésemos preguntado a ellos entonces que nos dijeran un director de cine genial, hubieran elegido a alguien como René Clair, un director que hoy menospreciarían la mayoría de los jóvenes que estudiasen cine.

—¿Y el cine americano?

—Podía gustar, pero todavía no se habían descubierto los códigos que llevarán a la política de «autores». Ningún joven de entonces habla todavía de John Ford, de Howard Hawks o de Raoul Walsh. Cuando hablan de Fritz Lang, hablan del Lang de los años veinte. Cuando Lang se va a Estados Unidos ya no interesa a nadie, es decir, lo que tienen como referencias clásicas está en el cine de los años veinte, el cine expresionista alemán, el cine soviético y, finalmente, algunas figuras aisladas del cine americano, entre las que sobresale King Vidor. King Vidor sí que tal vez sea, con Chaplin —de Keaton no habla todavía nadie—, el otro gran nombre. En torno a la figura de Vidor también conocen algunas películas americanas más, como *Soledad* de Paul Fejos (1928) que han citado en relación a *Esa pareja feliz*.

—*¿Y de la comedia americana?*

—Conocen y están bastante influidos por el tono fabulesco de Capra. También, *Navidades en julio* de Preston Sturges será uno de los modelos reconocidos —junto con *Antoine et Antoinette (Se escapó la suerte)* de Becker— en *Esa pareja feliz*. El cine musical también llega pero no tiene mucho éxito en España. Los géneros americanos que no se verán son el cine policíaco o negro, el cine bélico relacionado con la Segunda Guerra Mundial y luego, el social americano, que nunca rebasará la censura salvo en algunos casos como el primer cine de Kazan, Losey o de Dassin, es decir, el de los directores que van a ser represaliados por la «caza de brujas». Esta recepción realista, curiosamente, va a notarse en algunas películas policíacas españolas de los años cincuenta como *Brigada criminal*, de ¡quino, *Apartado de correos 1001* de Salvador, etc. El realismo americano, por cierto, también influirá en el neorrealismo de género que gira en torno al cine policíaco, como es el caso de Pietro Germi en *Gioventú perduta (Juventud perdida)* o en *La citta si difende (La ciudad se defiende)*.

—*¿Se conoce el cine de Renoir?*

—No, Renoir es el gran desconocido en España. La única que llegará es *La gran ilusión*. Es lógico porque el realismo renoireano de los años treinta es un realismo de tradición naturalista —en la línea de las novelas de Emilio Zola— que está muy mal visto.

—*¿Ves alguna relación entre Renoir y Berlanga? Fernando Trueba nos decía que las concomitancias le resultan notorias.*

—En el cine francés, me parece en principio más clara la conexión con Clair, aunque yo no descartaría posibles semejanzas con Renoir. Hay ciertas películas corales de Renoir como *Le crime de monsieur Lange* que pueden parecerse mucho a algunas de Berlanga, a pesar de que a lo mejor él no las haya visto en su vida. La diferencia que veo es que los personajes de Berlanga, frente a los de Renoir, son muy poco solidarios. Por ejemplo, *Le crime de monsieur Lange* es la historia de un grupo de trabajadores que son estafados por el patrón —que se va con el dinero—. Luego, montando una cooperativa, consiguen reflotar la empresa que el patrón, todavía titular, quiere reconquistar. Por ello planean matarlo. Así, la conexión no la veo por la vía de la solidaridad sino más bien en ese sentido del humor tan vital que pueden compartir y, sobre todo, en la coralidad. También supongo que le debe de gustar mucho a Berlanga el personaje de Michel Simon —tan importante en el cine de Renoir— y sus obsesiones y perversiones sexuales.

—En una secuencia de Esa pareja feliz, *que transcurre en una sala de cine, un espectador le dice a Fernán Gómez: «Mira tú, el Juan de Orduña ese». Parece una ironía contra el cine que hace el franquismo. ¿Cómo es ese cine al que se enfrentan Bardem y Berlanga?*

—El cine del momento, el cine que se hace durante todo este período es franquista por definición porque no se puede hacer otro tipo de cine. Existen varios géneros distinguibles: por un lado el cine folclórico de Juanito Valderrama, Lola Flores, etcétera, que tiene mucho más éxito en las áreas rurales que en las urbanas. Es un cine de consumo rural que muchas veces no se llega ni a estrenar en Madrid, Barcelona o Bilbao. Luego hay un cine cualitativamente más interesante en el que podríamos distinguir la comedia, aunque la comedia tiene su gran momento entre 1941 y 1945 para dejar espacio al cine histórico. El cine histórico es el paradigma del cine español del momento a pesar de que sólo represente una parte ínfima del que se produce. Es el cine que se concreta en películas como *Inés de Castro, Locura de amor, La princesa de los Ursinos, Agustina de Aragón, Catalina de Inglaterra, La leona de Castilla, Alba de América,* etc. También, aunque mucho menos significativo, existe algún cine bélico como *El santuario no se rinde* y, a principios de los cincuenta, aparece alguna película anticomunista como *Murió hace quince años.*

— ¿Y el cine religioso?

—Sí, constituye otra moda dentro del cine español con autores como Rafael Gil y Vicente Escrivá (director y guionista respectivamente) y, algo relacionado con él —sobre todo por el éxito de *Marcelino pan y vino*—, aparece el fenómeno del cine «con niños». Este último tipo de películas, que mantiene huellas del neorrealismo, significará el gran éxito comercial no sólo de Pablito Calvo, sino de Joselito, etcétera.

—¿Se conoce el cine de Buñuel?

—Posiblemente se han pasado en la Escuela algunas de sus primeras películas, pero comercialmente, Buñuel es un desconocido. *El gran calavera* se estrena como una película mexicana de Jorge Negrete, por lo que nadie se entera de quién es el director. Pero, por ejemplo, *Los olvidados,* que hubiera sido fundamental, tardará mucho en pasarse. Cuando Saura presenta *Los golfos* en Cannes, la crítica francesa habla de la influencia de Buñuel y de *Los olvidados.* Saura asume la influencia de Buñuel, que precisamente ha conocido ese año en Cannes, pero no de *Los olvidados,* una película que no ha visto todavía.

—¿Se puede hablar de una influencia de Buñuel en Berlanga?

—Yo creo que la influencia de Buñuel en Berlanga es absolutamente inexistente. En el extranjero se habla de las tres «bes»; de Buñuel, Bardem y Berlanga, pero eso es absurdo y artificial. El cine de Berlanga tiene que ver muy poco con el de Buñuel.

—¿Por qué no tienen problemas de censura las dos películas en las que Bardem y Berlanga colaboran?

—En esas dos películas, Bardem y Berlanga todavía no son autores. Se están haciendo y no tienen un universo propio que defender. Su ironía o su crítica no deja de ser algo inocente para los ojos de la censura.

—En Esa pareja feliz, *sin embargo, hay dos referencias irónicas —además de la que se hace a Franco en su yate* El Azor*—al cine que se produce en ese momento en España. La película comienza con un rodaje que muy bien podría ser el de* Locura de amor *o* La leona de Castifia. *¿En qué sentido se rompe con una tradición?*

—Se puede decir que *Esa pareja feliz* supone, entre otras cosas, una ruptura temática. Presentar a unos protagonistas de clase trabajadora y en situación económica precaria no era nada frecuente en el cine de la época. Tampoco lo era el tipo de casa donde viven los personajes; con habitaciones realquiladas y llenas de gente. En la película, además, se plantea la inestabilidad laboral y la angustia por el trabajo, cosa muy insólita en ese momento. Y se hace a través del concurso radiofónico, que se convierte en el medio de ascenso social. También, se subrayan problemas como el déficit educativo en España ya que el protagonista sigue unos cursos por correspondencia para llegar a ser un técnico reparador de radios; sistema educativo, éste de la correspondencia, que tenía mucha importancia entonces.

—*Pero en el cine español de ese momento también aparecen pobres.*

—Sí, pero aquí, además de pobres, son trabajadores-pobres, y eso es importante. De otro lado, en *Esa pareja feliz,* son trabajadores-pobres al principio y al final de la película. En medio tienen ese sueño del concurso que se terminará convirtiendo en una frustración. No quiero decir con esto que Bardem y Berlanga quisieran realizar una crítica marxista de la situación española, ya que en ese momento, Bardem todavía no tiene una posición definida al respecto.

—*Entonces, ¿cuál es la moraleja de la película?*

—La moraleja es perfectamente asumible por el sistema, porque en el fondo lo que se viene a decir es que la riqueza no produce la felicidad, como muestra que acaben repartiendo los regalos del concurso a los pobres que hay en la calle; con lo cual tienes ese Final agridulce típico en las películas neorrealistas, como puede ser el caso de *Umberto D,* cuyo protagonista no se suicida porque piensa en la soledad de su perrito...

—*En el fondo es un planteamiento muy católico y muy compatible con el franquismo porque las niñas de Fátima han sido llamadas, además de por ser muy buenas, porque son muy pobres... Recordemos que el cristianismo tiene reservado a los ricos aquella difícil pirueta del camello y el ojo de la aguja...*

—Precisamente por ello digo que no se trata de un cine revolucionario. Pero tampoco se trata de una visión típica del cine de la época ya que en éste hubieran ascendido algo en la escala social. Después de su sueño vuelven al mismo sitio. Exactamente igual que en *¡Bienvenido, Mr. Marshall!* De hecho,

Esa pareja feliz y *Bienvenido* comparten el mismo argumento, la diferencia es que en la primera se sueña individualmente y en la segunda el sueño es colectivo.

—*¿Sobre qué quiere convencer entonces Bardem a Berlanga cuando le pretende adoctrinar posteriormente? ¿Cuál sería la postura «revolucionaria»?*

—Bardem tampoco hará después un cine revolucionario, es decir, un cine que critique directamente el franquismo y proponga la instauración de una alternativa revolucionaria. Éste no es posible en la España de ese momento. La postura que sí existe en este otro cine que hará Bardem en los años cincuenta es la que propone un cine regeneracionista que conecta con la cultura española que procede de la generación del 98. Es esa postura que tiene algo de moralina y de «españolidad» y que según por donde sale, puede ser más o menos progresista. Es pues la propuesta que concibe los males de España más desde lo moral que desde lo político.

—*Por ejemplo, en* Muerte de un ciclista *se está un poco entre lo político y lo moral. ¿no?*

—Sí, pero lo moral prima claramente sobre lo político. En el final de *Muerte de un ciclista,* el protagonista, a pesar de mandar al traste toda su posición social y sus amores ilícitos con Lucía Bosé, está dispuesto a confesar a la policía que ha matado a un ciclista. Se redime y se transforma haciendo el bien moral.

—*Pero también hay una revuelta de estudiantes.*

—Sí, pero esos estudiantes no protestan por unas reivindicaciones políticas, sino morales. Recordad que protestan porque el protagonista ha suspendido a una compañera injustamente. En *Calle Mayor* tampoco hay un postulado político ya que no se trasciende del moral Tal vez en el caso de *La venganza* es donde podamos encontrar al Bardem más explícitamente politizado. En *La venganza* asistimos —después de una historia familiar dramática y vengativa— a una reconciliación que conectaría con las tesis del Partido comunista en su proyecto de «reconciliación nacional».

—Quizá, *frente a otros postulados como los de Berlanga —sobre todo a partir de la colaboración de éste con Azcona—, Bardem llega a lo político a través de la solidaridad.*

—Sí, en *La venganza* aparece una huelga campesina en la que los protagonistas, que son una cuadrilla de vendimiadores, se solidarizan con esa huelga frente a los burgueses, que no lo hacen. Hay, por lo tanto, una solidaridad de clase que no aparece, al menos de forma tan explícita, en otras películas de Bardem.

—*¿Qué opinas de lo que nos dijo Ricardo Muñoz Suay cuando se refería a que Berlanga no tiene una ideología, y que esta carencia ha perjudicado su cine?*

—Berlanga pretende no tener una ideología, pero sí que la tiene. Berlanga revela en su cine un carácter conservador que no es en absoluto incompatible con su talento y con su lucidez artística. Es el viejo problema de la historia de la estética que se plantea entre Balzac y Marx, en el que Marx propone a Balzac como modelo de la narrativa a pesar de sus posiciones conservadoras. Precisamente por ser conservador, Balzac es capaz de analizar y rechazar la sociedad burguesa de una forma aceptable para el análisis socialista.

—*Pero ¿por qué el cine de Berlanga es conservador?*

—Bueno, lo cierto es que su conservadurismo es más claro en sus declaraciones que en sus películas. En sus películas no se puede hablar de un conservadurismo nítido porque no hay una propuesta política. En *Bienvenido,* lo que esperan los campesinos no es una reforma agraria sino a los americanos. Pero esto lo podemos tomar como una ironía o parodia progresista sobre la España de la época o como algo conservador. Seguramente, lo prudente sería no intentar forzar lo político donde no lo hay realmente. En un breve artículo editorial publicado en la revista *Objetivos,* si no recuerdo mal, se apuntaba una especie de advertencia al propio Berlanga para que no se fiase demasiado de sus seguidores porque existía el peligro de ser manipulado.

—*En* Plácido *y en* El verdugo *tampoco existe una dimensión política?*

—En *Plácido* tampoco podemos hablar de una denuncia política sino moral: la insolidaridad en la sociedad contemporánea, la soledad de algunas personas que evidencia la falta de proyectos comunes, la falsa caridad, etcétera, son denuncias completamente morales y no políticas. En *El verdugo* tampoco hay una dimensión que explicite lo político ya que lo que se propone es la falta de ética en el mecanismo social que lleva a romper y a contradecir sus propios valores morales: un hombre termina matando al seguir las pautas de comportamiento marcadas por la sociedad.

—*Sin embargo, como es bien sabido, esta película fue utilizada y denunciada como una maniobra comunista.*

—Pero eso ocurre como podría ocurrir con la mayoría de las obras literarias o artísticas. El poder —concretamente el poder de Sánchez Bella— entendió la película como una burla al sistema exactamente igual que los sectores más izquierdistas del Festival de Venecia la vieron como una frivolización conservadora de la pena de muerte en el régimen franquista. Lo mismo ocurría en la crítica que le hicieron en la revista *Positif*. Hay que tener en cuenta que ese mismo año, hacía dos meses, se acababa de ejecutar a dos anarquistas españoles.

—*En cualquier caso*, Plácido y El verdugo *parecen películas más eficaces políticamente que todas las de Bardem.*

—La diferencia clave es que Berlanga sólo denuncia los problemas mientras que Bardem, por sus posiciones políticas, no se conforma con la denuncia sino que quiere buscar una salida o solución que transforme y redima a los protagonistas, que les haga tomar conciencia. La idea de la «moraleja» está más en Bardem que en Berlanga.

—*Quizá esa ambigüedad y apertura en los finales haga que las películas de Berlanga resistan mejor el tiempo.*

—Es posible. De todas formas, el conservadurismo cinematográfico de Berlanga ha siclo también señalado en casos como el de *Calabuch,* en donde la idea de la cárcel —muchos entenderán cárcel franquista— se convierte en un lugar simpático e inocente. Hay que imaginarse al español que en ese momento tenía a un hermano o familiar en la cárcel; esa visión de la cárcel y de la policía que aparece en *Calabuch* le podía resultar insultante.

—*¿Con qué tradición española conecta Berlanga?*

—Yo creo que Berlanga enlaza con algunas tradiciones de la cultura española. Una es la que encontramos en la picaresca como fuente de una literatura realista. *El Lazarillo de Tormes y El buscón* serían las referencias más claras de esta peculiar literatura que se produce en España en los siglos XVI y XVII. En Berlanga existen personajes que pueden ser entendidos como pícaros, como es el caso del que protagoniza Manolo

Morán en *¡Bienvenido, Mr. Marshall!,* que no sólo vende a una folclórica sino que es también capaz de conquistar al alcalde y al pueblo y transformarse en el organizador imprevisto de una campaña para recibir a los americanos. En *Los jueves, milagro* podemos asistir también a la historia de un engaño o juego picaresco, ya que se pretende levantar un balneario venido a menos a través de la invención de un santo que aparece los jueves. Picaresca también existe en *Plácido* y en los mecanismos sociales que se generan en torno a una campaña en la que todos quieren sacarle provecho. ¿Acaso no hay picaresca en *El verdugo* cuando se pretende casar a la hija con el enterrador para así conseguir un piso? ¿O en el industrial catalán de *La escopeta nacional*?

— *¿Qué otras raíces españolas ves en Berlanga?*

—Otra fundamental es la tradición del sainete. Existe un sainete valenciano que tal vez sería interesante relacionar con Berlanga y que yo, honestamente, no conozco bien. Luego está el sainete de Arniches, con su salto a algo que se aproxima a la tragicomedia. No hay que olvidar que *Calle Mayor* de Bardem está inspirada en *La señorita de Trévele,* una de las obras fundamentales de Arniches.

—*¿Y de qué forma aparece lo trágico?*

—Sobre todo en Arniches se produce una mezcla de lo cómico y lo trágico. Es decir, que el humor se construye a partir de circunstancias que, con otro tratamiento, tendrían un contenido trágico o dramático. Un ejemplo en Berlanga de esto último lo podemos encontrar en *Vivan los novios,* en donde la comedia gira en torno a la muerte —en una piscina de plástico— de la madre del protagonista.

—*Otro elemento que parecen compartir Berlanga y el sainete es la formulación coral de las historias, ¿no?*

—Sí, la coralidad es fundamental en ambos casos. No podemos imaginar ni a Berlanga —con la excepción de *Tamaño natural*— ni al sainete sin un tratamiento en el que aparezcan muchos personajes. Mientras que lo trágico puede perfectamente plantearse con pocos personajes, lo cómico tiende a diluirse en la coralidad.

—*¿Y el vodevil?*

—No, el vodevil ya es otra cosa. Es un teatro mejor estructurado. Conservando la estructura del vodevil, se pueden construir cincuenta vodeviles distintos. En el vodevil lo que perdura es la mecánica y los recursos propios como los armarios que se abren, los actores que se esconden debajo de la cama para no ser vistos por otro que acaba de llegar, etc.

—*En términos sociales, el sainete parece estar ligado a los estamentos más pobres. ¿Existe un sainete de clase alta?*

—La tendencia es que no, entre otras razones porque la clase baja se asocia a una idea de coralidad en la que participan los vecinos con sus respectivas familias numerosas, abuelos, cuñados, etc. Eso está presente incluso en el teatro realista de los cincuenta, es decir, fuera de la comedia y del sainete. Por ejemplo, en obras como *Historia de una escalera* de Buero Vallejo.

—*¿Es el esperpento una tradición española próxima a Berlanga?*

—Yo creo que sí. Pero el esperpento ya no es enteramente costumbrista, pues supone una estilización de la realidad.

—*Pero al pensar en esperpento ¿piensas en Valle Inclán?*

—Sí, pienso en Valle, en *Luces de Bohemia,* en Max Estrella.

—*O en* Divinas palabras, *en la que una familia lleva a un muerto para que les den limosna.*

—Al principio llevan a un cabezón monstruoso que luego se les muere... Pero la ventaja de *Luces de Bohemia* es que supone una verdadera reflexión sobre el propio esperpento, sobre el sentido del esperpento en una determinada cultura nacional.

—*¿Y lo grotesco?*

—Yo creo que Berlanga no conecta tan claramente con lo grotesco. Lo grotesco es algo más superficial que el esperpento porque tiene que ver mucho más con una imagen que con una situación estructurada. Sin embargo, si definimos lo grotesco como una forma de contraste, podemos decir que aparece en *Vivan los novios* cuando se superpone la imagen del entierro con la de las chicas en biquini paseándose por el paseo de Sitges. Eso sí que se aproximaría a lo grotesco. Por el contrario, la situación de un hombre como el personaje de Manfredi, con sus temores por convertirse en verdugo, sería más esperpéntica que grotesca, porque, en definitiva, no remite a una mera apariencia o superficialidad, sino que responde a la estructura profunda de un individuo que sabe que para sobrevivir en un determinado marco social, tendría que ejecutar a otro. Eso no quiere decir que, eventualmente, lo grotesco y lo esperpéntico puedan coincidir: lo grotesco, como epifenómeno, puede revelar una estructura esperpéntica.

—*Los enanos de Buñuel o los famosos senos de la gorda de* Amarcord *de Fellini son grotescos. Sin embargo, son imágenes —a pesar de sus autodefiniciones de fallero mayor— que no tienen nada que ver con el cine de Berlanga.*

—Yo creo que en el fondo Berlanga asume y se da cuenta de su «valencianidad» muy tarde. Posiblemente hasta *Moros y cristianos* no intenta afirmarla de una forma clara. En Fellini podemos hablar de lo grotesco más que en Berlanga y Buñuel. El caso de Buñuel va más allá de lo grotesco porque construye sus imágenes mediante antífrasis: la imagen de un plano nos dice justo lo contrario de lo que nos esperábamos. En el final de *La edad de oro,* por ejemplo, uno espera —por lo que se nos ha indicado con el castillo y las grandes orgías y matanzas de niños que transcurren en éste— que el personaje que surja del interior (personaje que remite a Barba Azul) sea un tipo terrible. Sin embargo, nos encontramos con la sorpresa de un hombre dulce y afable con aspecto de Jesucristo. Otro ejemplo lo tenemos en *Viridiana,* en donde la comida de los mendigos se convierte en una parodia de la Santa Cena. La importancia de Buñuel radica en que mediante este mecanismo de antífrasis logra que lo que normalmente pasa por una solución literaria se consiga a través de la imagen cinematográfica. Eso en Berlanga no se da.

—Quizá porque en Berlanga las imágenes nunca pretenden ir más allá de lo que son, nunca llegan a convertirse en parodias de nada porque no trascienden los objetos o las situaciones para entrar en la categoría de símbolos. ¿Estás de acuerdo en que una diferencia clave entre ambos radica en que Berlanga —con la excepción de algunos de sus finales como el de Vivan los novios, Tamaño natural *o* La vaquilla— *no tiene un tratamiento simbólico mientras que Buñuel sí?*

—Sí, estoy completamente de acuerdo. Berlanga entra muy poco en lo simbólico, lo suyo es la situación cotidiana que no pretende trascender a otro significado. Quiero decir que podemos ver *El verdugo* con una carga simbólica, pero la película funciona perfectamente sin esa interpretación, a diferencia de películas como *La caza* de Saura, en las que cada frase nos remite a algo que va más allá de la situación. Éste es un problema que tienen las películas de Saura cuando las vemos ahora, que son como un juego de magia cuyo truco ya conocemos. Por ello las películas de Berlanga no caducan con el tiempo, precisamente porque no tienen un truco que nos obligue a verlas de una determinada forma. En este sentido, Fellini parece estar a caballo entre Berlanga y el planteamiento más simbólico de Buñuel o Saura. Fellini nos muestra el mundo barroco del catolicismo...

—¿Cómo?

—Bueno, está muy estudiado, tanto en su aspecto estético como moral. En *Ii bidone (Almas sin conciencia),* por ejemplo, como en todo el cine de Fellini, se muestra tanto el barroquismo católico como, desde lo moral, la idea de la redención: uno de los timadores que se disfrazan de cura termina muriendo. También, la redención moral de Zampanó en *La strada* —a partir de la muerte de Gelsomina— convierte la vida de ésta en un «via crucis» para redimir a aquél; siendo comprada por el bruto Zampanó terminará muriéndose —como Jesucristo— y consiguiendo que Zampanó cobre conciencia moral. Lo mismo ocurre con el personaje de Cabina en *Las noches de Cabina* en donde también asistimos a un «via crucis». Toda esta axiología felliniana se diluirá mucho a partir de *La dolce vita* en donde ya abandona este sentido moralizante.

—De nuevo, todo ello parece conectar más con Bardem que con Berlanga.

—Sí, aunque no debemos dejar de tener en cuenta las relaciones temáticas e incluso morales que pueden existir entre

Il bidone (Almas sin conciencia) y *Los jueves, milagro:* en ambas se condena la perversa utilización de la religión.

—Una influencia, en este caso extranjera, que nos parece evidente en películas como Plácido *o* El verdugo *—y que Azcona nos reconoció en la entrevista— es la de Kafka. La idea de la lucha contra la administración como algo angustioso es un tema que se repite en Berlanga. Incluso, algunas personas a quienes hemos preguntado «¿En qué consiste una situación berlanguiana?», nos han respondido que es lo que tiene que ver con las colas en las ventanillas y los infinitos trámites burocráticos que se producen en España.*

—Yo creo que todo eso se da casi exclusivamente en Azcona. La prueba es que en Ferreri ya existía esa influencia —a través de Azcona— en *La audiencia,* que es una versión de *El castillo* de Kafka. La diferencia entre los protagonistas de *Plácido* o *El verdugo* y los de *El proceso* y *La metamorfosis* está en que los primeros tienen muy claros sus objetivos. Frente a la burocracia, los personajes que interpretan Cassen y Manfredi se defienden y reaccionan en favor de un motocarro (cochecito en Ferreri) o para evitar convertirse en verdugo. En Kafka, por el contrario, asumen como algo consustancial a su propia existencia «su proceso», «su metamorfosis», «su situación en el castillo» y por lo tanto no pretenden conseguir nada

—Pero en ambos casos, en el de Azcona-Ferreri-Berlanga y en el de Kafka, los personajes pierden su libertad.

—Sí, pero mientras que el determinismo de los primeros es social, el de Kafka es esencial, existencial... Los personajes de Kafka no tienen sentimiento de culpa.

—Los de Plácido *y* El verdugo *tampoco.*

—Bueno, pero tienen un interés que les moviliza: en *Plácido,* el motocarro es un mecanismo para ascender socialmente. Los personajes de Kafka no tienen volición y, en ese sentido, son inocentes e inhumanos.

—*¿Son los mecanismos del Estado los que están delante de los personajes de Berlanga?*

—En *El verdugo* y en *La escopeta nacional* sí, pero en *Plácido*, aunque exista una campaña pública, que es la de «siente un pobre en su mesa», la trama se resuelve en el territorio de lo privado, de lo civil. En cambio en *El verdugo* aparece un contexto institucional que nos refiere a la cárcel y a los funcionarios que ejecutan, lo que sólo se puede entender como parte del Estado. En otras palabras, *Plácido* está en la órbita del derecho civil mientras que *El verdugo* lo está en la del derecho penal.

—*Sin embargo, y salvando las distancias, parece tan kafkiana* Plácido *como* El verdugo.

—Pero ese elemento kafkiano puede estar más por ese deseo continuamente diferido en el pago de la letra. El juego irónico en *Plácido* consiste en que, a pesar de poder pagar la letra del motocarro, las situaciones y el movimiento acelerado de la campaña no le permiten llevar a cabo su objetivo porque nadie entiende que lo que Plácido quiere realmente es pagar. Nadie le escucha porque se convierte en un solitario a remolque de un tren que no consigue parar. Claro, lo que ocurre es que precisamente por su ignorancia, Plácido puede confundir ese tren con el castillo kafkiano. La verdad es que la ventanilla del notario al que va a pagar la letra es una ventanilla muy burocrática...

—*¿Crees que el Azcona anterior a Berlanga refleja en sus escritos una concepción más politizada o denunciadora que la del Berlanga de* Calabuch*?*

—Azcona viene a Madrid sin una sola peseta y lo pasa muy mal. Frente a Berlanga, a quien su madre «le pone un piso» nada más llegar, Azcona comienza a escribir para ganar algo de dinero. Por ello, los obreros y los campesinos de la primera época de Berlanga son como una recreación decorativa al servicio de la ambientación. Azcona, que ha conocido una juventud mucho más dura, aportará las miserias de la vida real, como había ya mostrado antes de conocer a Berlanga en su colaboración con Ferreri.

—Berlanga insiste en decir que la aportación más importante de Azcona a su cine está en la estructuración de los argumentos que a partir de Plácido *y* El verdugo *avanzan con mayor linealidad. ¿Crees que esto es enteramente cierto? ¿Podemos afirmar que* Plácido *y* El verdugo *desvelan una trama de guión menos dispersa que* ¡Bienvenido, Mr. Marshall!*?*

—Sí, definitivamente. Aunque la puesta en escena pueda indicar lo contrario (ya que concretamente en *Plácido* se consigue un funcionamiento aparentemente más caótico), los guiones que hace con Azcona resultan mucho más trabajados que los anteriores. En *Bienvenido,* el guión se dispersa en un montón de personajes que interactúan por agregación, como en un mosaico. Uno tiene la sensación de que *Bienvenido* se podría descomponer en cortometrajes independientes como podrían ser los sueños, que aparecen como una yuxtaposición que no modifica la historia. Eso no sería posible en *Plácido,* y mucho menos que en *Plácido* en *El verdugo.* En *El verdugo* aparece una línea argumental mucho más visible que en *Plácido,* ya que, en esta última, el pago de la letra del motocarro no resulta, ni mucho menos, la trama central ni más interesante de la película. Por otra parte, quizá sea *El verdugo* el guión más linealmente estructurado de toda la obra de Berlanga.

—*En un artículo de Llinás en el que se analiza la estructura de* El verdugo *se plantea una correspondencia entre algunos planos y la propia película dando a entender una planificación mucho más pensada de lo que normalmente se suele atribuir a Berlanga...*

—Llinás sugiere que en *El verdugo* existe una estructura de agresión que rompe constantemente las situaciones y que corresponde, efectivamente, con la estructura de agresión que contiene la propia temática de la película. Siempre hay una circunstancia externa que viene a impedir que se consume una determinada situación. La película comienza con un individuo que está intentando desayunar y que es interrumpido porque el verdugo, que acaba de ejecutar, le pone los hierros en su mesa. Esta idea, que es la idea de la película —un individuo obligado a hacer lo que no quiere hacer— se repite en forma de microcosmos o pequeñas situaciones, a lo largo de toda la historia.

—*Concretamente se repite, por ejemplo, cuando la pareja está bailando y les quitan la música, cuando el verdugo les encuentra medio desnudos en la cama, cuando van a estrenar un colchón haciendo el amor y llega la notificación ministerial que le obligará a ejecutar en Mallorca, etc.*

—En este sentido, el mejor *gag* es cuando aparecen fantasmagóricamente, como si se tratase de la barca de Caronte, los guardias civiles con el megáfono en las Cuevas del Drach. Después de que por fin están consolidando su viaje de novios típico (ya sabéis que en aquella época todas las lunas de miel tenían como destino Mallorca) irrumpe la Guardia civil llamando al renegado verdugo. En el contexto del turismo, con todos los festivos extranjeros en traje de baño, la irrupción de la Guardia civil —como imagen que evoca la España represora y trasnochada— produce un efecto grotesco... La película entera está construida con ese tipo de situaciones en las que se irrumpe con un elemento que detiene un posible camino hacia la felicidad o el placer; es muy interesante.

—¿En qué medida crees que esto que parece tan sólido y tan coherente se lo plantean Berlanga y Azcona de forma consciente?

—La tesis de Llinás es que eso no puede ser casual y que evidentemente, las películas de Berlanga están mucho más pensadas de lo que opina el propio Berlanga. Yo estoy de acuerdo con esa tesis ya que el «intuicionismo» tiene, en términos estructurales, unos límites que no van lo lejos que va Berlanga en un caso como *El verdugo*. Esa aparente intuición que sugiere el caos que organiza en algunos de sus planos es, también, sólo aparente, como muestra la cantidad de veces que repite tomas en el rodaje y lo exigente que es con los pequeños detalles secundarios y corales.

—Siguiendo con esa idea de la irrupción, del coitus interruptus *situacional que señala Llinás, la figura de la mujer como destructora del hombre —que podemos ver ya en* El verdugo*— se va a repetir en sus tres próximas películas, que son* La Boutique, Vivan los novios *y* Tamaño natural

—Efectivamente, ese carácter destructivo de la mujer está ya presente en *El verdugo.* Todas las desgracias que le ocurren al protagonista están propiciadas a partir de la mujer y del acto sexual que él tiene con ella. Es cierto que en las siguientes películas que señaláis esto se explicita más directamente, ya que, por ejemplo, en *La Boutique* y en *Vivan los novios* ya no es sólo la mujer sino la madre la que aparece como castradora.

—Desde un punto de vista más formal, ¿qué caracteriza el plano secuencia berlanguiano?

—El plano secuencia de Berlang no tiene nada que ver con el de Orson Welles, por poner un ejemplo de otro autor conocido por la utilización del plano secuencia. La cámara, en Berlanga, no se mueve apenas, por lo que es inimaginable algo parecido al principio de *Sed de mal.* En Berlanga lo que se mueven son los actores y lo que esencialmente percibimos es la simultaneidad. Simultaneidad que permite que escenas del segundo plano puedan llegar a tener una vida propia, como si fueran dos planos independientes que nos cuentan historias paralelas.

—Por ejemplo, en Plácido, *justo antes de que muera el pobre, se superponen de forma admirable las secuencias en las que López Vázquez se pone un aparato para evitar la sinusitis.*

—Sí, es un claro ejemplo que muestra cómo se puede yuxtaponer un motivo cómico dentro de un contexto dramático sin necesidad de cortar con el plano. La continuidad del plano secuencia le permite a Berlanga que un personaje del fondo, al que vemos implicado en una situación independiente, pase a participar de la que se desarrolla en primer plano. Eventualmente, por otra parte, en el plano secuencia berlanguiano se habla mucho, se habla a la vez. Eso logra otro de los objetivos de Berlanga, que consiste en crear la confusión y la aparente espontaneidad de la que hablábamos. Supongo que ésta es otra de las diferencias clave entre Buñuel y Berlanga, ya que Buñuel hace servir el primer plano para jerarquizar o subrayar un objeto o personaje mientras que en Berlanga no existe apenas el primer plano.

—Por cierto, pensando en el argumento de Plácido, *¿no te parece curiosa la coincidencia de «el cochecito» de la película de Ferreri y «el motocarro» de* Plácido?

—Es que en ambos casos se reproduce la incipiente posibilidad de tener un coche como objeto de consumo para las clases menos favorecidas. Es un poco lo que acabará siendo el Seat 600.

—*Pero el motocarro es para Plácido un medio de trabajo, ¿no?*

—Sí y no. Es un instrumento de trabajo en la medida que implica una autonomía laboral, pero también es algo que utiliza la familia para trasladarse y eventualmente salir el domingo. En *El verdugo*, esto está todavía más claro cuando utilizan el coche de muertos para salir el domingo al campo. Incluso hay alguien que dice, como si el coche sustituyera a la típica neverita portátil: «Qué fresquitos deben llegar los refrescos en este coche». En Berlanga y Azcona, todo vehículo con ruedas, sea cochecito, motocarro o coche de muertos, tiene esa doble vertiente que puede convertirlos en instrumento de trabajo o en signo de estatus social.

—*En algunas películas de Berlanga se repite la idea de la organización de una campaña como gran montaje espectacular. La idea del espectáculo parece otro recurso temático clave...*

—Sí, el espectáculo es un motivo que se repite en Berlanga. En el año 1950 se estrena *Luci del varietè* de Fellini y Lattuada, película que sería interesante saber si Berlanga había visto. En *Esa pareja feliz*, se produce la espectacularización de la propia pobreza. Los protagonistas aceptan ser carne de espectáculo en la medida en que participan en un concurso. En *¡Bienvenido, Mr. Marshall!*, el pueblo entero se transforma en un espectáculo en el que incluso se ensaya y se levantan decorados. Durante largas jornadas de trabajo, los habitantes de Villar del Río sueñan con agradar a «unos espectadores americanos» que les visitarán.

—*En* Los jueves, milagro *también asistimos a una puesta en escena en la que Isbert se tiene que disfrazar de san Dimas.*

—Milagro que me vuelve a hacer pensar en Fellini y, concretamente, en el milagro que encontramos en *Las noches de Cabina,* en donde Cabina va a un lugar en el que se supone que se ha aparecido la Virgen, o también, en el milagro de la peregrinación de La *dolce vita*. En ambos casos el milagro es entendido por Fellini como una forma de espectáculo. En *Plácido* se utiliza a los pobres para convertirlos en elemento espectacular como muestra la cabalgata que tienen que realizar desde la estación en la que vemos a un pobre comiendo con un rico como si fueran en una carroza de los Reyes Magos.

—Bueno, en este sentido de «espectacularización de la pobreza», la secuencia más significativa la suprimió Alfredo Matas por un problema presupuestario. Era una escena en la que se organizaba con los pobres un ajedrez humano en la plaza de toros. Para ello tenían que disfrazarse de rey, de caballo, de alfil o de torre y quedarse allí parados con el frío hasta que los ricos «les moviesen».

—No conocía esa anécdota, me parece muy buena... También, en *El verdugo* se fuerza a Manfredi a participar en lo que puede ser entendido como un espectáculo y que, de hecho, históricamente lo había sido. Así pues, como podemos ver en todos estos ejemplos, Berlanga utiliza la idea del espectáculo con mucha frecuencia. El espectáculo se convierte en su cine en una metáfora de la sociedad.

—Hace unos años, escribías, en un dossier de la Filmoteca de Valencia, que algunas de las películas de Berlanga han venido a corresponderse con el cine de géneros español.

—Sí, yo no sé en qué medida Berlanga es consciente de ello, pero esas referencias de género parecen claras. En *Esa pareja* feliz, además de las alusiones al cine histórico español que ya hemos comentado (en el rodaje del comienzo y cuando están los protagonistas en un cine) podemos encontrar correspondencias con la comedia española de los años 1940-1950. Ese tipo de comedias —como en el concurso televisivo «Reina por un día»— en las que los protagonistas dejan de ser lo que son durante un corto período de tiempo. En *Esa pareja* feliz, los protagonistas, también como en el caso de Cenicienta, pueden vivir como viven los ricos durante veinticuatro horas.

—*¿Remite* Bienvenido *a algún género español?*

—Sí, al cine que podríamos llamar folclórico. Sin embargo, lo curioso es que siendo una película que se podría clasificar dentro de ese género, es a la vez una parodia del mismo.

—*Pero lo que es una parodia ya no puede considerarse dentro del género.* El Quijote *no es un libro de caballerías.*

—De acuerdo pero, por otra parte, *Bienvenido* tiene la estructura fabulesca y los espacios musicales de rigor para poder ser considerada una película folclórica. Lo mismo ocurre con *Los jueves, milagro.* ¿Con qué criterios podemos excluirla completamente del cine religioso español de la época? De igual forma que tampoco podemos dejar de relacionar *Vivan los novios* con la comedia «desarrollista» española de Lazaga o Masó que se hará en los años sesenta.

—*¿Cómo ves* Vivan los novios *dentro de la obra de Berlanga?*

—*Vivan los novios* se sitúa en un momento histórico del cine español muy particular. Al finalizar la década de los sesenta, los cineastas del «nuevo cine español» están casi todos en paro y los que no lo están trabajan en lo que se llamará un cine comercial o cine de subgéneros, como pueden ser las películas de terror o las famosas «españoladas» de los catetos españoles con las turistas. Son las películas en las que aparecen actores como Alfredo Landa, López Vázquez y José

Sacristán. La fase «desarrollista» de La zaga y Dibildos ya ha quedado atrás y deja paso a este tipo de comedia en la que el turismo se convierte en el elemento de contraste para crear la figura del español «salido» que va buscando suecas por las playas. *Vivan los novios* era una película arriesgada porque corría el peligro de no ser más que eso: una comedia sobre la represión sexual en un ambiente turístico (de hecho se considerará por muchos como una película fallida de Berlanga). Cuando Berlanga vuelve de hacer *La Boutique* en Argentina Opta por reinsertarse, al menos en lo temático, en el cine comercial español. Pero lo interesante del caso de *Vivan los novios* es que, al llevar a todos los personajes al extremo de este subgénero del «landismo», consigue una parodia del propio subgénero. Ese personaje que llega a Sitges para casarse con una novia que apenas conoce y que está dispuesto a correrse la última juerga de su vida convierte la película en una parodia. Incluso estéticamente, la película quiere ser extrema y paródica.

—*Es cierto, los colores de los trajes de baño, los flotadores de plástico y los muebles son terriblemente molestos y estridentes.*

—Esos colores estridentes irán sobresaliendo todavía más a medida que en la película avance el color negro y funerario de la muerte de la madre del protagonista. Con el contraste entre colores funerarios y festivos va paralelo el contraste entre la mujer con la que se tiene que casar y la fantasía erótica y polimórfica de todas las turistas.

—*Pero tampoco es tan polimórfico su amor hacia las turistas, ya que se acaba enamorando de una en concreto.*

—Es cierto, pero él sabe que por su diferencia cultural y por las barreras lingüísticas no sustituirá a la mujer «para toda la vida» que le supone su novia española. A la versión del personaje reprimido se añade la del personaje enajenado por su cultura que ve «una chica fácil» en todas las turistas. Para el protagonista, por lo tanto, se descarta la posibilidad de vivir con una turista, ya que la idea del matrimonio aparece en la película como institución castradora que termina relacionándose con la muerte. Así, finalmente, el protagonista no puede hacer el amor con su mujer en la noche de bodas porque el matrimonio le evoca la religión y la muerte de su madre. A la contraposición policromía-luto sucede eros-tánatos, entendiendo esto último como un resultado castrador.

-14-

Ricardo Muñoz Suay

—*¿Cómo conociste a Luis?*

—Bueno, antes de conocer a Luis conocía de vista a la familia García Berlanga. La familia García Berlanga era una familia importante de Valencia. Eran caciques liberales de la comarca de Utiel, que está en la zona castellanoparlante de Valencia, así que todos los tópicos que se atribuyen a Luis en torno al Mediterráneo y Valencia son relativamente ciertos. El padre era un político conocido. Fue senador liberal durante la monarquía de Alfonso XIIIy diputado por el Frente Popular en la Segunda República. A pesar de ello, al iniciarse la guerra fue perseguido por los republicanos y tuvo que refugiarse en Tánger con uno de sus hijos. Cuando volvió a España, la dictadura de Franco lo encarceló y condenó a muerte por haber sido diputado del Frente Popular. Luis me contó que pagaron unos cinco millones de pesetas, de los de entonces, para que le conmutaran la pena de muerte y, para reunirlos, tuvieron que vender gran parte de sus propiedades. Yo conocí a Luis en el año 1949 cuando salí de la cárcel como preso político. En la cárcel, como me gustaba mucho el cine, estudié y leí todo lo que pude en la medida que nos lo permitían. Al salir, un amigo mío gallego me ofreció la posibilidad de trabajar como ayudante de dirección en una película. En ese momento yo no había pisado nunca un plató y mis únicos conocimientos de cine eran teóricos. La película fracasó al cabo de unos días de rodaje, me quedé sin trabajo y en una situación económica muy precaria. Entonces me puse en contacto con un amigo catalán, Juan Bosch, que era ayudante de dirección en esa época y más adelante fue un director con bastante éxito comercial. Me habló de que Antonio del Amo iba a empezar una película, *Día tras día,* producida por Altamira. La productora estaba formada por Berlanga, Bardem, Garragorri, Gurruchaga, los dos últimos, discípulos de Ortega y Gasset. Casi todos habían estudiado en la Escuela de cine. Altamira, la productora, se había constituido básicamente para que Bardem y Berlanga hicieran películas, puesto que ya se habían destacado como alumnos en el IIEC. Pero para la primera película de la productora decidieron contratar a un director profesional pensando que la segunda sería ya para Bardem y Berlanga. Antonio del Amo me aceptó como *script.* Una vez iniciado el rodaje, hubo una pelea entre Antonio del Amo y Juan Bosch —ayudante de dirección—. Éste abandonó el filme y yo me convertí en ayudante de dirección. A raíz de ese rodaje conocí a Bardem y Berlanga con los que rápidamente se estableció una corriente de simpatía y entendimiento. En ese momento Bardem ya tenía una ideología y un conocimiento de la realidad política diferentes a las de Berlanga, pero a pesar de ello eran muy amigos. La película de Antonio del Amo tuvo cierta importancia; influida por el neorrealismo italiano se rodó casi íntegramente en las calles y marcó una renovación dentro del cine español —en la medida que el cine español se renueva en profundidad—. Era, en cualquier caso, una película interesante en muchos aspectos. Después de esta película, Altamira emprendió el proyecto de *Esa pareja feliz.* Como no tenían claro cuál de los dos estaba más capacitado para dirigir, se llegó a la fórmula de la codirección. En ese momento yo era el único de los tres que había trabajado en un rodaje, así que me convertí, no sólo en ayudante de dirección, sino también en el hombre de confianza para hacer el plan de trabajo, pasar el guión a máquina, etc.

—¿Cómo era Berlanga en esa época?

—Luis mezcla en su carácter la testarudez y el lirismo, la improvisación y la claridad de ideas. Aunque siempre dice que está lleno de dudas, eso no es cierto. Es un gran mentiroso y tras esa mentira oculta lo que yo llamo el recelo del campesino valenciano. Luis era de una ideología antitotalitaria y, por tanto, enemigo de toda violencia. Nos hicimos muy amigos, venía todos los días a comer a mi casa. No es que yo estuviese en condiciones de invitar a nadie a comer, se traía su propia comida que la criada le había preparado.

—Esa diferencia social que sugieres entre Berlanga y los demás ¿crees que le ha permitido seleccionar los proyectos con más cuidado y no tener que aceptar cualquier cosa?

—Desde luego, Luis no tenía problemas económicos, vivía solo en Madrid y muy bien hasta que años más tarde se casó. Nunca ha tenido la necesidad de vivir del cine y es posible que esto le haya permitido hacer el cine que le ha dado la gana. Luis tenía otro tipo de problemas —úlcera de estómago, inseguridades, neurosis—, de los cuales se queja siempre mucho.

—Los amigos ya lo sabemos, pero a veces, tanta queja llega a generar violencia contra él. Mis relaciones con Luis son las de dos ancianos que han perdonado muchos momentos difíciles de su relación.

—¿Qué importancia tenía el Partido comunista en ese grupo?

—*Yo* era militante del Partido comunista, lo fui durante treinta años, desde 1932 hasta 1962. Sufrí la guerra y la posguerra con muchos años de encierro. Por determinadas circunstancias, me convertí en el responsable del trabajo clandestino del Partido comunista en Madrid. Esto hacía que mis visiones de la realidad fuesen muy sectarias, pero no impedía que tuviese una amistad entrañable con personas visceralmente anticomunistas como Luis.

—¿*Cómo se concreta la producción de* ¡Bienvenido, Mr. Marshall!?

—*Bienvenido, Mr. Marshall!* se hizo en parte por mí, aunque, si yo no hubiese intervenido, Bardem y Berlanga hubieran seguido haciendo cine por otros cauces. Todo empezó a raíz de un encuentro con Canet, un decorador de cine que me preguntó si conocía a algún director joven para dirigir una película producida por Uninci, una nueva productora que sólo había hecho una película con Florián Rey y tenía interés en algo novedoso. Le hablé de Bardem y Berlanga, les puse en contacto con Uninci y entramos todos a formar parte de la productora. Bardem, coguionista de la película, tuvo problemas con la productora y abandonó el proyecto cuando ya habían empezado los preparativos. Nos planteamos la posibilidad de abandonar solidarizándonos con Bardem, pero Luis nos persuadió para que siguiéramos adelante y así lo hicimos. Con *¡Bienvenido, Mr. Marshall!* tuvimos muchos problemas, nadie creía en aquella película, los únicos que confiaban en Luis, aparte de él mismo, éramos Elvira Quintillá, Félix Fernández y yo. Todo el equipo estaba en contra de Luis, consideraban que no tenía ni idea de nada, ni de dirección de actores, ni de objetivos ni de nada. Incluso llegó a las manos con el operador Berenguer. Luis luchó muchísimo contra toda esa intolerancia y por acabar la película como se había propuesto. Hubo un enfrentamiento con los productores y nos amenazaron con llamar a Florián Rey para acabar el montaje de la película.

—*¿Cómo os pusisteis en contacto con el cine italiano?*

—De Sica, De Santis, Lattuada, Zampa, etcétera, fueron a Madrid a presentar sus películas en unas sesiones monográficas sobre cine italiano que se hacían en el Instituto italiano. Sus películas nos impactaron mucho y yo inicié una amistad con Zavattini, el gran guionista del neorrealismo. Le pasamos *¡Bienvenido, Mr. Marshall!* y le gustó muchísimo, así que, financiados por Uninci, que había producido *Bienvenido,* nos fuimos a Italia para escribir un guión con Zavattini. En ese momento, el neorrealismo puro empezaba a cuartearse, era la crisis de un cine que no estaba hecho para el gran público sino para determinadas capas críticas de la sociedad italiana. El «círculo del cinema», que agrupaba a realizadores antifascistas italianos procedentes de todas las áreas de la izquierda, se reunía con frecuencia. Yo llevé a Luis a alguna de estas reuniones aunque siempre se negaba. Tenía miedo de acudir a este tipo de encuentros; un miedo físico, porque había que volver a España, y un miedo ideológico y psicológico a ser manipulado, decía que todo aquello eran maniobras del Partido comunista.

—*Desde tu experiencia como su ayudante de dirección, ¿cómo crees que dirige Luis?*

—Yo no fui consciente de su tendencia coral en *Esa pareja feliz,* pero la intuí en *Bienvenido.* Luis, como director, produce un caos que irradia e impregna a los que le rodean. También consigue crear la coralidad y el caos en el equipo, lo cual no es bueno. Desde luego, Luis ha evolucionado en sus películas, ha aprendido de una forma pragmática y experimental. Sus últimas películas están mejor elaboradas técnicamente y, aunque no son *El verdugo*, yo defiendo mucho *La escopeta nacional*. *La vaquilla* es una película hecha a destiempo por pura tozudez, todos los amigos intentamos persuadirle de que ya no era el momento, pero para convencer de algo a Luis hay que ser un mago. Sólo me gustan los veinte primeros minutos.

—*Se habla mucho de que Luis es un director que deja bastante abandonados a los actores; por ejemplo, Manfredi protestó mucho por ello en* El verdugo.

—El problema con Nino Manfredi es que quería intervenir en la propia dirección, estaba obsesionado en perfeccionar y rectificar lo que hacía Luis. Tal vez hay que entenderlo ya que Manfredi tiene tanta vocación —como luego ha demostrado dirigiendo— de actor como de director. Los actores, normalmente, se llevan muy bien con Luis y le quieren mucho por esa aparente bondad que inspira. Habría que analizar si detrás de esa bondad está el Marqués de Sade, porque recuerdo que unos actores de *La vaquilla* llegaron a San Sebastián echando pestes sobre Luis. El caso de Isbert, por ejemplo, es distinto. Yo nunca lo he considerado un buen actor, era físicamente apto para hacer lo que hacía con esa cara y esa voz, pero hiciera lo que hiciera era siempre el mismo; cuando estrenaba en la Gran Vía aún se le entendía algo, pero cuando pasaba a los cines de barrio no se le entendía ni una palabra. Luis siempre dice que a los actores les deja hacer lo que quieren, pero eso no es cierto, los dirige mucho a su manera. Si ve algo que no le gusta, por insignificante que sea, repite las tomas hasta la saciedad. Casi siempre son detalles que sólo ve él, que nadie percibe; aunque los planos secuencia no los puede repetir mucho porque seguro que el productor perdería dinero. Los planos secuencia siempre los ensaya primero para asegurar el tiro.

—*¿Cómo recuerdas en tu experiencia el trabajo con los actores?*

—Luis no es de los que riñe delante de los demás. Otros directores cogen al actor, lo apartan, le explican la psicología del personaje y esas cosas, pero éste no es el estilo de Luis. A él le interesan los personajes extravertidos, no creo que sus personajes tengan vida interior ni falta que les hace. Me molesta mucho la interpretación del método, me gusta más el estilo de Gary Cooper por ejemplo. A Luis no le interesa la interioridad de sus personajes sino las manifestaciones externas, las situaciones y los ambientes, el chiste en un momento determinado, etc. Trabajar con Luis no es fácil; haces un plan de trabajo y, por ejemplo, te dice: «Para mañana necesito dos vacas», le llevas las vacas y no le gustan, «Bueno, pues ¿qué quieres, Luis?, ¿las quieres blancas, negras?», y te dice: «No sé, quiero otras vacas», llega un momento que quieres asesinarle. Recuerdo en *El verdugo* que era tal el mareo que me estaba dando con el movimiento de la figuración —no sé si yo no le interpretaba bien o él no se aclaraba— que llegué a expulsarle del rodaje, nos miramos muy serios y al final no pasó nada. Hay muchos momentos en que él no sabe muy bien lo que quiere, aunque sí sabe lo que no quiere. El método de Luis es la negación y el tanteo.

—*¿Por qué crees que algunas de las mejores películas de Berlanga no se distribuyen internacionalmente en su momento?*

—Tal vez sea porque los soportes publicitarios españoles no fueron lo bastante fuertes para una expansión en el exterior. También existe el factor del aislamiento que sufría España en esos momentos. En España la cultura es pobre, improvisada, individual. Luis es un hombre de poca lectura, durante una época en su juventud sí que leyó, pero desde entonces lo tiene muy abandonado. A Luis lo que le gusta es pasear, ver chicas guapas y divertirse.

—¿Cómo te vinculas a la producción de El verdugo?

—Antes de empezar *El verdugo* yo estaba trabajando como ayudante de dirección en una película de Isasi y la abandoné poco antes de terminar porque empezaba el rodaje de *El verdugo* y Luis me había pedido que fuese su ayudante de dirección.

—La versión de algunas instituciones franquistas era que tú habías dirigido y planificado El verdugo *con fines políticos al servicio del Partido comunista.*

—García Escudero, que era el director general de cine, decidió mandar como película oficial a Venecia la película de Bardem *Nunca pasa nada* y, rechazó la película de Luis *El verdugo* por considerar que no era apropiada para concursar. En realidad, tenían mucho más miedo a Berlanga que a Bardem, porque después de todo, las películas de Bardem contenían mucha moralina, y en esto, la extrema derecha y la extrema izquierda se dan la mano. En cambio, *El verdugo* era una película dura, corrosiva y anárquica. Yo estaba muy unido al director de la Mostra de Venecia, Luigi Chiarim, que era un teórico del cine italiano muy importante. Le hablé de *El verdugo* y del problema que teníamos con Escudero y le organicé un pase de la película. Le gustó muchísimo y decidió que la película iría a Venecia invitada por la Mostra. Esto fue una bofetada al franquismo, que había decidido presentar la película de Bardem *Nunca pasa nada,* una película que en Italia no gustó, la llamaban «Calle Menor». Yo en aquella época tenía bastante afición a la promoción y a la publicidad. Para *Bienvenido,* se me había ocurrido como propaganda los billetes de un dólar con la cara de Isbert y Lolita Sevilla, que fuimos repartiendo por Cannes hasta que intervino la policía y los retiró. Para la publicidad de

El verdugo utilizamos un grabado de Goya sobre el garrote vil que en la parte inferior tenía una frase ilustrando el tema. Casualmente, Franco, por esas fechas, ordenó la ejecución mediante garrote vil de dos terroristas. La prensa italiana de izquierdas utilizó estos grabados, que yo ya había llevado en un viaje anterior a Italia, para meterse con Franco al que llamaban «el boya», es decir, el verdugo. Con el ambiente muy enrarecido y la opinión pública internacional en contra de Franco llegamos a Roma. Allí nos recibió Sánchez Bella, que había organizado un pase de *El verdugo* en la embajada española. Al finalizar la proyección, Sánchez Bella nos dijo que era la película más antiespañola que había visto nunca. Luis intentó defenderla con sus balbuceos característicos, yo la defendí también con menos diplomacia y más violencia y a la salida de la proyección el productor nos dijo que Sánchez Bella estaba convencido de que yo había escrito la película, que se veía la mano comunista, etc. Al llegar a Venecia nos encontramos con un ambiente muy difícil, habían puado la película de Bardem por ser española y, en general, se respiraba un ambiente antiespañol por las recientes ejecuciones. García Escudero nos dijo que el embajador no pensaba asistir a la proyección de la película pero que estaría en Venecia vigilando, que yo era el culpable de todo y que debía abandonar Venecia porque si pasaba algo en contra del régimen yo sería el responsable. Ante esta amenaza yo no sabía muy bien qué hacer. Al final, decidí hablar con Chiarini y contarle el asunto. Chiarini, indignado, me garantizó que todo el cine italiano e internacional saldría en mi defensa si me pasaba algo. El día de la proyección tuvimos que llegar al Lido por un túnel desde el hotel porque en la calle se habían organizado agresiones y protestas en contra de España. Tras la proyección, la gente se quedó muy sorprendida porque la película, evidentemente, iba en contra de la pena de muerte y el franquismo. Luis siempre ha insistido, y tiene razón, en que la película no sólo es un alegato contra la pena de muerte sino también la historia de un hombre, un pobre hombre, que por necesidades económicas y condicionamientos sentimentales, tiene que aceptar el cargo de verdugo en contra de su voluntad. En general, las críticas fueron elogiosas aunque los críticos de izquierdas estaban despistados al representar Bardem el cine antifranquista. Algunos dijeron que la película era una justificación de los verdugos. A los pocos días de la Mostra, en Madrid, llega a nuestras manos la carta que Sánchez Bella dirige al ministro de Asuntos Exteriores. En la carta trata al productor como un atleta puro y limpio que ha sido engañado por un grupo de comunistas. Trata a Luis de tonto útil porque ha aceptado las consignas comunistas de un intelectual mediocre como José María Muñoz Suay (no se acuerda de mi nombre y me llama José M.); se mete de una forma siniestra y asquerosa con Carmen Baeza, mujer del productor, diciendo que como es bien sabido es mujer de mucha cama y, finalmente, ya se mete con la película recomendando que la corten por antiespañola, etc. De todas formas, el objetivo fundamental de este revuelo no era tanto atacarme a mí o a la película, sino que la intención de Sánchez Bella era que Fraga, ministro de Información y Turismo, fuera destituido para así poder acceder él a ese cargo. La estrategia le dio el resultado apetecido y a las pocas semanas Fraga fue cesado y sustituido por Sánchez Bella.

—*¿Qué papel crees que has desempeñado* tú *en el cine español?*

—No me gustaría caer en vanidades pero creo que en un momento de la historia del cine español mi papel fue bastante importante, aunque las nuevas generaciones cinematográficas no me conocen mucho ni yo a ellos. Hace poco me ofrecieron entrar en la comisión de cine para las subvenciones, pero lo rechacé porque considero que hace ya mucho tiempo que estoy apartado del cine profesional. Entré en el Instituto de Investigaciones Cinematográficas en la tercera promoción, pero sólo estuve un año porque yo nunca me consideré con capacidad para dirigir películas, siempre me he considerado mejor crítico que creador. En ese momento me llovían muchos contratos que yo rechazaba no sólo por ser horribles sino porque no me consideraba capaz de hacerlos. Bardem me echaba en cara que no quisiera dirigir, me decía que tampoco era necesario hacer como primera película *El acorazado Potemkin*, pero yo veía claro que si no iba a aportar nada al cine, mejor no empezar. Por otra parte, ganaba mucho más como ayudante de dirección en coproducciones extranjeras que en España. Yo fui el que fundó Uninci, que era una productora con significación política y que llegó a producir *Viridiana* de Bufkuel. Además, como responsable del Partido comunista en la clandestinidad, conseguí que mucha gente de cine se incorporara al Partido. También fundé la revista *Objetivo*. Mi papel fundamental en el cine español fue de promotor, además fui ayudante de dirección de muchos directores jóvenes como Picazo, Regueiro, Martín Patino. A mí me llamaban el Papa negro del cine español. También inventé el término de Escuela de Barcelona cuando estuve viviendo en Barcelona.

—Es conocida la ruptura entre Bardem y tú. ¿Por qué os enemistáis de una forma tan definitiva?

—Mi ruptura con Bardem es un poco difícil de explicar. En el año 1962, yo acababa de regresar de la Unión Soviética donde había pasado unas vacaciones financiadas por el

Partido. Cada dos años nos pagaban un viaje a la URSS a los que trabajábamos en la clandestinidad. Al llegar me encontré con el problema de que habían prohibido *Viridiana* y con las no menos problemáticas luchas personales dentro de Uninci. Uninci fue una productora con la intención de acoger a todas aquellas personas que entraban dentro del concepto de un cine distinto, además de enmarcarse dentro de unos intereses políticos progresistas. Entraron en esta productora Fernando Fernán Gómez, Fernando Rey, Paco Rabal, Berlanga, Bardem, los Dominguín, sobre todo Domingo Dominguín, que era el gerente de Uninci. Casi todas las películas que hicimos en aquella época eran de Bardem. En aquel momento, y por razones extracinematográficas, Bardem tenía una proyección internacional superior a la de Berlanga (con el tiempo Berlanga la ha superado como es lógico). Bardem fue detenido por *Calle Mayor* unos días y yo movilicé toda una campaña en su favor desde París contando con el apoyo de figuras de la talla de Bertolt Brecht, Chaplin, etc. Luis protestaba porque a él no se le producía ninguna película, pero, dada la relación con los productores, era más *fácil* producir a Bardem. Luis siempre tenía muchas dudas, era poco resolutivo, no estaba conforme nunca con las condiciones, etc. Yo hubiera querido que Uninci fuera una productora para directores jóvenes. Saura quería hacer *Los golfos,* pero finalmente la hizo con otra productora. El caso es que Uninci se convirtió en una productora casi exclusivamente para Bardem. Había una cola de gente para producir pero no teníamos dinero y no había un productor como Benito Perojo o Cesáreo González detrás. Sacábamos el dinero de donde podíamos y lo poco que se ganaba servía para tapar agujeros. A pesar de todo, Uninci, en aquellos momentos, no sólo era una productora comprometida políticamente sino también la más interesante en cuanto a cine joven. Al volver de Rusia me encontré con un clima hostil, con una serie de problemas que hasta entonces no me había planteado. Yo estaba trabajando en Uninci y me pagaban, creo recordar, unas cuarenta mil pesetas, pero este sueldo, en realidad, era la cuota que el Partido comunista me pagaba a través de Uninci como miembro del Partido en la clandestinidad. En ese momento yo estaba más metido en política que en cine, además, mis relaciones con Bardem eran cada vez más difíciles. Podría decir que en esos momentos hice unas reflexiones de tipo político ideológico, eso sería lo fácil para justificar mi alejamiento del Partido. El caso es que yo quise alejarme un tiempo del Partido por problemas de tipo personal. En Uninci se iba incorporando gente que sólo quería medrar a nivel económico y Bardem, Dominguín, etcétera, se iban inclinando claramente hacia esa gente. Llegó un momento en que me debían dos o tres meses y yo no tenía otros ingresos económicos que los de mi trabajo como profesional del cine y lo que me pagaba el Partido. Al cabo de estos dos o tres meses y en vista de que no me pagaban porque decían que no tenían dinero, supuse que eso significaba que querían desembarazarse de mí. Me fui del Partido y de Uninci donde las relaciones eran ya violentas. Luis aseguraba que a los diez días Bardem y yo volveríamos a ser amigos, pues lo éramos desde hacía muchos años (una de mis hijas es ahijada de Luis y la otra de Bardem). Yo le dije que no, que la ruptura era para toda la vida. Han transcurrido treinta años y no he vuelto a hablar con Bardem, sólo hemos coincidido una vez en San Sebastián y, naturalmente, ni nos saludamos. Para mí Bardem ha pasado a la historia y nunca más he querido saber de él. Todo este asunto que se inició con un problema más o menos personal, supuso para mí una enorme liberación intelectual. Después de treinta años de militancia en el

Partido, me sentí el hombre más libre del mundo, con una libertad de pensamiento que nunca había tenido. A pesar de que fue trágico, pues ya no me saludaba la gente que había luchado conmigo en la clandestinidad; se cambiaban de acera para no saludarme, para ellos era un traidor. Esa liberación supuso que me acercase a posturas políticas progresistas, de izquierdas de verdad, no la que figura como tal, porque hoy en día lo que más se parece a un hombre español de izquierdas es un hombre español de derechas.

—¿Crees que el cine de Berlanga experimenta un cierto declive después de El verdugo?

—No, yo no creo que se pueda decir eso. Creo que la obra de Luis en su conjunto es coherente y no tiene los altibajos bruscos que la gente ve. Hombre, es posible que *Plácido* y *El verdugo* sean películas más redondas, de más fuste cinematográfico, pero en las demás también se ve el sello de Luis, un sello muy particular e intransferible. Si me hicieran escoger la obra de un director español para llevarme a una isla desierta, escogería, por una parte, las dos películas de Erice, y por otra, todo Berlanga. *Tamaño natural* me parece espléndida, igual que *¡Bienvenido, Mr. Marshall!, La escopeta nacional* o *Vivan los novios.* La aportación de Luis al cine es enorme. De hecho, el cine español —sin menospreciar a otros buenos directores— es Luis García Berlanga.

Fernando Trueba

—Tú has escrito sobre el género de la comedia.

—Sí, aunque es difícil hablar de la comedia porque no se presta a la teoría. Por ejemplo, imaginaos *La risa* de Bergson. Es un libro muy interesante pero leyéndolo, una cosa tienes clara, que ningún amigo de Bergson se rió nunca con él.

¿Cómo se puede reflexionar sobre algo tan fugaz, espontáneo e irreductible como la risa? Esto demuestra una gran falta de sentido del humor...

—*¿Crees que existen distintos tipos de humor?*

—Sí, evidentemente es muy distinto, por ejemplo, el humor inglés del humor judío; a mí el inglés no me gusta nada, lo encuentro repelente, en cambio el judío me encanta, me provoca espasmos. También existe un humor latino, aunque yo no me siento muy cercano a él. Como consumidor de humor me siento más cerca del humor judío.

—*¿Te refieres al humor judío de la comedia americana?*

—No necesariamente. El humor judío tiene una tradición, unos códigos, muchos escritores como Kaufman, Lamer.

— *¿Cómo caracterizarías ese humor?*

—Creo que es un humor blanco, absurdo, en el que la realidad está muy trastocada. Se llega a la realidad por la risa, en vez de llegar a la risa por la realidad, que sería más propio del humor latino. Por ejemplo, cuando Woody Allen dice «No sé si existe otra vida, pero si existe, quedará muy lejos del centro», realmente has llegado a la realidad al final, porque está primero el impacto de la risa. El humor latino está más ligado al vodevil. De todas formas no estoy diciendo ninguna verdad, sólo pienso en voz alta. Un gran amigo mío dice que la diferencia entre los españoles y los alemanes es que los alemanes primero piensan y luego escriben; mientras que los españoles primero lo hablan y luego lo escriben. Yo me identifico totalmente, cuando escribo un guión utilizo mucho la escritura automática —no la de los surrealistas, claro—; escribo todo lo que se me ocurre y me dejo llevar, en una improvisación continua, hasta que, posteriormente, voy seleccionando lo que me interesa.

—No lo sé, porque yo no soy ni nacionalista ni racista ni nada parecido, pero si ves lo que se conoce como nuevo cine alemán, Herzog, Wenders, Fassbinder, incluso el nuevo cine alemán que hubo antes del nuevo cine alemán (el de Kluge, Schlondorff, etc.) o el mismo Lang, la conclusión que puedes sacar es que este pueblo carece de sentido del humor. Por otra parte existen Lubitsch y Wilder, que son maestros en el sentido del humor. Si en España sólo lees a Ortega y Gasset y sólo ves el cine de Sáenz de Heredia o de Erice también se podría pensar que carecemos de sentido del humor. Es difícil generalizar. Creo que las comedias europeas son más localistas, para consumo interno, sobre todo en los años 1940-1950. Entonces, por ejemplo, existía una comedia inglesa, muy característica, otra italiana, también con peculiaridades internas. Hay, por otra parte, una comedia española con todos sus lados buenos y. malos. Hollywood, en cambio, ha creado unos lenguajes más neutros. Digamos que, en general, el cine americano, salvo en casos como el del *western* y demás, ha intentado construir un lenguaje más universal y neutro. Esto ha ayudado a que este cine funcionase fuera. De todas formas, no creo que un guionista americano, cuando está sentado ante la máquina, se plantee el escribir para todo el mundo.

—Sí, yo creo que Berlanga hace una comedia muy española, muy arraigada al lugar donde la realiza. Su cine es en cualquier caso muy latino y mediterráneo. Siempre se ha hablado de la influencia del cine italiano en Berlanga, lo cual me parece cierto porque sus películas tienen mucho de *Ji vitelloni (Los inútiles)*, por ejemplo. Sin embargo, yo creo que Berlanga, en su forma de rodar y dirigir a los actores, está tan próximo a Renoir como a los italianos. Sobre todo en el caso de *Plácido*.

—*¿Cómo crees que dirige Berlanga a los actores?*

—Creo que los manipula en el buen sentido. De entrada piensa en ellos al escribir el guión; quiero decir que crea los personajes pensando en actores determinados y eso, para mí, es algo que se nota mucho. Por otra parte se mueve con unos actores determinados. Incluye a algunos nuevos pero tiende a repetir un universo que sabe de antemano cómo va a funcionar. Sin embargo, es casi increíble, hay que señalar que algunos de los peores actores de la historia del cine español han estado muy bien con Berlanga, lo que muestra que en lo referente a la dirección de actores ha hecho trabajos irrepetibles.

—*Sin embargo, él mismo nos ha dicho que muchos de sus actores se sienten desamparados, que su técnica es dirigir sin decir muchas cosas.*

—Porque se preocupa más de los ambientes que de las individualidades. Supongo que al ego de algunos actores el trabajar con Berlanga les debe afectar bastante puesto que dirige siempre en conjunto y, si nos fijamos, no existen en sus películas primeros planos de actores pegando un monólogo en el que se podrían lucir. Los actores de Berlanga son parte de un cromo en el que siempre hay siete más. Por la propia esencia de su profesión, que consiste en dar la cara físicamente, el actor tiene un ego muy frágil, que se ve amenazado, especialmente en el cine de Berlanga, por ese monstruo colectivo que les reduce a una discreción casi insultante. Pero esto no quiere decir que no los dirija, lo que pasa es que como los dirige en grupo, se ha tenido que inventar un método distinto. Ese método consiste en organizar el caos y hacer que toda esa charanga, aparentemente anárquica, tenga un sentido, funcione y avance. Creo que eso lo sabe hacer como Dios...

—*Tú conoces a Rafael Azcona porque has escrito guiones con él, como* El año de las luces *o* Belle Époque. *¿Por qué crees que Berlanga, desde que conoció a Azcona, ha seguido siempre con el mismo guionista?*

—Creo que son una pareja extraordinaria. Berlanga es el perfecto director para el escritor Azcona y Azcona es el perfecto escritor para el director Berlanga. No pueden romper esa alianza porque son como un marido que lleva viviendo toda su vida con una mujer; hay demasiados buenos momentos creativos, demasiadas complicidades y recuerdos. Creo, de todas formas, que Berlanga ha hecho excelentes películas antes de conocer a Azcona como *Esa pareja feliz*, *Bienvenido* o *Calabuch*.

—*A Berlanga,* Calabuch *es una de las películas que menos le gusta. Le parece que cae en un ternurismo algo hollywoodiense en el que no se reconoce.*

—Yo creo que el tono ácido está en *Calabuch* como en todas las películas de Berlanga y que, en cualquier caso, no puede diferenciarse de una forma tan drástica, como a veces se hace, entre el Berlanga de antes y después de Azcona. Cuando yo estrené *El año de las luces* todo el mundo me decía: «Cómo se notan las cosas que has escrito tú y las que ha escrito Azcona», y lo curioso es que nadie acertaba porque las escenas más tiernas de la película, como los diálogos entre los jóvenes protagonistas, las había escrito Azcona y tal vez las más duras, como las del personaje del cura, las había escrito yo. Por eso es muy difícil ver en las películas el rostro de los guionistas. Además, Rafael Azcona puede llegar a ser un escritor muy tierno y sentimental, os lo aseguro.

—Cuéntanos cómo trabajaste con Azcona.

—Para *El año de las luces,* durante más de un mes estuvimos hablando sobre la historia, y la verdad es que yo estaba un poco alucinado porque no escribíamos ni una sola palabra. De repente, un día Azcona dijo: «Ya sé la película que quieres hacer», y entonces empezó a tomar notas de las conversaciones que manteníamos normalmente en cafeterías. Desde entonces, cada día traía por escrito todo lo que se había hablado en los encuentros anteriores mediante esquemas que me ayudaban muchísimo para avanzar en la historia. La verdad es que Azcona es una verdadera bendición para cualquier director.

—Pero la escritura en sí, la propia acción final de escribir a máquina los diálogos, ¿quién la hizo?

—Bueno, yo tengo una tendencia irreprimible a cambiar los guiones hasta el último momento, pero en este caso, lo único que hice, una vez finalizado el guión, fue añadir tres secuencias y cortar una cosa. Pero todo esto lo hice ya sin molestarle a él. Luego, cuando lo vio en la pantalla, me dijo que le parecía muy bien.

—Tú has dicho alguna vez que Plácido *es la mejor película de la historia del cine español. ¿Por qué te gusta tanto* Plácido?

—Pues no sé, ¿por qué me parece una obra maestra *Une partie de campagne* de Renoir que dura 45 minutos y solamente trata de una familia que se sienta en la yerba después de comer?, supongo que estas películas maravillosas te hacen sentir algo que trasciende la pantalla y el hecho mismo del cine. *Plácido* es una película que me emociona. Aquella escena del viejo que casan *in artículo mortis* contra su voluntad moviéndole la cabeza, me parece tan cruel y tan emocionante a la vez que casi se me saltan las lágrimas. Es un realismo muy duro y muy cruel, así como una visión feroz de los seres humanos, pero toda esa crueldad se transforma de repente en verdadera ternura.

—*Tal vez Berlanga rechaza la palabra ternura porque la asocia con la estupidez.*

—Claro, si vamos a llamar ternura solamente a la estupidez y ñoñería de algunas escenas de Capra, entonces se convierte en un concepto facilón que a mí deja de interesarme. Ahora bien, esta cosa tan real que duele, hace daño, te revuelve las tripas pero a la vez te conmueve es algo que sólo transmiten las grandes obras, y *Plácido* lo hace a kilos.

—*En* El verdugo *también existen las mismas dosis de ternura y crueldad.*

—Sí, en *El verdugo* hay frases que yo repito con frecuencia, en las situaciones más disparatadas. Se han incorporado a mi vida como si fueran máximas filosóficas. Por ejemplo, la que dice Isbert cuando llega a su casa, le acaban de dar el piso y pulla a Manfredi y a Emma Penella (su hija) medio desnudos: «Con la ilusión que yo traía, con lo contento que venía yo». Es de esas frases aparentemente tontas, pero con un toque genial; la frase, la forma en que está dicha, la situación... *El verdugo* es una historia muy fuerte.

—Y muy *divertida.*

—Sí, pero tiene uno de los momentos más duros de la historia del cine, por ejemplo, igual que te citaría la patada en el culo que le da Jack Lemmon a su mujer cuando está buscando las lentillas en *En bandeja de plata.* Eso es tirar a matar. La boda de Manfredi y Penella, cuando entran en la iglesia y tienen que saltar por encima de la alfombra que están recogiendo los monaguillos, eso evidentemente es un *gag,* pero yo no he podido reírme nunca, me hace polvo, ahí ves que en el fondo esa película es una historia de amor hacia la gente pobre, hacia esa gente que no ha podido elegir nada en la vida…, la vida les pasa por encima, les aplasta. Esto está muy bien contado en gran parte del cine berlanguiano, donde los desharrapados son los auténticos protagonistas.

—*¿A quién te recuerda ese tono agridulce del cine de Berlanga?*

—Al igual que encuentro paralelismos entre las películas de Renoir y Berlanga, también me parece Berlanga, en su forma de entender las comedias, muy cercano a Wilder. En alguna medida, las comedias de Berlanga hablan de la prostitución de la gente, que es el tema central de la obra de Wilder. En sus películas sólo se salvan las putas, es decir, las que se prostituyen de una forma clara. Lo único moral en este mundo es ser puta, los demás son putas camuflados. Esta prostitución camuflada está muy bien contada en los mejores Berlangas y Wilders.

—*¿Crees que el tipo de unidad cómica, de* gag *que hace Berlanga es parecido al de Wilder?*

—Frase textual de Azcona: «Yo no sé lo que es un *gag*».

—*¿Existen* gags *verbales y visuales?*

—Sí, cuando a Buster Keaton se le cae la casa encima, es un *gag* visual. Walter Matthau en *En bandeja de plata* diciendo: «Perdonen que mi despacho esté tan desordenado, mi secretaria me dejó hace diez años para casarse conmigo», es un *gag* verbal de triple o cuádruple efecto porque cada nueva palabra que se dice se construye sobre la primera. Es un *gag* en cascada.

—*¿Cómo son los* gags *de Berlanga?*

—Los *gags* de Berlanga siempre son situacionales.

No tendrían eficacia si no fuera por lo que sabemos de ese personaje, lo que le ha ocurrido antes.

—*¿Son* gags *historiados?*

—Sí, porque construye muy bien las situaciones, las historias, los personajes y entonces la eficacia de los *gags* se multiplica. El *gag* que viene impulsado desde detrás por unos antecedentes que lo anuncian es mucho más eficaz que el *gag* que aparece como una seta en el campo...

—*Tú has realizado con* El año de las luces *una película sobre la posguerra y Berlanga también tiene una sobre la Guerra Civil con* La vaquilla. *Al verlas da la sensación que los actores no reproducen la época.*

—La mía por muchas más razones. Es una película sobre la posguerra hecha por alguien que no la ha vivido. No tiene tanto el afán de reconstrucción histórica como el de contar una historia, y contarla a un público que tampoco ha vivido esa etapa. Nunca consideraría *El año de las luces* como una película sobre la posguerra española sino como una película sobre el pasado. *La vaquilla* tiene cosas muy buenas, pero tiene algunos fallos de *casting* increíbles en Berlanga, por ejemplo Marsillach haciendo de Luis Escobar, o sea de marqués; y otras cosas de ese tipo que chirrían y le hacen daño a la película. Sin embargo, curiosamente, están muy bien los actores jóvenes como Santiago Ramos y Wffly Montesinos, parecen actores de Berlanga de toda la vida, se integran muy bien en su rollo. Sacristán no se integra tanto. Es una película que transmite un Berlanga acomodado y algo más blando.

—*Sí, pero* La vaquilla *está escrita en el año 1956 y Berlanga nos dijo que modificó muy poco ese guión.*

—Sí, a lo mejor esa historia rodada tal cual está en el año 1956 nos parecería mucho mejor. Las películas hay que rodarlas en su momento. Berlanga hizo el mejor cine en su primera época, y su estilo ha nacido y se ha desarrollado en todo ese período en el que nos reflejaba un país completamente miserable. Ahora ese tipo de género es algo más difícil. Por ejemplo, *La escopeta nacional* está muy bien, pero es una película sobre el pasado. Creo que si se pusiera sacaría punta a la España de hoy, pero también influye la edad, no se puede ser el caricaturista eterno de un país.

—*¿Qué opinas de* Tamaño natural?

—Siendo sincero, he cambiado de opinión con el tiempo. La primera vez que la vi me gustó mucho, pero la he vuelto a ver hace poco y ya no me gustó tanto, y yo creo que a Berlanga tampoco, pero a alguien que ha hecho películas como *Plácido* y *El verdugo* le concedo el derecho a equivocarse todas las veces que el azar se lo permita. En cambio hay directores que en su vida conseguirán hacer un solo plano que me guste. Precisamente el otro día vi la última película de Jean Renoir; es una porquería de principio a fin, no me interesó nada y eso que Renoir es como Dios padre y le debo momentos maravillosos de mi vida con películas como *French can-can, La gran ilusión, Las reglas del juego, El río...*

—*Berlanga nos contó que Buñuel reaccionó muy mal frente a* Tamaño natural; *parece ser que salió indignado y escandalizado de la película.*

—Bueno, a Buñuel le dio por apadrinar a Saura e ignorar a Berlanga y yo creo que eso siempre nos ha dolido a muchos.

—*¿Crees que existe alguna relación entre el cine de Buñuel y el de Berlanga?*

—Desde luego, más relación que entre el de Buñuel y el de Saura. Creo que Buñuel ha sido el director con una mente más abierta, el más valiente y también el más gamberro. Ser gamberro siendo Andy Warhol en Nueva York en los años sesenta no es que no tenga mérito, pero es formar parte de un ambiente. Buñuel ponía bombas en sus películas; a mí me sigue pareciendo una genialidad, por ejemplo, el poner a dos actrices para un mismo papel en *Ese oscuro objeto del deseo*. Él es el único que tiene el valor de hacer ciertas cosas, todo el mundo acaba haciendo concesiones, existe una negociación con la realidad, con la industria, contigo mismo; Buñuel es el único que se tira el pedo y lo exhibe. Yo siempre he sido un admirador de los surrealistas, me hubiera gustado pertenecer a ese grupo, pero creo que el surrealismo acabó siendo algo reducido sobre todo por agentes externos, por ejemplo en los libros de arte el surrealismo aparece incorporado en una larga lista de ismos que representan la huida del realismo, pero el surrealismo es algo más que un capítulo de un serial, es una actitud frente a la vida, una nueva forma de relacionarse con la realidad. Yo me siento surrealista en el fondo de mi corazón y adoro el escándalo, pero estoy de acuerdo con lo que Breton decía a Buñuel, «Luis, ya no es posible el escándalo». Vivimos una época en que el escándalo se vende en cualquier esquina, hay un departamento de escándalo en El Corte Inglés, hay que tener cuidado al intentar producir escándalo, es un terreno resbaladizo. Buñuel ha sido siempre un director muy humilde, nada parecido a Fellini o Bergman, por ejemplo, ni megalómano ni narcisista, ha sido el director más económico, más humilde y eficaz de la historia del cine, y ése es su gran mérito, se ajustó siempre a los plazos de rodaje y los presupuestos; en definitiva, no necesita grandes parafernalias para lanzar sus bombas, su contrabando.

—*¿Qué piensas de los que consideran que a Berlanga no se le conoce fuera por un excesivo localismo argumental en sus películas?*

—Que son idiotas. Por ejemplo Marcel Pagnol, un director considerado muy localista, hizo *La femme du boulanger (El pan y el perdón)*, una película hablada en un francés que casi no entienden en París y tuvo un éxito arrollador en EE.UU. El localismo nunca es por sí mismo algo negativo; Woody Allen es localista y por eso es universal, igual que Chejov, igual que todos. No creo que Berlanga no se entienda fuera, quien no entiende a Berlanga es simplemente un imbécil, como quien no entiende a Woody Allen. A menos que sea un extraterrestre, cualquier occidental con dos dedos de frente aprecia que *Hannah y sus hermanas* o la mayoría de las películas de Berlanga son inteligentes y divertidas. Azcona es un gran admirador de Woody Allen, siempre dice que deberían inventar un premio Nobel para dárselo. Esto, sinceramente, me sorprendió ya que pensaba que Azcona vería a Woody Allen como algo lejano. Azcona es un tipo muy especial, ninguno de los tópicos que circulan sobre él es cierto.

—*¿Qué tipo de cine le gusta a Rafael Azcona?*

—Lo ve todo, no es que le guste todo, pero está absolutamente al día de todas las películas.

—*¿Le interesa más el cine que la literatura?*

—No lo sé, pero creo que son dos mundos compatibles.

—*¿Qué te parece* ¡Bienvenido, Mr. Marshall!, *vista hoy en día?*

—Dentro del cine español está considerada un hito histórico, mucho más que *Plácido* o *El verdugo*, quizá porque es anterior, o porque tuvo mucho éxito en el extranjero como exponente de un nuevo cine que se hacía en España. Yo simpatizo más con *Esa pareja feliz*, aunque *Bienvenido* me parece una película entrañable. Vi hace pocos días *¡Bienvenido, Mr. Marshall!* y, por cierto, me sorprendió la larguísima voz en off del principio; no recordaba que fuera tan larga. Me gusta que las películas empiecen con voz en off, es un auténtico prólogo.

—*La voz en off estaba de moda en ese momento.*

—Sí, se estaba utilizando en el cine francés y en el italiano, en el francés de una forma seria y en el italiano de una forma cómica. Se había hecho de Bresson una película a raíz de la cual algunos críticos como Bazin elaboraron una serie de teorías sobre la voz en off.

—*¿Por qué te gusta más* Esa pareja feliz?

—*Esa pareja feliz* tiene momentos muy graciosos, por ejemplo cuando están en el cine cenando un bocadillo y Fernando Fernán Gómez le dice a su mujer, Elvira Quintillá: «Mira, María, esto es un travélling» y otro espectador contesta: «A ver si se calla de una vez el Juan de Orduña este».

—*Sí, es una película muy metacinematográfica, parodia el tipo de cine que se hacía entonces.*

—Sí, eso no era nada corriente para la época salvo en películas como *Vida en sombras. Esa pareja feliz* es una película muy bonita y muy fresca, se ve muy bien ahora. De todas formas creo que el reconocimiento oficial perjudica a las películas a pesar de que en cierta medida las convierte en clásicos. ¿Quién no tiene algo de manía a *Ciudadano Kane?*, yo por ejemplo le tengo una manía espantosa y también a *El acorazado Potemkin.* Tienen una aureola que te impide verlas normalmente, estás condicionado, determinado. *¡Bienvenido, Mr. Marshall!* entra en esa categoría de películas demasiado reconocidas, cuando por ejemplo *Plácido,* que es una película genial, está casi olvidada.

—*Sí, es una película menos conocida que muchas otras de Berlanga. Por cada cinco veces que pasan en televisión* Bienvenido *o* El verdugo, *vemos un* Plácido.

—Sin embargo, es una película tan accesible como cualquiera, lo que pasa es que no fue bien en la época, no tuvo mucho éxito. Me gustaría leer críticas de la época. Hace poco me compré un libro sobre *La fiera de mi niña*. En el libro está el guión de rodaje, los cambios que se hicieron en el montaje y las críticas del estreno en 1938. Alucinas con estas críticas, no sólo por lo que dicen sino por cómo están escritas, la acusan de ser una película excesivamente cinéfila, de ser un pastiche de comedias anteriores. Esto es lo mismo que le decían a Bogdanovich por *Qué me pasa, doctor*.

—*Berlanga afirma que él dirige como un ayudante de dirección.*

—No todas las películas hay que dirigirlas igual, y no todos los directores son iguales. Hay directores que sólo hablan con el segundo operador porque les interesa de forma obsesiva el movimiento de la cámara; otros, en cambio, sólo hablan con los actores y no saben el objetivo que hay en la cámara. Cada director tiene un estilo y hace un tipo de película y cada película requiere un tipo de trabajo distinto. Creo que hay que tener una gran claridad mental para rodar ese tipo de secuencias corales, que son dificilísimas de dirigir. Es mucho más fácil rodar *Un tranvía llamado deseo* que rodar *Plácido* donde todo está en constante movimiento, la historia y los personajes. *Plácido* está dirigida con tanta maestría que no creo que ningún director español joven fuera capaz de rodar una película así. Robert Altman, por ejemplo, ha intentado hacer películas corales; *Un día de boda* o *Nashville* son películas que se aproximan en su estilo a Berlanga pero que no alcanzan su perfección. Berlanga es como un director de orquesta y cuando rueda es como si grabase un concierto. El director sabe cuál de todas las interpretaciones es la buena, cuándo nadie ha desafinado, etc. Berlanga debe tener muy claro cuál es su toma. Recuerdo que me dijo una vez que a él no le gustaba el plano contraplano porque entre ambos se pierde algo, ocurre algo que el espectador no ve. Por una parte, el plano secuencia da una gran fidelidad a la acción, pero es también totalitario; la acción es lo que se ve y no existe nada más que lo que él te está mostrando. Cuando empecé a hacer cine era un gran defensor del plano secuencia, pero película a película lo he ido abandonando.

—¿Crees que en la comedia no se planta tanto como en otros gbzeros la cuestión estética, los encuadres y los movimientos de cámara?

—Muchas veces, en los rodajes, el operador considera un plano desechable y no se positiva. Si los actores están bien yo siempre positivo el plano y mis películas están llenas de esos planos que estaban mal para la cámara. A veces, el buscar una gran perfección técnica te lleva a disecar y a matar lo que tienes delante de la cámara que es infinitamente más interesante que la cámara en sí. Uno de los principales males del cine moderno es esa veneración estúpida por la cámara, por la técnica. En la comedia la técnica está al servicio de la historia. Cuando Berlanga rueda un plano secuencia de ocho minutos, el espectador no se da cuenta, porque no se está haciendo un exhibicionismo de cámara, se cuenta la acción de la forma más directa y ya está. En cambio, Orson Welles es más exhibicionista al mostrar explícitamente cómo se mueve la cámara. Es una forma de narcisismo que puede llegar a distanciar al espectador. Sólo algunos directores geniales como Orson Welles o Bertolucci han conseguido en alguna película que esos movimientos de cámara se integren bien en la acción. De todas formas, los directores que prefiero técnicamente son Howard Hawks y Buster Keaton, que utilizan la cámara de forma invisible, la cámara está puesta siempre en el sitio más conveniente y eficaz para la acción. Por definición, lo ideal es que la cámara sea completamente invisible e inexistente para el espectador...

—*La comedia es un género degradado en los festivales.*

—Las comedias no suelen tener un gran exhibicionismo fotográfico o estético, pero, por ejemplo, *Arizona Baby* es una comedia con una planificación delirante, donde la utilización de la cámara subjetiva forma parte del sentido del humor de la película. Esta película, por el hecho de ser una comedia, no ha sido valorada técnicamente como merecería. Creo que hay más inventos técnicos y mucho más geniales en *Arizona Baby* que en todo el cine de Kubrick, pero como no es enfática, como aparentemente es una tontería —que no lo es para nada— no se le da importancia. *Arizona Baby* es una película inteligentísima y por ejemplo *El resplandor* es profundamente tonta.

—*¿Por qué crees que existe esta falta de reconocimiento, muy marcada en los festivales europeos, de la comedia?*

—Yo creo que esa falta de reconocimiento es muy buena para la comedia, porque te permite trabajar con bastante tranquilidad. William Goldman dice en su libro *Las aventuras de un guionista en Hollywood* que el día en que Truffaut y los de la *nouvelle vague* empezaron a hablar con Hitchcock y a explicarle sus propias películas le hundieron y, desde entonces, hizo peores películas. Es mejor ser simplemente alguien que entretiene a la gente que ser un genio. El que se dedica al humor sabe o debería saber que nunca será reconocido como un artista, es una gran cura de humildad y una gran ventaja.

—Sin embargo, algunas comedias han sido reconocidas y han reci-bido Óscar, por ejemplo Annie *o* El apartamento.

—Sí, son dos películas que de alguna forma han retratado América. *Annie Hall* es la América de los años setenta *y E! apartamento* refleja la América de la frontera cincuenta-sesenta. Igual que para conocer la España de los años cincuenta-sesenta hay que recurrir al cine de Berlanga.

—Para dirigir películas, ¿crees que es importante tener una cultura cinematográfica?

—Yo nunca me he considerado un erudito del cine, lo soy sólo de determinado cine. Pero cuando ruedas películas eso no sirve de nada. Yo me considero sobre todo un espectador y cuando escribo y dirijo películas lo hago con esa mentali-dad. Películas como *The last picture show* o *¿Qué me pasa, doctor?* de Bogdanovich tienen mucha relación con el cine del pasado. Sin embargo, consiguió que fueran plenamente actuales en su momento y que funcionaran muy bien.

—En Ópera Prima *hay gran cantidad de elementos frescos combi-nados con influencias de comedias clásicas.*

—*Ópera Prima* está planificada de una forma muy simple, con planos muy largos fijos o algún pequeño *travelling*. Roza la ramplonería en su planificación. En cuanto a la influencia, sí que estás influido cuando escribes un guión pero por el es-píritu, por el tono de las películas ylos personajes. Por ejem-plo, el cine que a mí me influía cuando escribía y hacía *Ópera Prima* era el de Jeam Eustache, Truffaut, Tanner y sobre todo, Woody Allen. Aunque probablemente, lo que más me influía era *La mamman et la putain* y películas como *La Salamandra* o *Jonás que tendrá...* de Tanner. Y *Annie Hall,* que era la película clave cuando escribía *Ópera Prima.*

—*Una de las labores de un crítico de cine debería consistir en descubrir influencias u homenajes ocultos en las películas, ¿no?*

—Sí, creo que es una de las claves de una buena crítica. Algunas veces me da la sensación de que son evidentes. Por ejemplo yo siempre he dicho que *El graduado* y *Conocimiento carnal* de Mike Nichols son dos películas mucho más influidas por las comedias checoslovacas de Milos Forman *Los amores de una rubia* o *Al fuego, bomberos,* que por la comedia americana. Esto, sorprendentemente, no resulta obvio, no se lo he oído decir a nadie más, pero es algo que está ahí, estoy convencido.

—*¿Crees que Berlanga ha influido en tu generación? ¿En tu cine?*

—Creo que ha influido más en mi actitud ante el cine que en el plantearme hacer una película estilo Berlanga. Todos teníamos verdadera admiración por Berlanga. Recuerdo que cuando tenía diecisiete años le dedicaron un ciclo en la Filmoteca y Berlanga presentaba alguna de sus películas. Decidimos, con varios amigos —Ladoire, Resines, Boyero, etc.— hacerle un homenaje que consistió en irrumpir en la sala cuando estaba hablando para entregarle un premio. Él se pensaba que íbamos a reventar el acto puesto que aparecimos con barbas postizas y completamente borrachos. Subimos al estrado y le entregamos un bocadillo de chorizo envuelto con un lazo y una nota que decía: «Bocadillo de chorizo al mejor director español, Buñuel incluido». A él le gustó mucho porque era algo muy espontáneo, además, éramos jóvenes y estábamos muy bebidos. Creo, por otra parte, que Berlanga ha influido en muchos directores como José Luis García Sánchez, Francisco Regueiro, en muchos de los mejores directores.

—*¿Y en Almodóvar?*

—Sí, creo que Almodóvar tiene algo que ver con Berlanga.

—*Por ejemplo en ¿Qué* he hecho yo para merecer esto?

—Sí, precisamente ésa, que es la mejor película de Almodóvar, es la que tiene más puntos de contacto con Berlanga. En ella, Almodóvar comparte con Berlanga la ironía de lo cotidiano.

—*Curiosamente, sin embargo, la que más le gusta a Berlanga es* Pepi, Luci, Bom.

—Porque Berlanga es muy fan de todo lo escatológico y de lo que es provocador y marginal. Lo que probablemente le fascina de esa película es que él no se atrevería a hacerla.

—*La verdad es que a pesar de ser un erotómano militante, el erotismo es una faceta que no aparece de forma directa en sus películas.*

—Creo que la gente que es aficionada al erotismo no comercia con ello, hay una tendencia a separar lo que es público de lo que es privado. Billy Wilder es un gran coleccionista de pornografía, en cambio, tampoco hay una sola escena de sexo desaforado en sus películas.

—Quizá *porque no se lo han permitido.*

—No, no es que no se lo permitiesen, creo que él ha hecho siempre las películas que quería hacer. Yo también soy un gran fan de la pornografía.

—*Pero tampoco has rodado escenas a lo Bigas Luna.*

—No siento esa necesidad. Siempre he dicho, en cambio, que cuando tenga setenta años, en vez de retirarme me dedicaré a hacer películas pornográficas y seré el rey. A los setenta años quiero ser un viejo verde. Cuando a uno ya no le dejan socialmente hacer según qué cosas, sacaré todas mis perversiones y guarrerías y me divertiré de lo lindo. Creo que la tercera edad, que está tan castigada, debería ser una etapa de la vida donde se pudieran infringir todas las reglas.

—*Berlanga, que considera a Buñuel pudoroso y puritano, nos contó que se fueron distanciando por incompatibilidad de caracteres.*

—Sí, Buñuel es un director que mantuvo su vida privada en secreto. La gente iba a su casa y no hablaba nunca con su mujer; su mujer estaba en una zona de la casa y sólo los muy íntimos la trataban. Separó totalmente su mundo privado de su mundo profesional. En el fondo Buñuel y Berlanga deben parecerse bastante. Es más fácil que te guste el cine de alguien muy diferente a ti que el del que corre en la misma carrera. Los dos son grandes amantes de lo perverso y marginal, pero al hacer cine, prefieren sugerirlo que subrayarlo.

—*En* Ópera Prima, *Óscar Ladoire interpreta un personaje que es casi como él mismo. ¿Crees que escribir pensando en un actor determinado puede determinar el personaje o modificarlo?*

—No es como es Óscar, pero está escrito para que lo haga él y nadie más del mundo. Yo había hecho con Oscar una serie de cortos e incluso un largo en súper ocho. Sabía perfectamente las notas que era capaz de tocar, así que en *Ópera Prima* nos planteamos un personaje a su medida. Lo mejor, desde luego, es trabajar con actores que conoces y darles un papel a su medida. La forma de que un papel le váya bien a un actor es escribirlo para él. Por ejemplo, *El apartamento* es una película escrita para Jack Lemmon. Creo que también Berlanga y Azcona, al pensar en sus actores «en plantilla», fijan y refuerzan la verosimiitud del personaje.

—*¿No crees que* El apartamento *pudiera haberla protagonizado otro actor de comedia como Cary Grant, por ejemplo?*

—No, Cary Grant —que para mí es el mejor actor de comedia de la historia del cine— está más cerca del personaje de Fred MacMurray que del de Jack Lemmon. Cary Grant nunca se rebaja a cosas tan mortales, no es un ser humano, es un signo, con lo cual es perfecto para comedias no realistas.

— *¿Crees que es un actor versátil o que hace siempre el mismo personaje?*

—Creo que casi siempre es el mismo. Paralelamente a la filmografía de Cary Grant se podría hacer una de las películas que se escribieron para él y no interpretó, por ejemplo: el papel de Bogart en *Sabrina,* el papel de Gary Cooper en *Arianne,* el de Melvyn Douglas en *Ninotchka* ... A él se le escribía un tipo de papel porque ese papel lo hacía como nadie.

—*Entonces tú eres más partidario de un buen* casting *de tipos y de escribir el guión pensando en un actor determinado, que del clásico actor inglés de teatro, que era capaz de interpretar cualquier personaje.*

—Creo que Alec Guinness sólo hay uno, es el único actor que realmente se convierte cada vez en un personaje distinto, los demás se disfrazan. Yo no creo que el actor sea ese transformista que sueña ser.

—*No imaginas a Isbert en un papel de loco, por ejemplo.*

—Depende de qué loco. En el fondo es un tipo de loco en *El cochecito,* es una forma de histeria... Hombre, no le pondría de protagonista en una película como *Alguien voló sobre el nido del cuco...*

—*Posiblemente se hubiera convertido en una gran comedia...*

—Sí, cualquier película mejora con Isbert.

—*Berlanga considera que es el mejor actor que ha tenido.*

—Isbert es un caso único en la historia del cine, es un actor que no ha envejecido, no es como por ejemplo Don Ameche que ahora hace papeles de viejo. Isbert es un actor viejo, nadie recuerda cómo era Isbert de joven, seguro que hizo películas, pero no cuentan, a nadie le interesan. En la historia del cine no han existido actores que sean sólo viejos. Ha habido muy pocas películas protagonizadas por viejos, probablemente porque no existía el viejo genial por excelencia. En España lo hubo y se hicieron películas con él y escritas para él. Si Isbert estuviera vivo seguiríamos inventando historias para él, os lo aseguro.

—Aparte de Saza, has trabajado con otro típico actor de Berlanga, como es el caso de Agustín González, en Belle Époque.

—Sí, reproduciendo el cura de *La escopeta nacional.* Agustín González, que uno se lo imagina siempre haciendo de cura y dando voces, en *Las bicicletas son para el verano,* en teatro, hizo el papel de un hombre tierno, tolerante y maravilloso padre de famuja, y estaba estupendo.

—En la película de Chávarri también actúa él.

—Sí, pero no está como en el teatro. La composición del personaje que él inventó estaba hecha para el teatro, donde estaba magistral, uno de los mejores trabajos interpretativos que he visto en mi vida.

—¿En qué medida un actor, antes de actuar, puede estar ya dirigido por el propio estilo del director?

—Me imagino que cuando Berlanga y Azcona se sientan a escribir un personaje para Ciges, Chus Lampreave o López Vázquez, lo escriben de tal forma que saben que ese actor lo va a hacer de una única manera, es decir, que un cincuenta por ciento del camino está hecho ya. El trabajo de Berlanga consiste en corregir a los actores si por un azar extraño se apartan de la línea trazada. Al inventar la historia pensando en unos actores concretos, Berlanga ya hace gran parte del trabajo de dirección de actores. Por supuesto, los actores responden a ese mecanismo y procuran adaptarse a ese mundo que ya existe previamente y que es el mundo berlanguiano.

—*Berlanga nos comentó que hoy en día le cuesta mucho trabajo encontrar buenos actores secundarios.*

—Es que han desaparecido mucho los tipos, esos actores muy marcados físicamente. Debe de ser que la raza está evolucionando, los españoles ahora son más altos, menos calvos, hay más rubios; el universo *freek* hispano está, lamentablemente para el cine, extinguiéndose...

—*¿Se te ocurre alguna situación berlanguiana? ¿Cómo son esas situaciones?*

—Berlanga ha pasado a ser un adjetivo y esto es lo más importante: existen situaciones berlanguianas y, en cambio, no hay nada que sea buñuelesco, término que he oído a veces pero que no denota algo tan claramente definido. Berlanguianas son las escenas de la vida cotidiana, con personajes muy costumbristas, que se encuentran en situaciones ridículas y llenas de realismo. Recuerdo que en el entierro de mi padre, que fue uro de los días más jodidos de mi vida, vi dos coches fúnebres acelerando a ver quién entraba primero por la puerta de la Almudena, que sólo tiene un carril. En un momento como el que yo estaba pasando, aquella picada espectacular, con frenazo final de uno de los dos coches fúnebres, era de verdad algo muy berlanguiano. Otra anécdota berlanguiana ocurrió cuando era pequeño. Quisieron echarme de un colegio porque una profesora de ochenta años muy gorda se cayó por una escalera de caracol de cinco pisos rodando y a mí me dio tal ataque de risa que casi me muero. No es que yo sea un canalla, pero ver aquella bola rodando piso tras piso era muy cómico. Esa crueldad que hay en la vida, que por un lado tiene gracia pero también maldita la gracia que tiene, es lo que yo entiendo por berlanguismo.

—Berlanga siempre ha doblado sus películas. Por el contrario los directores de tu generación están a favor del sonido directo. ¿Por qué esta contraposición?

—Berlanga, en el doblaje, hace una recreación de la película, inventa nuevos diálogos. Yo odio el doblaje y hay pocos autores a los que se les concede el derecho de defender el doblaje. Uno de ellos es Berlanga, otro Bresson, también, Jacques Tati. Son autores que recrean el sonido y, en el caso de Berlanga, los diálogos y el barullo. Si Berlanga tuviera que rodar con sonido directo, con la cantidad de actores que salen. hablando a la vez, necesitaría un equipo sofisticadísimo y mucho más tiempo para cada plano. Hoy en día sí que podría hacerlo con la técnica que utiliza Alan Rudolph, que es semidoblaje en el sentido que elimina todo ambiente; se rueda la voz de cada uno con radio-micros y aparte se reconstruye el sonido ambiente. Este tipo de escuela de sonido, que es muy distinta a la europea, intenta que el sonido sea más realista, que corresponda más al punto donde está puesta la cámara. A Berlanga le iría muy bien.

—Ahora los doblajes son parecidos a la televisión; más acartonados y falsos. ¿No crees que antes se doblaba mejor?

—Sí, estoy de acuerdo, además Berlanga me contó que ahora es dificilísimo reunir a todos los actores durante un mes para doblar la película, los actores ya no están tan disponibles como antes.

—*¿Qué relación ves entre realismo y humor en una comedia?*

—Creo que Berlanga es un director realista, que llega al humor a través de la realidad, lo que se entiende por realismo (como género) en el cine es muy falso, nada realista. Por ejemplo, *Ladrón de bicicletas* es una película que trata de la realidad con mucha seriedad y nadie se ríe durante hora y media, pero a mí eso me parece una manipulación de la realidad, igual que el musical. El realismo sin humor no existe. Es como el expresionismo, donde se produce una estetificación del sufrimiento y del dolor, una estilización plástica, artística. El realismo reproduce esa mezcla de tonos que hay en la realidad, donde uno no sabe si reír o llorar. El humor es una forma de llegar a la verdad y a la realidad de las cosas, con la complicidad del espectador y de una forma bastante didáctica. El humor es un género unificador; la risa hace que todas las personas sean iguales, es un lenguaje común que todo el mundo entiende.

—*Pero ¿no crees que existen unas comedias más facilonas que otras?*

—Creo que existe un humor universal que tiene diversas variantes. Hay cosas que funcionan en todas partes.

—*¿Qué relación existe entre el humor y la cultura en general?*

—Creo que humor y cultura mantienen una relación bastante difícil porque la cultura se niega a darle un papel, un reconocimiento. Por su parte, el humor se cachondea de la cultura. Mantienen una relación de mutua agresión, que es sana. El humor es «el guardián en el centeno» de la cultura, impide que la cultura se tome excesivamente en serio a sí misma. Si no existiera el humor sería terrible, la cultura sería mucho más insoportable de lo que es. La seriedad de la cultura se convierte en academicismo y en intransigencia.

—*¿Crees que Berlanga podría haber hecho cine sin humor?*

—No, Berlanga es biológica y esencialmente irónico. Pensar en él sin una dimensión humorística es pensar en algo que no es Berlanga.

—*¿Crees que las Escuelas de cine son útiles en algún sentido? ¿Crees que la generación de Berlanga que pasó por una Escuela está mejor preparada que la tuya?*

—Es difícil enseñar a dirigir una película. En el fondo es casi como enseñar a escribir una novela. Sin embargo, es bueno que a la gente le enseñen las reglas para que luego se las salte y se limpie el culo con ellas. Es bueno sobre todo para la formación de técnicos, directores de fotografía, técnicos de sonido, montadores, para poder practicar, quemar metros de película, hacer experimentos. Es muy bueno para un director poder hacer unos cortos, unas prácticas costeadas por la Escuela. Cuando yo hacía cortos, los rodaba en unas condiciones lamentables, en una mañana, en un día, incluso tengo el récord de haber rodado un corto en una hora, luego los proyectaban en un cine y ya decidían si eras tonto o listo por algo que habías hecho con mínimas condiciones; dos amigos y un trozo de pared. En una Escuela de cine se pueden dar recetas, como en un libro de cocina. Yo no tengo ni idea de cocina, pero de vez en cuando cojo el libro y sigo al pie de la letra las indicaciones. Me puede salir una comida correcta. Pero nunca haré un plato genial. Una Escuela de cine es como un libro de recetas de cocina. Útil, nada más.

—*¿Crees que un guión requiere un aprendizaje técnico?*

—El guión es algo muy intuitivo, pero también tiene sus trucos, que son como las recetas de que estamos hablando; lo que sí resulta realmente útil es hablar de cómo resolver una secuencia. Los guiones tienen que estar trabajados, no pueden ser obra de una inspiración matinal. Los guiones de Berlanga-Azcona son muy complejos, son un ejemplo de trabajo bien articulado en el que la frescura de la intuición se combina con una estructura muy calculada. Son un buen modelo para futuros directores.

—En el cine español se tiende mucho a que el director de la película sea también el coguionista, pero un buen director no es necesariamente un buen guionista. Son dos mundos muy distintos, ¿no?

—Depende del tipo de cine que se haga y depende del director, creo que se pueden producir muchas variantes: el director que además de escribir la historia sabe exactamente cómo hay que contarla; el buen director y no guionista; el guionista que como Wilder o Preston Sturges hace buenos guiones hasta que se harta de ver cómo otros cuentan sus historias y se decide a dirigirlas él mismo. También existen guionistas fantásticos incapaces de dirigir una película, de relacionarse con los técnicos, con los actores, de soportar la presión de un rodaje.

—¿Qué etapa del proceso de creación de una película prefieres?

—Lo que más me gusta es escribir el guión, para mí el resto del proceso es materializar el guión y, siendo tan importante, me gusta menos. Es también cuando más se sufre, pero es un sufrimiento que llevo mejor. A veces me he pasado quince días mirando un folio sin que salga nada y me he desesperado hasta el punto de querer abandonar el proyecto. Ese sufrimiento lo llevo mejor que estar rodando en la calle a las cuatro de la mañana con fiebre y a cinco bajo cero, como en *El sueño del mono loco.*

—Y los problemas de las relaciones con el equipo...

—Sí... Para ser director de cine hay que tener determinadas cualidades, capacidad de trató con la gente, etc.

—*¿Hay que ser autoritario?*

—Yo no soy nada autoritario, sin embargo, soy muy cabezota.

—*¿Crees que Berlanga es autoritario?*

—Sí, lo que no quiere decir que pegue broncas en los rodajes. Es la autoridad del creador, del hombre que ha sabido fabricar un mundo que todos queremos y respetamos enormemente.

Filmografía

CORTOMETRAJES

1948 Paseo por una guerra antigua (codirigida con J. A. Bardem, Florentino Soria y Agustín Navarro)
    Tres cantos
1949 El circo
1957 Se vende un tranvía (codirigida por Juan Estefrich)

LARGOMETRAJES

1951 Esa pareja feliz
Producción: Industrias Cinematográficas Altamira.
Jefe de producción: Miguel Ángel Martín, José M.Ramos.
Argumento y guión: Juan Antonio Bardem, Luis G. Berlanga.
Fotografía: Guillermo Goldberger.
Decoración: Bernardo Ballester.
Música: Jesús García Leoz.
Montaje: Pepita Orduña.
Duración: 90 mm.
Ayudante de dirección: Ricardo Muñoz Suay, Tomás Comes.
Dirección: Luis G. Berlanga, Juan Antonio Bardem.
Intérpretes: Fernando Fernán Gómez (Juan), Elvira Quintillá (Carmen), Félix Fernández (Rafa), José Luis Ozores (Luis), Fernando Aguirre (el organizador), Manuel Arbó (Esteban), Matilde Muñoz Sampedro (Amparo), Antonio Gansa

(Florentino), Rafael Bardem (el comisario), José M. Rodero (el enviado), Antonio García Quijada (Manolo), José Franco (el tenor), Raquel Dama y Paquita Cano (bailarinas), Alady (un técnico), Rafael Alonso, José Orjas, Lola Gaos, Julio Gorostegui, Antonio Ozores, Matías Prats.

1953 ¡Bienvenido, Mr. Marshall!

Producción: Uninci, 5. A.
Jefe de producción: Vicente Sempere.
Argumento: Juan Antonio Bardem, Luis G. Berlanga.
Guión: Juan Antonio Bardem, Luis G. Berlanga y Miguel Mihura.
Fotografía: Manuel Berenguer.
Decoración: Francisco Canet.
Música: Jesús García López.
Canciones: José Antonio Ochaita, Antonio Valero y Juan Solano.
Montaje: Pepita Orduña.
Duración: 95 mm.
Ayudante de dirección: Ricardo Muñoz Suay.
Dirección: Luis G. Berlanga.
Intérpretes: Lolita Sevilla (Carmen Vargas), Manolo Morán (Manolo), José Isbert (don Pablo, el alcalde), Alberto Romea (don Luis, el hidalgo), Elvira Quintillá (Eloísa, la maestra), Luis Pérez de León (don Cosme, el párroco), Félix Fernández (don Simón, el
médico), Fernando Aguirre (el secretario del ayuntamiento), Joaquín Roa (el pregonero), Emilio Santiago (el barbero), Rafael Alonso (el enviado), José Franco (el delegado), Ángel Álvarez (Pedro), Manuel Alexandre, José Vivó, Fernando Rey (narrador).

1953 Novio a la vista

Productor: Benito Perojo.

Producción: Benito Perojo, P.C.C.E.A.

Argumento: Edgar Neville.

Guión: Luis G. Berlanga, José Luis Colina y Edgar Neville.

Fotografía: Cecilio Paniagua.

Decoración: Sigfrido Burman.

Música: Juan Quintero.

Sonido: Ramón Arnal.

Montaje: Pepita Orduña.

Duración: 91 mm.

Ayudante de dirección: Agustín Navarro y Eduardo Ducay.

Dirección: Luis G. Berlanga.

Intérpretes: Josette Amo (Loli), Jorge Vico (Enrique), José M. Rodero (Federico), Antonio Vico (don Vicente), Julia Caba Alba (doña Dolores), Antonio Riquelme (Cortina), Luis Pérez de León (Ballester), Fernando Aguirre (Amorós), Irene Lajos (doña Lucía), José Luis López Vázquez (Juanito Renovales), Josefina Bejarano (doña Gervasia), Juanita Ginzo (Clotilde), Mercedes Muñoz Sampedro (doña Adela), Terele Pávez, Concha López Silva, José Alburquerque, Elena Montserrat.

1956 Calabuch

Producción: Águila Films, Film Costellazione.

Jefe de producción: José Luis Jerez.

Argumento: Leonardo Martín.

Guión: Luis G. Berlanga, Leonardo Martín, Ennio Flaiano y Florentino Soria.

Fotografía: Francisco Sempere.

Decoración: Ramón Calatayud.

Música: Francesco Angelo Lavagnino.

Montaje: Pepita Orduña.

Duración: 93 mm.

Ayudante de dirección: Leonardo Martín.

Dirección: Luis G. Berlanga.

Intérpretes: Edmund Gwenn (Jorge), Franco Fabrizi («Langosta»), Valentina Cortese (maestra), Juan Calvo (Matías), José Luis Ozores (torero), José Isbert
(don Ramón), Félix Fernández (el Cura), Mario Berriatúa (Juan), Francisco Bernal (Crescencio), Nicolás Perchicot (Andrés), Pedro Beltrán (Fermín), Lolo García (Felipe), Manuel Guitian (don Leonardo), Isa Ferreiro (Carmen), Manuel Alexandre (el pintor), Manuel Beringola, Casimiro Hurtado.

1957 Los jueves, milagro

Producción: Ariel Films, Domiciana Continentale.

Jefe de producción: Enrique Balader, Paolo Moifa.

Argumento: Luis G. Berlanga.

Guión: Luis G. Berlanga y José Luis Colina.

Fotografía: Francisco Sempere.

Decoración: Enrique Alarcón.

Música: Franco Ferrara.

Sonido: Fernando Bernáldez.

Montaje: Pepita Orduña.

Duración: 98 mm.

Ayudante de dirección: José Yuyol.

Dirección: Luis G. Berlanga.

Intérpretes: Richard Basehart (Martino), José Isbert
(don José), Paolo Stoppa (don Salvador), Juan Calvo (don Antonio), Alberto Romea (don Ramón), Guadalupe Muñoz Sampedro (doña Paquita), Félix Fernández (don Evaristo), Manuel de Juan (don Manuel), Manuel Alexandre (Mauro), José Luis López Vázquez (el párroco don Fidel), Nicolás

Perchicot, Luigi Tossi, Mariano Ozores, María Gámez, Julia Delgado Caro, Concha López Silva, Félix Briones, Josefina Berajano, Luisito Varela, José Monteros, Pedro Beltrán.

1961 Plácido

Productor: Alfredo Matas.
Producción: Jet Films.
Jefe de producción: Manuel M. Herrero.
Argumento: Luis G. Berlanga, Rafael Azcona, José Luis Colina y José Luis Font.
Fotografía: Francisco Sempere.
Decoración: Andrés Vafivé.
Música: Manuel Asins Arbó.
Montaje: José Antonio Rojo.
Duración: 85 mm.
Ayudante de dirección: Juan Estelrich.
Dirección: Luis G. Berlanga.
Intérpretes: Castro Sendra «Cassen» (Plácido), José Luis López Vázquez (Quintanilla), Elvira Quintfflá (Emilia), Manuel Alexandre (Julián), Man Carmen Yepes (Margarita), Amelia de la Torre (Sra. Galán), Félix Fernández (el pobre de los Galán), José M. Cafareil (Zapater), Xan Das Bolas (Rivas), José Orjas (el notario), Laura Granados, José Gavilán, José Álvarez, Félix Dafauce, Agustín González, José Franco, Luis Ciges, Julia Delgado.

1963 La muerte y El leñador (sketch de Las cuatro verdades)

Productor: Gilbert de Goldschmidt.
Producción: Franco London Films / Hispamer Films / Films Madeleine / Ajace Films.
Jefe de producción: Enrique Cabeza.

Argumento: Basado en la fábula de La Fontaine.

Guión: Luis G. Berlanga, Rafael Azcona.

Decoración: Andrés Vailvé.

Música: Miguel Asins Arbó.

Montaje: Rosa G. Salgado.

Duración: 20 mm.

Ayudante de dirección: Arturo González.

Dirección: Luis G. Berlanga (los restantes episodios fueron dirigidos por Alessandro Blasetti, Hervé Bromberger y René Clair).

Intérpretes: Hardy Kruger (el Rubio), Ana Casares (Juliana), Agustín González, Manuel Alexandre, José Luis Coll, Jesús Guzmán, Luis Marín.

1963 El verdugo

Producción: Naga Films, Zebra Films.

Jefe de producción: José Manuel Herrero.

Argumento: Luis G. Berlanga.

Guión: Rafael Azcona, Luis G. Berlanga y Ennio Flaiano.

Fotografía: Tonino Deili Colli.

Decoración: José Antonio de la Guerra.

Música: Miguel Asins Arbó.

Montaje: Alfonso Santacana.

Duración: 111 mm.

Ayudante de dirección: Ricardo Muñoz Suay, Félix Fernández.

Dirección: Luis G. Berlanga.

Intérpretes: Nino Manfredi (José Luis), Emma Peneha (Carmen), José Isbert (Amadeo), José Luis López Vázquez (Antonio), María Luisa Ponte (Estefanía), María Isbert (Ignacia), Ángel Álvarez (Álvarez), Félix Fernández y Alfredo Landa (sacristanes), Guido Alberti (el director de la prisión),

Lola Gaos, Chus Lampreave, Julia Caba Alba, José Sazatornil, Pedro Beltrán, Agustín González, Goyo Lebrero, Valentín Tornos.

1967 La Boutique

Productor: Cesáreo González.

Producción: Suevia Films, Argentina Sono Films.

Jefe de poducción: Marciano de la Fuente.

Argumento y guión: Rafael Azcona, Luis G. Berlanga

Fotografía: Américo Hoss.

Decoración: Gori Muñoz.

Música: Astor Piazzoila.

Montaje: José Luis Matesanz, Jorge Gárate.

Duración: 88 mm.

Dirección: Luis G. Berlanga.

Intérpretes: Sonia Bruno (Carmen), Rodolfo Bebán (Ricardo), Ana M. Campoy (Ala), Osvaldo Miranda, Marilina Ross, Lautaro Murua, Juan Carlos Altavista, Darío Vittori.

1971 Vivan los novios

Productor: Cesáreo González.

Producción: Suevia Films.

Jefe de producción: Luis Berraquero.

Argumento y guión: Rafael Azcona y Luis G. Berlanga.

Fotografía: Aurelio G. Larraya.

Decoración: Antonio Cortés.

Música: Antonio Pérez Olea.

Montaje: José Luis Matesanz.

Duración: 83 mm.

Ayudante de dirección: Carlos Aured.

Director: Luis G. Berlanga.

Intérpretes: José Luis López Vázquez (Leonardo), Laly Soldevila (Loli), José M. Prada (Pepito), Manuel Alexandre (Andrés), Romy (Monique), Patricia Feilner (la pintora), Teresa Gisbert (doña Trini), Javier Vivó (Sr. Calonge), Gela Geisler.

1974 Tamaño natural

Productor: Alfredo Matas y Christian Ferry.
Producción: Jet Films, Uranus Prod, Verona Film.
Argumento y guión: Rafael Azcona y Luis G. Berlanga.
Fotografía: Alain Derobe.
Decoración: Sigfrido Burman y Alexander Trauner.
Música: Maurice Jarre.
Sonido: Alberto Escobedo.
Montaje: Françoise Bonnot.
Duración: 138 mm.
Ayudante de dirección: José M. Gutiérrez, Umberto Angelucci.
Dirección: Luis G. Berlanga.
Intérpretes: Michel Piccoli (Michel), Rada Rasimov (Isabel), Amparo Soler Leal (la directora de la boutique), Queta Claver (María Luisa), Manuel Alexandre (José Luis), Valentine Tissier (la madre de Michel), Julieta Serrano (Nicola), Claudia Bianchi (la joven rubia), Jean Claude Bercq (Jacques), Agustín González, Pedro Beltrán, Ángel Álvarez, Luis Ciges, José Luis Coil, Teresa Gisbert, Goyo Lebrero, María Elena Flores, Francisco Algora.

1978 La escopeta nacional

Productor: Alfredo Matas.
Producción: Incine.
Jefe de producción: Marisol Carnicero.

Argumento y guión: Rafael Azcona y Luis G. Berlanga.
Fotografía: Carlos Suárez.
Decoración: Rafael Palmeco.
Montaje: José Luis Matesanz.
Duración: 100 mm.
Ayudante de dirección: Miguel Ángel Gil.
Dirección: Luis G. Berlanga.
Intérpretes: José Sazatornil (Jaime Caniveli), Mónica Randail (Mercé), José Luis López Vázquez (Luis José), Amparo Soler Leal (Chus), Antonio Ferrandis
(Álvaro), Bárbara Rey (Vera del Bosque), Andrés Mejuto (de Prada), Conchita Montes (Soledad), Luis Escobar (el marqués), Rosanna Yanni (Libertad Iris), Laly Soldevila (Laura), Luis Ciges (Segundo), Agustín González (el padre Calvo), Fernando Hilbeck, Félix Rotaeta, Chus Lampreave, Luis Politti, Mimí Muñoz, Pedro del Río.

1980 Patrimonio nacional

Productor: Alfredo Matas.
Producción: Jet Films.
Jefe de producción: Mansol Carnicero.
Argumento y guión: Rafael Azconay Luis G. Berlanga.
Fotografía: Carlos Suárez.
Dirección artística: Román Arango.
Montaje: José Luis Matesanz.
Duración: 98 mm.
Ayudante de dirección: Miguel Ángel Gil.
Dirección: Luis G. Berlanga.
Intérpretes: José Luis López Vázquez (Luis José), Luis Escobar (el marqués), Amparo Soler Leal (Chus), Luis Ciges (Segundo), Mary Sampere (la condesa), José Luis de Villalonga (Alvaro), Syliane Stella (Solange), Agustín

González (el padre Calvo), Alfredo Mayo (Nacho), José Ruiz
Lifante (Goyo).

1982 Nacional III

Productor: Alfredo Matas.
Producción: Kaktus / Incine-Jet Films.
Argumento y guión: Luis G. Berlanga y Rafael Azcona.
Fotografía: Carlos Suárez.
Dirección artística: Román Arango.
Montaje: José Luis Matesanz.
Duración: 92 mm.
Dirección: Luis G. Berlanga.
Intérpretes: José Luis López Vázquez (Luis José),
Luis Escobar (el marqués), Amparo Soler Leal (Chus), Luis
Ciges (Segundo), Agustín González (el padre Calvo), Ángel
Álvarez, Chus Lampreave, José Luis de Vifialonga (Alvaro).

1984 La vaquilla

Productor ejecutivo: Alfredo Matas.
Productor delegado: Benjamín Benhamou.
Argumento y guión: Rafael Azcona y Luis G. Berlanga.
Música: Miguel Asms Arbó.
Montaje: José Luis Matesanz.
Director artístico: Enrique Alarcón.
Vestuario: León Revuelta.
Fotografía: Carlos Suárez.
Dirección: Luis G. Berlanga.
Intérpretes: Alfredo Landa, Guillermo Montesinos, Santiago
Ramos, José Sacristán, Carlos Velat, Eduardo Calvo, Violeta
Cela, Agustín González, María Luisa Ponte, Juanjo
Puigcorbé, Amelia de la Torre, Carlos Tristancho, Valeriano
Andrés, M. Elena Flores, Antonio Gamero, Rafael

Hernández, Valentín Paredes, Fernando Sancho, Tomás Zori, Juan Armengol, Pedro Beltrán, Luis Giges, Ana Gracia, Sergio Mendizábal, Fernando Sala, Francisco Valdivia, Adolfo Marsillach y Amparo Soler Leal.

1987 Moros y cristianos
Producción: Estela / Anola / Anem.
Productor asociado: Alfonso Ronda.
Productor ejecutivo: José Luis Olaizola.
Producida por: Félix Tuseli.
Guión: Rafael Azcona, Luis G. Berlanga.
Fotografía: Domingo Solano.
Ayudante de dirección: Miguel Gil.
Montaje: José Luis Matesanz.
Decoración: Víctor Alarcón.
Vestuario: Mercedes S. Rau.
Duración: 109 mm.
Dirección: Luis G. Berlanga.
Intérpretes: Fernando Fernán Gómez, Rosa María Sardá, Agustín González, Pedro Ruiz, José Luis López Vázquez, Verónica Forqué, Andrés Pajares, María Luisa Ponte, Antonio Resines, Chus Lampreave, Luis Escobar.

1993 Todos a la cárcel
Productores asociados: Pepe Ferrándiz y Rafael Díaz-Salgado.
Productores ejecutivos: José Luis Olaizola y Fernando de Garcillán.
Dirección: Luis G. Berlanga.
Guión: Luis G. Berlanga y Jorge Berlanga.
Fotografía: Alfredo Mayo.
Director artístico: Rafael Palmero.

Sonido directo: Gules Ortion.

Maquillaje: Goyo Mendiri.

Director de Producción: Ricardo García Arrojo.

Figurinista: María José Iglesias.

Montaje: María Elena Sainz de Rozas.

Intérpretes: José Sazatornil "Saza", José Sacristán, Agustín González, Juan Luis Galiardo, Manuel Alexandre, José Luis López Vázquez, Amparo Soler Leal, Antonio Resines, Marta Fernández-Muro, Chus Lampreave, Mónica Randail, Guillermo Montesinos.

París-Tombuctú

Director: Luis García Berlanga

Intérpretes: Santiago Segura, Concha Velasco, Javier Gurruchaga, Juan Diego, Juan Diego, Manuel Alexandre, Amparo Soler Leal, Michael Piccoli.

www.ingramcontent.com/pod-product-compliance
Lightning Source LLC
LaVergne TN
LVHW010308200726
843507LV00010B/1198